COLLOQUIAL
GREEK

Uniform with this volume

Colloquial Arabic
Colloquial Czech
Colloquial French
Colloquial German
Colloquial Hindustani
Colloquial Hungarian
Colloquial Italian
Colloquial Japanese
Colloquial Persian
Colloquial Rumanian
Colloquial Russian
Colloquial Spanish
Colloquial Turkish

COLLOQUIAL
GREEK

Katerina Harris

Routledge & Kegan Paul
London, Boston, Melbourne and Henley

First published in 1976
by Routledge & Kegan Paul plc
14 Leicester Square, London WC2H 7PH,
9 Park Street, Boston, Mass 02108, USA,
464 St Kilda Road, Melbourne,
Victoria 3004, Australia and
Broadway House, Newtown Road
Henley-on-Thames, Oxon RG9 1EN
Set in Series No. 327 (Times) 10 pt
and 565 (Greek) 10 pt
and printed in Great Britain by
Cox & Wyman Ltd, Reading
Reprinted with corrections in 1977
Reprinted in 1980, 1982, 1984 and 1985
ISBN 0 7100 8814 0 (p)

CONTENTS

PART THREE MORE GRAMMAR 162

PART FOUR READING PASSAGES 187

PART FIVE VOCABULARY 196

PREFACE

My aim in writing this book has been to provide a simple and uncomplicated guide to colloquial (Demotic) Greek. This is often confused with the artificial form of Greek, known as Katharevousa, used mainly in official documents. Colloquial (Demotic) Greek is the natural development of Ancient Greek which has taken place gradually through the centuries. It differs less from the Greek of Homer than does Modern English from that of Chaucer. Colloquial Greek is not difficult to learn once the alphabet has been mastered, and English-speaking people need have no problems with pronunciation or the structure of the language. Obviously the best way of learning the pronunciation of any language is to listen to it being spoken. However, I have given a phonetic guide to pronunciation in the introduction.

Each lesson is divided into a reading passage, repetitive speech patterns, exercises, and a simplified guide to grammar. The tourist interested in obtaining a useful working knowledge of the language quickly need concentrate only on the reading passages which are in a conversational form and which convey something of the life, customs and sense of humour of Greeks today. I have intentionally made the exercises mostly in Greek to enable the student to pick up Greek idioms and style naturally. I have also provided a more comprehensive grammar, a few reading passages taken from Modern Greek folklore and literature, and a complete vocabulary at the end of the book, which can be consulted if a word does not appear in the word list given in every chapter.

The student who follows this book systematically, alone or in a group, should soon master sufficient Greek to make a visit to Greece on business or pleasure useful and very enjoyable.

Katerina Harris

PART ONE

INTRODUCTION

The Greek Alphabet

Α	α	ἄλφα	alfa
Β	β	βῆτα	vita
Γ	γ	γάμα	ghama
Δ	δ	δέλτα	dhelta
Ε	ε	ἔψιλον	epsilon
Ζ	ζ	ζῆτα	zita
Η	η	ἦτα	ita
Θ	θ	θῆτα	thita
Ι	ι	γιῶτα	yiota
Κ	κ	κάπα	kapa
Λ	λ	λάμδα	lamdha
Μ	μ	μὶ	mi
Ν	ν	νὶ	ni
Ξ	ξ	ξὶ	ksi
Ο	ο	ὄμικρον	omikron
Π	π	πὶ	pi
Ρ	ρ	ρὸ	ro

Σ	σ, ς	σίγμα	sighma
Τ	τ	ταῦ	taf
Υ	υ	ὔψιλον	ipsilon
Φ	φ	φὶ	fi
Χ	χ	χὶ	khi
Ψ	ψ	ψὶ	psi
Ω	ω	ὠμέγα	omegha

Pronunciation of the Greek letters

Vowel sounds	Equivalent sound in English	Pronunciation		Meaning
α	a as in father	καλὰ	kala	well
η,ι,υ,ει,οι,υι	i as in police	μῆλο	milo	apple
ε, αι	e as in let	μέρα	mera	day
ο, ω	o as in not	ὣρα	ora	hour
ου	u as in supervise	οὐρὰ	ura	tail
αυ, ευ, ηυ	av, ev, iv, before a vowel or one of the following consonants: γ, δ, β, μπ, ντ, γκ, τζ, μ, ν, ρ, λ	παύω αὔριο	pavo avrio	I cease tomorrow
αυ, ευ, ηυ	af,ef,if, elsewhere	εὔκολος αὐτὸς	efkolos aftos	easy this
εϊ, αϊ, εϋ	ei, ai, ei	χάϊδι	khaidhi	caress
ιὸ, ιὰ	yo, ya	μιὰ	mia	a, an

Consonant sounds

β	v	βλέπω	vlepo	I see
γ	gh before α, ο	γάτος	ghatos	cat (m.)
	y before ε, ι	γελάω	yelao	I laugh
δ	dh as in then	δρόμος	dhromos	road
ζ	z as in zeal	μαζὶ	mazi	together

Consonant sounds	Equivalent sound in English	Pronunciation		Meaning
θ	th as in thin	θέατρο	theatro	theatre
κ	k	καλά	kala	well
λ	l	καλὸς	kalos	nice
μ	m	μητέρα	mitera	mother
ν	n	νερὸ	nero	water
ξ	ks	ξύλο	ksilo	wood
π	p	πίνω	pino	I drink
ρ	r	ρίζα	riza	root
σ	z before β, γ, δ, ζ, μ, ν, ρ	σβήνω	svino	I extinguish
	s elsewhere	σῦκο	siko	fig
τ	t	τέλος	telos	end
φ	f	φίλος	filos	friend
χ	kh before α, ο, ου, as in hot	χάνω	khano	I lose
	before ε, ι, as in German ich	χέρι	kheri	hand
ψ	ps	ψάρι	psari	fish
γγ	ng	Ἀγγλία	Anglia	England
γκ	ng as in linger	ἀνάγκη	anangi	need
	g when initial	γκρεμὸς	gremos	precipice
γξ	nks	σφίγξ	sfinks	sphinx
γχ	nkh	ἐγχείρηση	enkhirisi	operation
μπ	mb as in amber	κολυμπῶ	kolimbo	I swim
	b when initial	μπάνιο	banio	bath
ντ	nd as in cinder	δόντι	thondi	tooth
	d when initial	ντομάτα	domata	tomato
χτ	kht	ὀχτὼ	okhto	eight
φτ	ft	ἑφτὰ	efta	seven
σχ	skh	σχίζω	skhizo	I tear
στ	st	στήνω	stino	I erect
σκ	sk	σκάρα	skara	grill
λλ, νν	l, n	Ἑλλάδα	Hellada	Greece
ρρ, σσ	r, s	θάλασσα	thalassa	sea
μμ	m	γράμμα	ghrama	letter
τσ,	ts	ἔτσι	etsi	so
τζ	dz	τζίτζικας	dzidzikas	cicada

Stress accent

Every word, with the exception of some one-syllable words, e.g. ὁ, ἡ (the), carries an accent. This accent can only fall on one of the three last syllables, e.g. ὁ στα-θμός the station, ἡ ὥ-ρα the hour, ὁ ἄν-θρω-πος the man.

Its position varies from one word to another and often it falls on different syllables in various forms of the same word, e.g. nominative ὁ ἄν-θρω-πος, the man, genitive τοῦ ἀν-θρώ-που, of the man. Present πιά-νω, I catch, past continuous ἔ-πια-να, I was catching.

In certain cases a word may carry two accents. For instance a word accented on the third syllable from the end and followed by a pronoun carries a second accent on the final syllable, e.g. τό ὄνομά μου, my name; κοίταξέ με look at me.

There are three accents: ´ (acute), ` (grave), ⁻ (circumflex).

You will find that all three accents are used in printed books, but normally only the acute and circumflex accents are used in hand written work.

Spelling

You will find that in many cases Modern Greek has two or more different spellings for the same word, e.g. νὰ πιάνεις, νὰ πιάνῃς. This is in many cases because the orthography of Ancient Greek has been preserved alongside the modern spelling.

Breathings

When a word begins with a vowel the initial vowel bears one of two signs, ᾽ (ψιλή, smooth) or ῾ (δασεὶα, rough). These signs no longer have any bearing on pronunciation.

Punctuation

All punctuation marks are the same as in English with the following two exceptions: the question mark is; and the colon ·

Elision

When a word ending in a vowel is followed by a word beginning with a vowel, it is usual for one of the vowels to be dropped. This frequently occurs with articles, particles, personal pronouns, conjunctions, prepositions, e.g.

τὸ ὡραῖο παιδί	'τ' ὡραῖο παιδί	the beautiful child
σὲ ἀγαπῶ	σ' ἀγαπῶ	I love you
θὰ ἀκούσω	θ' ἀκούσω	I shall hear
μὲ εἶδε	μ' εἶδε	he saw me
ἀπό ὅλους	ἀπ' ὅλους	from all

The letter ν

In certain words the letter ν is sometimes dropped.

These words are: τὸ(ν), τὴ(ν) the; ἕνα(ν) an or a; αὐτὴ (ν), τή (ν) her; δὲ (ν) not; μὴ (ν) not; σὰ (ν) like.

It is dropped when the following word begins with: β, γ, δ, θ, λ, μ, ν, ζ, ρ, σ, φ, χ, e.g. δὲ μοῦ ἀρέσει, I don't like it; θέλω τὴ μητέρα μου, I want my mother.

The letter σ, ς

The letter σίγμα is used in two forms: σ at the beginning or in the middle of a word, and ς at the end of a word.

Pronunciation practice

First lesson

'Ο' Αλέξαντρος εἶναι Ἕλληνας.	O Alexandros ine Elinas.
'Ο Πέτρος εἶναι Ἄγγλος.	O Petros ine Anglos.
'Ο Γιῶργος εἶναι 'Αμερικανός.	O Yiorghos ine Amerikanos.
Καλημέρα.	Kalimera.
Καλημέρα.	Kalimera.
Εἴσαστε Ἄγγλος;	Isaste Anglos?
Μάλιστα, εἶμαι Ἄγγλος.	Malista, ime Anglos.
Εἴσαστε ὁ κύριος Beck;	Isaste o kirios Beck?
Μάλιστα, εἶμαι ὁ κύριος Beck.	Malista, ime o kirios Beck.

Εἶμαι ὁ 'Αλέξαντρος Παπαγιαννόπουλος. Πῶς εἴσαστε;	Ime o Alexandros Papayiannopulos. Pos isaste?
Εἶμαι καλά, εὐχαριστῶ.	Ime kala, efkharisto.
Κι' ἐσεῖς;	Kesis?
Καλά, εὐχαριστῶ.	Kala efkharisto.
Εἴσαστε εὐχαριστημένος ἐδῶ;	Isaste efkharistimenos edho?
Μάλιστα, εὐχαριστῶ.	Malista, efkharisto.
Εἶναι ὁ κύριος Berman ἐδῶ;	Ine o kirios Berman edho?
Μάλιστα.	Malista.
Εἶναι κι' αὐτὸς εὐχαριστημένος;	Ine kiaftos efkharistimenos?
Μάλιστα.	Malista.
Ποῦ εἶναι ὁ κύριος Berman;	Pu ine o kirios Berman?
Εἶναι στὸ σταθμὸ.	Ine sto stathmo.
Εἴσαστε ἕτοιμος ἐσεῖς;	Isaste etimos esis?
Μάλιστα, εἶμαι ἕτοιμος.	Malista, ime etimos.
Πηγαίνουμε;	Piyenume?
Ποῦ;	Pu?
Στὸν Πειραιά.	Ston Pirea.
Πηγαίνουμε.	Piyenume.

Second lesson

Ἡ 'Αντιγόνη εἶναι Ἑλληνίδα.	I Andighoni ine Elinidha.
Ἡ Ζωὴ εἶναι 'Αγγλίδα.	I Zoi ine Anglidha.
Ἡ 'Ελισάβετ εἶναι 'Αμερικανίδα.	I Elisavet ine Americanidha.
Καλημέρα.	Kalimera.
Εἴσαστε 'Αγγλίδα;	Isaste Anglidha?
Μάλιστα, εἶμαι 'Αγγλίδα.	Malista, ime Anglidha.
Εἴσαστε ἡ κυρία Beck;	Isaste i kiria Beck?
Μάλιστα, εἶμαι ἡ κυρία Beck.	Malista, ime i kiria Beck.
Εἶμαι ἡ 'Αντιγόνη Καραγκέλη.	Ime i Andighoni Karangeli.
Πῶς εἴσαστε;	Pos isaste?

Εἶμαι πολὺ καλά, εὐχαριστῶ.　Ime poli kala, efkharisto.

Κι' ἐσεῖς;　Kesis?

Καλά, εὐχαριστῶ.　Kala, efkharisto.

Εἴσαστε εὐχαριστημένη ἐδῶ;　Isaste efkharistimeni edho?

Μάλιστα, εἶμαι πολὺ εὐχαριστημένη.　Malista, ime poli efkharistimeni.

Εἶναι καὶ ἡ δεσποινίδα 'Ελισάβετ ἐδῶ;　Ine ke i dhespinidha Elisavet edho?

Μάλιστα, ἐδῶ εἶναι.　Malista, edho ine.

Εἶναι καὶ ἡ δεσποινίδα 'Ελισάβετ εὐχαριστημένη ἐδῶ;　Ine ke i dhespinidha Elisavet efkharistimeni edho?

Μάλιστα, εἶναι πολὺ εὐχαριστημένη.　Malista, ine poli efkharistimeni.

Ποῦ εἶναι ἡ δεσποινίδα 'Ελισάβετ;　Pu ine i dhespinidha Elisavet?

Εἶναι ἔξω στὴν πόλη.　Ine ekso stin poli.

Εἴσαστε ἕτοιμη ἐσεῖς;　Isaste etimi esis?

Μάλιστα, εἶμαι ἕτοιμη.　Malista, ime etimi.

Πηγαίνουμε;　Piyenume?

Ποῦ;　Pu?

Στὴν 'Ακρόπολη.　Stin Akropoli.

Πηγαίνουμε.　Piyenume

Third lesson

Ἕνα ἀγόρι. Γειά σου.　Ena aghori. Yia su.

Ἕνα κορίτσι. Γειά σου.　Ena koritsi. Yia su.

Τὶ κάνεις;　Ti kanis?

Εἶμαι καλά. Κι' ἐσύ;　Ime kala. Kesi?

Εἶμαι πολὺ καλά, εὐχαριστῶ.　Ime poli kala, efkharisto.

Εἶσαι κουρασμένη;　Ise kourasmeni?

Ὄχι πολύ.　Okhi poli.

Πηγαίνουμε στὴν 'Αθήνα σήμερα;　Piyenume stin Athina simera?

Ἡ Ἀθήνα δὲ μοῦ ἀρέσει πολύ.	I Athina dhe mu aresi poli.
Σοῦ ἀρέσει ἡ θάλασσα;	Su aresi i thalasa?
Ναί, ἡ θάλασσα μοῦ ἀρέσει πολύ.	Ne, i thalasa mu aresi poli.
Πηγαίνουμε στὴ θάλασσα;	Piyenume sti thalasa?
Ναί, πᾶμε.	Ne, pame.
Εἶσαι ἔτοιμη;	Ise etimi?
Ναί, εἶμαι ἔτοιμη.	Ne, ime etimi.
Πηγαίνουμε;	Piyenume?
Πᾶμε.	Pame.

Bibliography

ANDRIOTIS, N. P., Ἐτυμολογικὸ λεξικὸ τῆς κοινῆς νεοελληνικῆς, Athens, 1951.

APOSTOLIDES, H. N., Ἀνθολογία *1708-1959*, Athens.

BACHTIN, N., *Introduction to the Study of Modern Greek*, Cambridge, 1935.

MIRAMBEL, A., *Précis de grammaire élémentaire du grec moderne* Paris, 1939.

MIRAMBEL, A., *Dictionnaire français-grec moderne et grec moderne-français*, Paris, 1960.

PERNOT, H., *Grammaire du grec moderne*, Paris, 1930.

POLITIS, N., Ἐκλογαὶ ἀπὸ τὰ τραγούδια τοῦ Ἑλληνικοῦ λαοῦ, Athens, 1932.

PRING, J. T., *The Oxford Dictionary of Modern Greek*, Clarendon Press, Oxford, 1965.

SWANSON, D., *Vocabulary of Modern Spoken Greek*, University of Minnesota Press, Minneapolis, 1959.

THOMSON, G., *The Greek Language*, Cambridge, 1960.

THOMSON, G., *A Manual of Modern Greek*, Collet's, 1966.

THUMB, A., *A Handbook of Modern Greek Vernacular*, translated from the German, Edinburgh, 1912.

TRIANDAFILLIDIS, M., Νεοελληνική γραμματική τῆς δημοτικῆς, Athens, 1941.

VALETAS, G., Ἀνθολογία τῆς δημοτικῆς πεζογραφίας, Athens, 1947.

ZARZANOU, A., Νεοελληνική σύνταξη τῆς κοινῆς δημοτικῆς, Athens. 1953.

PART TWO

THE LESSONS

1 ΠΡΩΤΟ ΜΑΘΗΜΑ

Λεξιλόγιο	Vocabulary
ὁ Ἄγγλος	Englishman
ὁ Ἀλέξαντρος	Alexander
ὁ Ἀμερικανὸς	American
αὐτὸς (m)	this, that; he
ὁ Γιῶργος	George
ἐδῶ	here
εἶμαι	I am
εἶναι	he, she, it is, they are
εἶσαστε, εἶσθε	you are
ἐκεῖ	there
ἐκεῖνος (m)	that
ὁ Ἕλληνας	Greek
ἐσεῖς, σεῖς	you
ἕτοιμος (m)	ready
εὐχαριστημένος (m)	pleased
εὐχαριστῶ	I thank (you)
καὶ, κι	and, also
καλὰ	well
καλημέρα	good morning
κουρασμένος (m)	tired
ὁ κύριος	Mr; gentleman
μάλιστα	yes, certainly
νὰ !	there is, are
ναὶ	yes
ὁ Πειραιὰς	Piraeus

ὁ Πέτρος	Peter
πηγαίνουμε;	shall we go?
πηγαίνουμε	let us go
ποῦ;	where?
πῶς;	how?
ὁ σταθμός	station
στὸ σταθμὸ	at the station
στὸν Πειραιὰ	to (the) Piraeus
στὸ(ν) (m)	at the, in the, to the

Συνδιάλεξη Conversation

ὁ 'Αλέξαντρος εἶναι ῞Ελληνας.

ὁ Πέτρος εἶναι ῎Αγγλος.

ὁ Γιῶργος εἶναι 'Αμερικανός.

'Αλέξαντρος: Καλημέρα.

Πέτρος: Καλημέρα.

'Αλ.   Εἶσαστε ῎Αγγλος;

Πέτ.   Μάλιστα, εἶμαι ῎Αγγλος.

'Αλ.   Εἶσαστε ὁ κύριος Beck;

Πέτ.   Μάλιστα, εἶμαι ὁ κύριος Beck.

'Αλ.   Εἶμαι ὁ 'Αλέξαντρος ὁ Παπαγιαννόπουλος.   Πῶς. εἶσαστε;

Πέτ.   Εἶμαι καλά, εὐχαριστῶ. Κι'ἐσεῖς;

'Αλ.   Καλά, εὐχαριστῶ. Εἶσαστε εὐχαριστημένος ἐδῶ;

Πέτ.   Μάλιστα, εὐχαριστῶ.

'Αλ.   Εἶναι ὁ κύριος Berman ἐδῶ;

Πέτ.   Μάλιστα.

'Αλ.   Εἶναι κι' αὐτὸς εὐχαριστημένος;

Πέτ.   Μάλιστα.

'Αλ.   Ποῦ εἶναι ὁ κύριος Berman;

Πέτ.   Εἶναι στὸ σταθμό.

'Αλ.   Εἶσαστε ἔτοιμος ἐσεῖς;

Πέτ.   Μάλιστα, εἶμαι ἔτοιμος.

'Αλ.   Πηγαίνουμε;

Πέτ.   Ποῦ;

'Αλ.   Στὸν Πειραιά.

Πέτ.   Πηγαίνουμε.

Πραχτικὴ ἐξάσκηση	Practical exercise

1 Εἴσαστε Ἄγγλος;   Ναί, εἶμαι Ἄγγλος.
   Εἴσαστε Ἕλληνας;   Ναί, εἶμαι Ἕλληνας.
   Εἴσαστε Ἀμερικανός;   Ναί, εἶμαι Ἀμερικανός.
   Εἴσαστε εὐχαριστημένος
     ἐδῶ;   Ναί, εἶμαι εὐχαριστημένος.
   Εἴσαστε κουρασμένος;   Ναί, εἶμαι κουρασμένος.

2 Πῶς εἴσαστε;   Εἶμαι καλά.
   Ποῦ εἴσαστε;   Εἶμαι ἐδῶ.
   Εἴσαστε ἐδῶ;   Ναί, εἶμαι ἐδῶ.
   Εἴσαστε στὸν Πειραιά;   Ναί, εἶμαι στὸν Πειραιά.
   Εἴσαστε στὸ σταθμό;   Ναί, εἶμαι στὸ σταθμό.

3 Εἶσθε Ἄγγλος;   Ναί, εἶμαι Ἄγγλος.
   Εἶσθε Ἕλληνας;   Ναί, εἶμαι Ἕλληνας.
   Εἶσθε Ἀμερικανός;   Ναί, εἶμαι Ἀμερικανός.
   Εἶσθε εὐχαριστημένος ἐδῶ;   Ναί, εἶμαι εὐχαριστημένος.
   Εἶσθε κουρασμένος;   Ναί, εἶμαι κουρασμένος.

4 Εἶναι ὁ Πέτρος Ἄγγλος;   Ναί, εἶναι Ἄγγλος.
   Εἶναι εὐχαριστημένος ἐδῶ;   Ναί, εἶναι εὐχαριστημένος.
   Πῶς εἶναι;   Εἶναι καλά.
   Ποῦ εἶναι;   Εἶναι στό σταθμό.
   Εἶναι στό σταθμό;   Ναί, εἶναι στὸ σταθμό.

5 Ποῦ εἶναι ὁ σταθμός;   Νὰ ὁ σταθμός.
   Ποῦ εἶναι ὁ Ἀλέξαντρος;   Ὁ Ἀλέξαντρος εἶναι στὸν Πειραιά.
   Ποῦ εἶναι ὁ κύριος Berman;   Ὁ κύριος Berman εἶναι στὸ σταθμό.
   Ποῦ εἶναι ὁ Πειραιάς;   Νὰ ὁ Πειραιάς.
   Ποῦ εἶναι ὁ Ἄγγλος;   Ἐδῶ εἶναι.

Fluency practice

1 Translate into Greek

There is { Alexander / Peter / George / Piraeus / the station }   This is { Alexander / Peter / George / Piraeus / the station }   You are { Greek / English / American / ready / pleased }

| I am | Alexander
Peter
George
here
well | He is | well
here
there
tired
ready | It is | Piraeus
a station
the station
here
there |

| You are | George and Peter
Alexander and George
Mr Brown |

| They are | George and Peter
Alexander and George
Mr Brown and Mr Smith |

2   Make up ten sentences of your own using the following words:

ὁ Ἄγγλος	ὁ κύριος	εὐχαριστημένος	αὐτός
ὁ Ἕλληνας	ὁ σταθμός	κουρασμένος	ἐκεῖνος
ὁ Ἀμερικάνος	ὁ Γιῶργος	ἕτοιμος	καλά

Grammar: The masculine gender

The articles for the masculine gender are ὁ the (definite article) and ἕνας a, an (indefinite article).

The definite article is generally used as in English, and also before proper and geographical nouns, e.g. ὁ Ἀλέξαντρος, ὁ Πειραιάς.

Months are all masculine in gender.

ὁ Ἰανουάριος	ὁ Ἰούλιος
ὁ Φεβρουάριος	ὁ Αὔγουστος
ὁ Μάρτιος	ὁ Σεπτέμβριος
ὁ Ἀπρίλιος	ὁ Ὀκτώβριος
ὁ Μάϊος	ὁ Νοέμβριος
ὁ Ἰούνιος	ὁ Δεκέμβριος

Pronunciation practice

γ=gh before α, ο, ω, ου   γ=y before ε, αι, η, ι, υ, ει, οι
γάλα   γειά
Γάλλος   γέλιο

γαλόνι   γῆ
γωνία   γιαγιά
γοῦνα   γιατρός
γονιός   γιαούρτι
γνωρίζω   γεμάτος
γράφω   γιός

2 ΔΕΥΤΕΡΟ ΜΑΘΗΜΑ

Λεξιλόγιο

ἡ Ἀγγλίδα	Englishwoman
ἡ Ἀθήνα	Athens
ἡ Ἀκρόπολη or ις	Acropolis
ἡ Ἀμερικανίδα	American woman
ἡ Ἀντιγόνη	Antigone
ἀντίο	goodbye
αὐτὴ (f)	this; she
ἡ δεσποινίδα	Miss; young woman
εἴμαστε	we are
εἶσαι	you are (familiar)
ἐκείνη (f)	that
ἡ Ἐλισάβετ	Elizabeth
ἡ Ἑλλάδα	Greece
ἡ Ἑλληνίδα	Greek woman
ἔξω	out, outside
ἐσὺ	you (familiar)
ἕτοιμη (f)	ready
εὐχαριστημένη (f)	pleased
ἡ Ζωὴ	Zoe
ἡ ζωὴ	life
κι' ἐσύ;	and you?
κουρασμένη (f)	tired
ἡ κυρία	Mrs; lady
ἡ ὁδὸς	street
ἡ πόλη or -ις	town; city
πολὺ	very
πολὺς, πολλὴ, πολὺ	much, many

ἡ πρωτεύουσα	capital
σοῦ ἀρέσει;	do you like it?
στή(ν) (f)	to the, at the, in the
στὴν Ἀκρόπολη	to the Acropolis
τί;	what?
ἡ χώρα	country

Συνδιάλεξη

ἡ Ἀντιγόνη εἶναι Ἑλληνίδα.
ἡ Ζωὴ εἶναι Ἀγγλίδα.
ἡ Ἐλισάβετ εἶναι Ἀμερικανίδα.

Ἀντιγόνη: Καλημέρα.
Ζωή: Καλημέρα.
Ἀντ. Εἶσαστε Ἀγγλίδα;
Ζωή Μάλιστα, εἶμαι Ἀγγλίδα.
Ἀντ. Εἶσαστε ἡ κυρία Beck;
Ζωή Μάλιστα, εἶμαι ἡ κυρία Beck
Ἀντ. Εἶμαι ἡ Ἀντιγόνη Καραγκέλη. Πῶς εἶσαστε;
Ζωή Εἶμαι πολὺ καλά, εὐχαριστῶ. Κι' ἐσεῖς;
Ἀντ. Καλά, εὐχαριστῶ. Εἶσαστε εὐχαριστημένη ἐδῶ;
Ζωή Μάλιστα, εἶμαι πολὺ εὐχαριστημένη.
Ἀντ. Εἶναι καὶ ἡ δεσποινίδα Ἐλισάβετ ἐδῶ;
Ζωή Μάλιστα, ἐδῶ εἶναι.
Ἀντ. Εἶναι καὶ ἡ δεσποινίδα Ἐλισάβετ εὐχαριστημένη ἐδῶ;
Ζωή Μάλιστα, εἶναι πολὺ εὐχαριστημένη.
Ἀντ. Ποῦ εἶναι ἡ δεσποινίδα Ἐλισάβετ;
Ζωή Εἶναι ἔξω, στὴν πόλη.
Ἀντ. Εἶσαστε ἔτοιμη ἐσεῖς;
Ζωή Μάλιστα, εἶμαι ἔτοιμη.
Ἀντ. Πηγαίνουμε;
Ζωή Ποῦ;
Ἀντ. Στὴν Ἀκρόπολη.
Ζωή Πηγαίνουμε.

Πραχτικὴ ἐξάσκηση

1 Εἶσαστε Ἀγγλίδα;   Ναί, εἶμαι Ἀγγλίδα.
  Εἶσαστε Ἑλληνίδα;   Ναί, εἶμαι Ἑλληνίδα.
  Εἶσαστε Ἀμερικανίδα;   Ναί, εἶμαι Ἀμερικανίδα.
  Εἶσαστε εὐχαριστημένη
  ἐδῶ;   Ναί, εἶμαι εὐχαριστημένη.
  Εἶσαστε κουρασμένη;   Ναί, εἶμαι κουρασμένη.

2 Εἶσαι ᾿Αγγλίδα;   Ναί, εἶμαι ᾿Αγγλίδα.
  Εἶσαι ῾Ελληνίδα;   Ναί, εἶμαι ῾Ελληνίδα.
  Εἶσαι ᾿Αμερικανίδα;   Ναί, εἶμαι ᾿Αμερικανίδα.
  Εἶσαι εὐχαριστημένη ἐδῶ; Ναί, εἶμαι εὐχαριστημένη.
  Εἶσαι κουρασμένη;   Ναί, εἶμαι κουρασμένη.

3 Ποῦ εἶναι ὁ σταθμός;   Νὰ ὁ σταθμός.
  Ποῦ εἶναι ὁ Πειραιάς;   Νά ὁ Πειραιάς.
  Ποῦ εἶναι ἡ ᾿Αντιγόνη;   ῾Εδῶ εἶμαι.
  Ποῦ εἶναι ἡ ᾿Ακρόπολη; ῾Η ᾿Ακρόπολη εἶναι στὴν
                      ᾿Αθήνα.
  Ποῦ εἶναι ἡ ᾿Αθήνα;   ῾Η ᾿Αθήνα εἶναι στὴν ῾Ελ-
                      λάδα.

4 Τὶ εἶναι ὁ ᾿Αλέξαντρος; ῾Ο ᾿Αλέξαντρος εἶναι ῞Ελ-
                      ληνας.
  Τὶ εἶναι ὁ Γιῶργος;   ῾Ο Γιῶργος εἶναι ᾿Αμερικα-
                      νός.
  Τὶ εἶναι ἡ ᾿Αντιγόνη;   ῾Η ᾿Αντιγόνη εἶναι ῾Ελληνί-
                      δα.
  Τὶ εἶναι ἡ ᾿Ελισάβετ;   ῾Η ᾿Ελισάβετ εἶναι ᾿Αμερι-
                      κανίδα.
  Τὶ εἶναι ἡ κυρία Beck;   ῾Η κυρία Beck εἶναι᾿Αγγλίδα.

5 Εἶσαστε στὴν ῾Ελλάδα;   Ναί, εἶμαι στὴν ῾Ελλάδα.
  Εἶσαστε στὴν ᾿Ακρόπολη; Ναί, εἶμαι στὴν ᾿Ακρόπολη.
  Εἶσαστε στὸν Πειραιά;   Ναί, εἶμαι στὸν Πειραιά.
  Εἶσαστε στὴν ᾿Αθήνα;   Ναί, εἶμαι στὴν ᾿Αθήνα.
  Εἶσαστε στὸ σταθμό;   Ναί, εἶμαι στὸ σταθμό.

Fluency practice

1 Translate into Greek

There is	{ Antigone / Elizabeth / Mary / Athens / the Acropolis	This is	{ Athens / the capital / a town / a station / the Acropolis	You are	{ Greek / English / American / ready / pleased

I am	{ Antigone / English / Miss Smith / Mrs Smith / Mr Smith	She is	{ well / here / there / very tired / very pleased	It is	{ Athens / a town / the capital / Piraeus / a station

You are ⎰ Mr and Mrs Smith / Mr and Miss Smith / Mrs and Miss Smith ⎱ They are ⎰ Antigone and Mary / Peter and George / Mr and Mrs Smith ⎱

2 Make up ten sentences of your own, using the following adjectives:

εὐχαριστημένος   ἕτοιμος   κουρασμένος
εὐχαριστημένη   ἕτοιμη   κουρασμένη

Grammar: The feminine gender

The articles for the feminine gender are ἡ the (definite article) and μία or μιὰ a, an (indefinite article).

The days of the week are all feminine in gender except Saturday.

ἡ Κυριακὴ	ἡ Τετάρτη	τὸ Σαββάτο
ἡ Δευτέρα	ἡ Πέμπτη	τὸ Σάββατο
ἡ Τρίτη	ἡ Παρασκευὴ	

The names of countries are generally feminine in gender.

ἡ Ἀγγλία	ἡ Γερμανία	ἡ Ἰταλία
ἡ Ἀμερικὴ	ἡ Νορβηγία	ἡ Ρωσσία
ἡ Γαλλία	ἡ Ἑλλάδα	but τὸ Βέλγιο

Pronunciation practice

χ=kh before α, ο, ω, ου and consonants   χ=ch (as in German) before ε,αι,η,ι,υ, ει, οι

χαζεύω   χέρι
χαϊδεύω   χειμώνας
χοντρὸς   χεῖλος
χορὸς   χιλιόμετρο
χῶμα   χιόνι
χώρα   χαιρετῶ

3 ΤΡΙΤΟ ΜΑΘΗΜΑ

Λεξιλόγιο

τὸ	ἀγόρι	child, boy
ὁ	ἄντρας	man; husband
	ἄσκημος, η, ο or ἄσχημος	bad; ugly
	αὔριο	tomorrow
	αὐτὸ (n)	**this; it**
τὸ	βουναλάκι (diminutive)	hill
τὸ	βουνὸ	mountain
	γειὰ σου, γειὰ σας	greetings
ἡ	γυναίκα	woman; wife
	δὲ μοῦ ἀρέσει	I don't like it
τὸ	δέντρο or δένδρο	tree
	ἐκεῖνο (n)	that
	ἕτοιμο (n)	ready
	εὐχαριστημένο (n)	pleased
	κακὸς, ἡ or ιά,ὸ	bad
	καλὸς, ἡ, ὸ	good; nice
τὸ	κορίτσι	girl
	κουρασμένο (n)	tired
	μαζὶ	together, with
	μοῦ ἀρέσει	I like it
	ξέρω, ἤξερα	I know, knew
	ὄμορφος,η,ο	beautiful
	ὄχι	no
τὸ	παιδὶ	child
	πᾶμε	**let us go; shall we go?**
	σήμερα	today
	στὸ (n)	to the, at the, in the
	τὶ κάνεις;	how are you?
	χτὲς or χθὲς	yesterday

Συνδιάλεξη

Ένα ἀγόρι: Γειά σου.
Ένα κορίτσι: Γειά σου.
ἀγ. Τὶ κάνεις;
κορ. Εἶμαι καλά. Κι'ἐσύ;
ἀγ. Εἶμαι πολὺ καλά, εὐχαριστῶ. Εἶσαι κουρασμένη;
κορ. Ὄχι πολύ.
ἀγ. Πηγαίνουμε στὴν 'Αθήνα σήμερα;
κορ. Ἡ 'Αθήνα δὲ μοῦ ἀρέσει πολύ.
ἀγ. Σοῦ ἀρέσει ἡ θάλασσα;
κορ. Ναί, ἡ θάλασσα μοῦ ἀρέσει πολύ.
ἀγ. Πηγαίνουμε στὴ θάλασσα;
κορ. Ναί, πᾶμε.
ἀγ. Εἶσαι ἔτοιμη;
κορ. Ναί, εἶμαι ἔτοιμη.
ἀγ. Πηγαίνουμε;
κορ. Πᾶμε.

Πραχτικὴ ἐξάσκηση

1 Εἶναι ἐδῶ ὁ κύριος Δήμου; Ὄχι, εἶναι ἔξω.
   Εἶναι ἐδῶ ἡ κυρία Δήμου; Ναί, εἶναι ἐδῶ.
   Εἶναι ἐδῶ ἡ δεσποινίδα
   Δήμου; Ὄχι, εἶναι ἔξω.
   Εἶναι ἐδῶ ὁ 'Αλέξαντρος; Ναί, εἶναι ἐδῶ.
   Εἶναι ἐδῶ ἡ Ζωή; Ὄχι, εἶναι ἔξω.

2 Πῶς εἶναι ὁ κύριος Δήμου; Εἶναι πολὺ καλά.
   Πῶς εἶναι ἡ κυρία Δήμου; Ὄχι πολὺ καλά.
   Πῶς εἶναι ἡ δεσποινίδα
   Δήμου; Εἶναι πολὺ καλά.
   Πῶς εἶναι ὁ 'Αλέξαντρος; Ὄχι πολὺ καλά.
   Πῶς εἶναι ἡ Ζωή; Εἶναι πολὺ καλά.

3 Εἶναι ὁ κύριος Δήμου ἔτοι-
   μος; Ναί, εἶναι ἔτοιμος.
   Εἶναι ἡ κυρία Δήμου ἔτοιμη; Ναί, εἶναι ἔτοιμη.
   Εἶναι ἡ δεσποινίδα Δήμου
   ἔτοιμη; Ναί, εἶναι ἔτοιμη.
   Εἶναι ὁ 'Αλέξαντρος
   ἔτοιμος; Ναί, εἶναι ἔτοιμος.
   Εἶναι ἡ Ζωή ἔτοιμη; Ναί, εἶναι ἔτοιμη.

4 Ποῦ εἶναι ὁ κύριος Δήμου;   Εἶναι στὴν ᾿Αθήνα.
  Ποῦ εἶναι ἡ κυρία Δήμου;   Εἶναι στὴν ῾Ελλάδα.
  Ποῦ εἶναι ἡ δεσποινίδα
    Δήμου;   Εἶναι στὸν Πειραιά.
  Ποῦ εἶναι ὁ ᾿Αλέξαντρος;   Εἶναι στὸ βουνό.
  Ποῦ εἶναι ἡ Ζωή;   Εἶναι στὴ θάλασσα.

5 Εἶναι ὄμορφη θάλασσα;   Ναί, πολύ ὄμορφη.
  Εἶναι ὄμορφο βουναλάκι;   Ναί, πολύ ὄμορφο.
  Εἶναι ὄμορφος ἄντρας;   ῎Οχι πολύ ὄμορφος.
  Εἶναι ὄμορφη γυναίκα;   Ναί, πολύ ὄμορφη.
  Εἶναι ὄμορφο ἀγόρι;   ῎Οχι πολύ ὄμορφο.

Fluency practice

1 Translate into Greek:

There is
- a boy
- a girl
- a woman
- the mountain
- the station

You are
- a boy
- a girl
- a woman
- ready
- pleased

Shall we go to
- Athens?
- the station?
- the capital?
- town?
- the Acropolis?
- Piraeus?

Let us go to
- Athens
- the station
- the capital
- town
- the Acropolis
- Piraeus

2 Make up ten sentences of your own using the following words:

εὐχαριστημένο	ὁ σταθμός	ἐδῶ
κουρασμένο	ἡ γυναίκα	ἐκεῖ
ἕτοιμο	τὸ ἀγόρι	καλά

3 Give the definite and indefinite article of the following nouns:

σταθμὸς	παιδὶ	Σαββάτο
ἄντρας	᾿Αθήνα	χώρα
κορίτσι	Πειραιὰς	πόλη
βουνό	῾Ελλάδα	πρωτεύουσα
δέντρο	Δευτέρα	ὁδός
᾿Αγγλίδα	κυρία	βουναλάκι

Grammar: The neuter gender

The articles for the neuter gender are τò=the (definite article) and ἕνα=a, an (indefinite article).

The indefinite article is generally used as in English, but it is omitted before predicate nouns qualified or unqualified by an adjective.

Εἶμαι Ἄγγλος.	I am an Englishman.
Εἶμαι γιατρός.	I am a doctor.
Εἶναι καλός γιατρός.	He is a good doctor.

Pronunciation practice

αυ, ευ, ηυ=αν, εν, ιν, before a vowel or one of the following consonants:
γ, δ, β, λ, μ, ν, ρ, μπ, ντ, γκ, τζ

αυ, ευ, ηυ=af, ef, if, elsewhere

αὐγή	αὐτὶ
αὐγὸ	αὐστηρός
αὐλή	αὐτοκίνητο
αὕριο	αὔξηση
εὐαγγέλιο	εὔθυμος
εὐγένεια	εὐκαιρία
εὐλογία	εὐτύχημα
εὔοσμος	εὐχαριστῶ

Note the use of article with αὐτός, αὐτή, αὐτὸ=this and ἐκεῖνος, ἐκείνη, ἐκεῖνο=that.

αὐτός ὁ κύριος	this gentleman
αὐτή ἡ κυρία	this lady
ἐκεῖνο τό παιδὶ	that child

4 ΤΕΤΑΡΤΟ ΜΑΘΗΜΑ

Λεξιλόγιο

ἡ	ἀλήθεια	truth
ἡ	ἄνοιξη or ις	spring
τὸ	ἀπόγευμα or ἀπόγεμα	afternoon
τὸ	βράδι or βράδυ	evening
	βρέχει	it is raining

ἡ ʽ βροχὴ	rain
γαλάζιος, ια, ο	blue, azure
ὁ ἥλιος	sun
ἡ ἡμέρα or μέρα	day
κάθε μέρα	every day
τὸ καλοκαίρι	summer
κάνει κρύο	it is cold
λάμπει	it is shining
λίγος, η, ο,	(a) little; short
μεγάλος, η, ο	large, long
μὲ	with
τὸ μεσημέρι	midday, lunch time
ἡ νύχτα or νύκτα	night
ὅλος, η, ο	all
ὅμως	but, nevertheless
ὅτι	that
ὁ οὐρανὸς	sky
πάντα	always
πάρα πολὺ	very, too much; too
ἡ Πάρνηθα	Parnes
περσινὸς, ἡ, ὁ	last year's
τὸ πρωῖ	morning
σκεπασμένα (pl.)	covered
σκοτεινός, ἡ, ὁ	dark
στὰ (n.pl.)	to the, at the, in the
σχεδὸν	almost, nearly
της	her, its
τὶ κρῖμα !	what a pity!
φετινός, ἡ, ὁ	this year's
ὁ χειμώνας	winter
τὸ χιόνι	snow
χιονίζει	it is snowing

Συνδιάλεξη

'Αλ. Γειὰ σου, Πέτρο.

Πέτ. Γειὰ σου, 'Αλέξαντρε.

'Αλ. Τὶ κάνεις;

Πέτ. Εἶμαι πολὺ καλά, εὐχαριστῶ. Κάνει λίγο κρύο σήμε-
ρα.

'Αλ. Ναί, κάνει πολὺ κρύο. Ὁ φετινὸς χειμώνας εἶναι πο-
λὺ ἄσκημος.

Πέτ. Χιονίζει σήμερα.
Ἀλ. Χιονίζει;
Πέτ. Ὄχι στὴν Ἀθήνα, στὴν Πάρνηθα. Χιονίζει ποτὲ στὴν Ἀθήνα;
Ἀλ. Ναί, χιονίζει. Πηγαίνουμε σήμερα στὴν Πάρνηθα;
Πέτ. Πηγαίνουμε.
Ἀλ. Πέτρο, χιονίζει στὴν Ἀγγλία πολύ;
Πέτ. Ὄχι, στὴν Ἀγγλία βρέχει πολύ.
Ἀλ. Πέτρο, εἶναι ἀλήθεια, ὅτι ὁ οὐρανὸς εἶναι πάντα σκοτεινὸς στὴν Ἀγγλία;
Πέτ. Ὄχι πάντα, σχεδὸν πάντα. Ὁ οὐρανὸς ἐδῶ στὴν Ἑλλάδα εἶναι πολὺ ὄμορφος. Εἶναι πάντα γαλάζιος καὶ ὁ ἥλιος λάμπει κάθε μέρα. Ἡ Ἀγγλία εἶναι μία πολὺ ὄμορφη χώρα, ὄχι ὅμως ὁ οὐρανὸς της.
Ἀλ. Αὐτὸ εἶναι ἀλήθεια. Πᾶμε;
Πέτ. Πᾶμε.

Πραχτικὴ ἐξάσκηση

1 Κάνει κρύο σήμερα;   Ναί, κάνει λίγο κρύο.
   Κάνει κρύο στὴν Πάρνηθα;   Ναί, κάνει πολύ κρύο.
   Κάνει κρύο στὴν Ἀγγλία;   Ναί, κάνει πολύ κρύο.
   Κάνει κρύο στὴν Ἑλλάδα;   Ναί, κάνει λίγο κρύο.
   Κάνει κρύο στὰ βουνά;   Ναί, κάνει πολύ κρύο.
   Κάνει κρύο ἔξω;   Ναί, κάνει λίγο κρύο.

2 Χιονίζει σήμερα;   Ναί, χιονίζει πολύ.
   Χιονίζει σήμερα στὴν Πάρνηθα;   Ὄχι πολύ.
   Χιονίζει σήμερα στὴν Ἀγγλία;   Ναί, χιονίζει πολύ.
   Χιονίζει σήμερα στὴν Ἑλλάδα;   Ὄχι πολύ.
   Χιονίζει σήμερα στὰ βουνά;   Ναί, χιονίζει πολύ.
   Χιονίζει ἔξω;   Ὄχι πολύ.

3 Σοῦ ἀρέσει τὸ χιόνι;   Ὄχι, δέ μοῦ ἀρέσει.
   Σοῦ ἀρέσει ἡ Πάρνηθα;   Ναί, μοῦ ἀρέσει πολύ
   Σοῦ ἀρέσει ὁ Πειραιάς;   Ὄχι, δέ μοῦ ἀρέσει.
   Σοῦ ἀρέσει τὸ καλοκαίρι;   Ναί, μοῦ ἀρέσει πολύ.
   Σοῦ ἀρέσει ἡ ἄνοιξη;   Ναί, μοῦ ἀρέσει πολύ.
   Σοῦ ἀρέσει ὁ χειμώνας;   Ὄχι, δέ μοῦ ἀρέσει.

4 Εἶναι ὡραία μέρα σήμερα;   Ναί, εἶναι πολύ ὡραία μέρα σήμερα.
   Εἶναι ὡραία ἡ ἄνοιξη ἐδῶ;   Ναί, εἶναι πολύ ὡραία.

Εἶναι ὡραῖος ὁ χειμώνας ἐδῶ;   Ναί, εἶναι πάρα πολύ
ὡραῖος.

Εἶναι ὡραῖο τό καλοκαίρι
ἐδῶ;   Ναί, εἶναι πολύ ὡραῖο.
Εἶναι ὡραία ἡ Πάρνηθα;   Ναί, εἶναι ὡραία.
Εἶναι ὡραία ἡ Ἀθήνα;   Ναί, εἶναι ὡραία.

Fluency practice

1 Translate into Greek:

The winter is $\begin{cases} \text{bad} \\ \text{beautiful} \\ \text{too short} \end{cases}$ The spring is $\begin{cases} \text{bad} \\ \text{beautiful} \\ \text{too short} \end{cases}$

The summer is $\begin{cases} \text{bad} \\ \text{beautiful} \\ \text{too short} \end{cases}$ It is $\begin{cases} \text{winter} \\ \text{summer} \\ \text{spring} \\ \text{day} \\ \text{night} \end{cases}$

It is a beautiful $\begin{cases} \text{winter} \\ \text{summer} \\ \text{spring} \\ \text{day} \\ \text{night} \end{cases}$

The room is too large
The night is too long
The winter is too short
The town is very large
She is very beautiful

2 Make up ten sentences of your own using the following words:

ὁ φετινός χειμώνας   σήμερα   Τί κρίμα!
τό φετινό καλοκαίρι   πάντα   σχεδόν
ἡ φετινή ἄνοιξη   κάθε πρωΐ   πάρα πολύ

3 Answer the following questions in Greek:

Κάνει κρύο σήμερα;
Χιονίζει σήμερα;
Βρέχει σήμερα;
Ὁ ἥλιος λάμπει σήμερα;
Σοῦ ἀρέσει τό χιόνι;
Σοῦ ἀρέσει ἡ βροχή;
Σοῦ ἀρέσει ἐδῶ;
Σοῦ ἀρέσει ἡ θάλασσα;
Σοῦ ἀρέσει ἡ Ἀθήνα;
Σοῦ ἀρέσει αὐτή ἡ γυναίκα;

Grammar: Genders

Nouns are usually masculine for male persons and animals and feminine for females. However, they may also be neuter. e.g. τὸ ἀγόρι, τὸ κορίτσι.

Inanimate objects may be masculine, feminine or neuter: ὁ σταθμός, ἡ νύχτα, τὸ πρωΐ.

The gender of nouns therefore will be best learned by associating the definite article with the noun.

Nouns

Masculine	Feminine	Neuter
ὁ σταθμός	ἡ γυναίκα	τὸ παιδὶ
ὁ ἄντρας	ἡ ἐξοχὴ	τὸ βουνὸ
ὁ ναύτης	ἡ πόλη(ις)	τὸ δάσος

Adjectives also have three genders. The adjective agrees with the gender of the noun it qualifies: ὁ μεγάλος σταθμός, ἡ ὡραία νύχτα.

Adjectives in: ος, η, ο or ος, α, ο

Masculine	Feminine	Neuter
μεγάλος	μεγάλη	μεγάλο
ὡραῖος	ὡραία	ὡραῖο

5 ΠΕΜΠΤΟ ΜΑΘΗΜΑ

Λεξιλόγιο

ἡ	Αἴγινα	Aegina
	ἀκόμα or ἀκόμη	still, yet; more
	ἄλλος, η, ο	other
	γκρίζος, α, ο	grey
ἡ	δραχμή	drachma
	δροσερός, ἡ, ὁ	cool, fresh
ἡ	δροσιά	cool, freshness
	ἐπίσης	also; likewise
ἡ	ζέστη	heat
	ζεστός, ἡ, ὁ	hot, warm

ὁ καιρός	time; weather
κάνει δροσιά	it is cool
κάνει ζέστη	it is hot
κάνουμε μπάνιο;	shall we bathe?
κοντά	near
κοντός, ή, ὁ	short
τὸ κρύο	cold
κρύος, α, ο	cold, chilly
τὸ κῦμα	wave
ἡ λεμονάδα	lemonade
τὰ λεφτά	money
λοιπὸν	then
μακριὰ (adv.)	far
μακρὺς, ιά, ὺ	long
τὸ νησάκι (diminutive)	little island
ἡ πορτοκαλάδα	orangeade
ποὺ	who, which
πόσο κάνει;	how much does it cost?
τὸ πράγμα or πράμα	thing
τί;	what?
ὑψηλὸς or ψηλὸς, ή, ὁ	high, tall
τὸ ὕψος	height
φυσᾶ	it is windy

Συνδιάλεξη

'Αλ.   Γειά σου, Πέτρο.

Πέτ.   Γειά σου, 'Αλέξαντρε.

'Αλ.   Τὶ κάνεις;

Πέτ.   Εἶμαι καλά, εὐχαριστῶ.· Κι` ἐσύ;

'Αλ.   Καλά, εὐχαριστῶ.

Πέτ.   Κάνει πολλὴ ζέστη σήμερα.

'Αλ.   Ναί, κάνει. Τὸ φετινὸ καλοκαίρι εἶναι πολὺ ζεστό.
        Πᾶμε στὴ θάλασσα σήμερα;

Πέτ.   Ναί, πᾶμε. Στὴ θάλασσα κάνει πάντα δροσιά. Νά,
        ἕνα ἄλλο πράμα ποὺ εἶναι πολὺ ὅμορφο ἐδῶ στὴν
        Ἑλλάδα.

'Αλ.   Τί;

Πέτ.   Ἡ θάλασσα εἶναι πάντα γαλάζια καὶ ζεστή.

'Αλ.   Πῶς εἶναι ἡ θάλασσα στὴν 'Αγγλία; Δὲν εἶναι
        γαλάζια;

Πέτ.   Ὄχι, δὲν εἶναι γαλάζια.   Εἶναι γκρίζα καὶ πάντα κρύα.
       Ἕνα ἄλλο πρᾶμα ποὺ μοῦ ἀρέσει ἐδῶ εἶναι τὰ
       νησάκια.
Ἀλ.   Πᾶμε λοιπόν, στὴν Αἴγινα;   Ἐκεῖ εἶναι πολὺ ὡραῖα.
Πὲτ.   Εἶναι μακριὰ ἡ Αἴγινα;
Ἀλ.   Ὄχι πολύ.
Πέτ.   Πᾶμε.
Ἀλ.   Ποῦ εἶναι ἡ Ζωή;
Ζωή   Ἐδῶ εἶμαι.   Γειά σου.
Ἀλ.   Γειά σου.   Τὶ κάνεις;
Ζωή   Εἶμω πολὺ καλά, κι' ἐσύ;
Ἀλ.   Καλά, εὐχαριστῶ.   Πᾶμε.   Εἶσαι ἕτοιμη;
Ζωή   Ποῦ;
Ἀλ.   Στὴν Αἴγινα.
Ζωή   Ναί, ἕτοιμη εἶμαι.   Πᾶμε.

Πραχτικὴ ἐξάσκηση

1 Τὶ εἶναι αὐτό;   Αὐτὴ εἶναι ἡ θάλασσα.
  Τὶ εἶναι αὐτό;   Αὐτὸς εἶναι ὁ Παρθενώνας.
  Τὶ εἶναι αὐτό;   Αὐτὸ εἶναι ἕνα νησάκι.
  Ποιά εἶναι αὐτὴ ἡ πόλη;   Αὐτὴ ἡ πόλη εἶναι ἡ Ἀθήνα.
  Ποιὸ εἶναι αὐτὸ τὸ βουνό;   Αὐτὸ τὸ βουνὸ εἶναι ἡ
                                 Πάρνηθα.
  Ποιὸ εἶναι αὐτὸ τὸ νησάκι;   Αὐτὸ τὸ νησάκι εἶναι ἡ
                                 Σαλαμίνα.

2 Ποιὸς εἶναι ὁ κύριος Μου-   Ἐγώ εἶμαι ὁ κύριος Μου-
    ρούκας;   ρούκας.
  Ποιά εἶναι ἡ κυρία Μου-   Ἐγὼ εἶμαι ἡ κυρία Μου-
    ρούκα;   ρούκα.
  Ποιά εἶναι ἡ δεσποινίδα   Ἐγὼ εἶμαι ἡ δεσποινίδα
    Μουρούκα;   Μουρούκα.
  Ποιὸς εἶναι ἐδῶ;   Ὁ Γιῶργος εἶναι ἐδῶ.
  Ποιά εἶναι ψηλή;   Ἡ Μαρία εἶναι ψηλή.
  Ποιὸ εἶναι ὄμορφο;   Τὸ νησάκι εἶναι ὄμορφο.

3 Σοῦ ἀρέσει ἐδῶ;   Ναί, μοῦ ἀρέσει πάρα πολύ.
  Σοῦ ἀρέσει ἡ θάλασσα;   Ναί, μοῦ ἀρέσει πάρα πολύ.
  Σοῦ ἀρέσει αὐτὸ τὸ νησάκι;   Ναί, μοῦ ἀρέσει πάρα πολύ.
  Σοῦ ἀρέσει ἡ Ἀθήνα;   Ὄχι, δὲ μοῦ ἀρέσει πολύ.
  Σοῦ ἀρέσει τὸ μπάνιο;   Ὄχι, δὲ μοῦ ἀρέσει πολύ.

4 Πηγαίνουμε   στὸ νησάκι
  σήμερα;   Πηγαίνουμε.
  Πηγαίνουμε στὴ θάλασσα
  σήμερα;   Πηγαίνουμε.
  Πηγαίνουμε στὴν Πάρνηθα
  σήμερα;   Πηγαίνουμε.
  Πηγαίνουμε στὴν 'Ακρό-
  πολη σήμερα;   Πηγαίνουμε.
  Πηγαίνουμε στὸν Πειραιά
  σήμερα;   Πηγαίνουμε.

5 Εἴσαστε καλά;   Μάλιστα, εἶμαι καλά.
  Εἴσαστε Ἄγγλος;   Μάλιστα, εἶμαι Ἄγγλος.
  Εἴσαστε στὴν 'Ελλάδα τώ-
  ρα;   Ναὶ, εἶμαι στὴν 'Ελλάδα.
  Εἴσαστε στὴν 'Ακρόπολη;   Ναὶ, εἶμαι στὴν 'Ακρόπολη.
  Εἴσαστε κοντὰ στὴ θάλασ-   Ναὶ, εἶμαι κοντὰ στὴ θά-
  σα;   λασσα.

Fluency practice

1 Translate into Greek:

How much is
- the beer?
- the wine?
- the coffee?
- the room?
- the large room?

This is
- the station
- coffee
- the sea
- a lemonade
- an'orangeade

Who is
- George?
- here?
- there?
- ready?
- very tired?

Where is
- the room?
- George?
- the station?
- Athens?
- the sea?

2 Answer the following questions:

Κάνει κρύο σήμερα;
Κάνει ζέστη σήμερα;
Κάνει δροσιὰ σήμερα;
Κάνει καλὸ καιρὸ σήμερα;
Εἶναι κοντὰ ἡ θάλασσα;
Εἶναι μακριὰ ἡ θάλασσα;
Εἶναι δροσερὴ ἡ θάλασσα;

Εἶναι ζεστὴ ἡ θάλασσα;
Εἶναι κρύα ἡ θάλασσα;
Εἶναι ἡ Ζωὴ ψηλή;
Εἶναι ἡ Ζωὴ κοντή;
Εἶναι ἡ Ζωὴ ὄμορφη;
Εἶναι ἡ Ζωὴ ἄσκημη;

Grammar: Questions

A sentence can be made interrogative by the inflexion of the
voice or by using one of the following pronouns or adverbs.

Pronouns		Adverbs	
τί;	what?	ποῦ;	where?
ποιός, ποιά, ποιό;	who, which?	πῶς;	how, what?
πόσος, πόση, πόσο;	how much?	πότε;	when?

Τὸ δωμάτιο εἶναι μεγάλο;	Is the room large?
Ποιὸς εἶναι ὁ κύριος;	Who is the gentleman?
Πόσο κάνει αὐτό;	How much does it cost?
Ποῦ εἶναι ὁ σταθμός;	Where is the station?
Πῶς εἴσαστε;	How are you?

Order of words

The order of words is less rigid in Greek than in English. The
subject can follow the verb without in any way changing the
meaning:

Τὸ δωμάτιο εἶναι μεγάλο;	Is the room large?
Εἶναι τὸ δωμάτιο μεγάλο;	Is the room large?
Εἶναι μεγάλο τὸ δωμάτιο;	Is the room large?

Note : The words μήπως, τάχα=perhaps, are used in
questions to express doubt. Ἔχετε μήπως ἀγγλικὰ τσιγάρα;
Have you (perhaps) any English cigarettes?

6 ΕΚΤΟ ΜΑΘΗΜΑ

Λεξιλόγιο

	ἀγγλικὸς, ἡ, ὁ	English
τὸ	ἀγριολούλουδο	wild flower
ἡ	γῆ	earth, land
	δὲν, δὲ	not
	δύο	two
	δώδεκα	twelve
ἡ	ἑβδομάδα or βδομάδα	week
	ἑβδομαδιαῖος, α, ο,	weekly
	ἑλληνικὸς, ἡ, ὁ	Greek
ἡ	ἐξοχὴ	country
	ἐξοχικὸς, ἡ, ὁ	country (adj.), rural
ἡ	ἐποχὴ	season
ἡ	ἡμερομηνία	date
	θαυμάσιος, α, ο	wonderful
	θέλετε;	do you want?
	καλημέρα σας	good morning
	καταπράσινος, η, ο	very green
ἡ	Κηφισιὰ	Kifissia
	κι ἄλλη, κι ἄλλο	more
τὸ	κλίμα	climate
τὸ	λουλούδι	flower
	μισὸς, ἡ, ὁ,	half
	ὄχι ἄλλος, η, ο	no more
	ὄχι πολὺ	not very
τὸ	ποτήρι	glass
	τὶ κάνετε;	how are you?
	τώρα	now
ἡ	ὥρα	hour; time
	ὡραῖα (adv.)	beautifully
	ὡραῖα λουλούδια	beautiful flowers
	ὡραῖος, α, ο	beautiful

Συνδιάλεξη

'Αλ.   Καλημέρα σας, παιδιά.   Τὶ κάνετε;
Ζωή   Εἴμαστε πολὺ καλά, ἐσὺ τὶ κάνεις;
'Αλ.   Κι'ἐγὼ καλὰ εἶμαι.
Πέτ.   Τὶ ὡραία μέρα σήμερα!
Ζωή   Θαυμάσια μέρα!   Ἡ ἄνοιξη εἶναι πολὺ ὡραία ἐποχή.
Πέτ.   Τὶ ὡραῖα λουλούδια!
Ζωή   Τὶ λουλούδια εἶναι αὐτά, 'Αλέξαντρε;
'Αλ.   Δὲν ξέρω, τὶ λουλούδια εἶναι.   Εἶναι ἀγριολούλουδα.
Πέτ.   Ὅλη ἡ γῆ εἶναι καταπράσινη.
'Αλ.   Πηγαίνουμε στὴν Κηφισιὰ σήμερα;
Ζωή   Ποῦ εἶναι ἡ Κηφισιά;   Εἶναι μακριά;
'Αλ.   Ὄχι, δὲν εἶναι μακριά.
Ζωή   Πᾶμε.   Πέτρο, εἶσαι ἔτοιμος;
Πέτ.   Ναί, εἶμαι ἔτοιμος.   Τὶ ὥρα εἶναι;
Ζωή   Εἶναι δώδεκα ἡ ὥρα.
Πέτ.   Εἶναι κιόλας μεσημέρι;
'Αλ.   Πᾶμε, παιδιά;
Ζωή   Πᾶμε, Πέτρο.

Πραχτικὴ ἐξάσκηση

1 Φυσᾶ σήμερα;   Ὄχι, δέ φυσᾶ.
   Χιονίζει σήμερα;   Ὄχι, δέ χιονίζει.
   Κάνει ζέστη στὴ θάλασσα;   Ὄχι, δέν κάνει ζέστη στὴ
                                     θάλασσα.
   Κάνει κρύο στὰ βουνά;   Ὄχι, δέν κάνει κρύο στὰ
                                     βουνά.
   Βρέχει;   Ὄχι, δέ βρέχει.

2 Βρέχει ἔξω;   Ὄχι.
   Βρέχει ἔξω;   Ὄχι, δέ βρέχει.
   Βρέχει ἔξω;   Ὄχι πολύ.
   Βρέχει ἔξω;   Ὄχι ἄλλο.
   Βρέχει ἔξω;   Ὄχι τώρα.

3 Εἶναι ἡ γῆ καταπράσινη;   Ὄχι, δέν εἶναι καταπράσινη.
   Εἶναι τὰ βουνὰ σκεπασμένα   Ὄχι, δέν εἶναι σκεπασμένα
     μὲ χιόνι;   μὲ χιόνι.
   Εἶναι ἡ θάλασσα κρύα;   Ὄχι, δέν εἶναι κρύα.
   Εἶναι ἡ θάλασσα μακριά;   Ὄχι, δέν εἶναι μακριά.
   Εἶναι ἡ θάλασσα ὡραία;   Ὄχι, δέν εἶναι ὡραία.

4 Εἶναι καλό τό κρασί;   Ὄχι, δέν εἶναι καλό τό
                                κρασί.

  Εἶναι καλή ἡ μπίρα;   Ὄχι, δέν εἶναι καλή ἡ
                                μπίρα.

  Εἶναι καλή ἡ πορτοκαλάδα;   Ὄχι, δέν εἶναι καλή ἡ
                                πορτοκαλάδα.

  Εἶναι καλή ἡ λεμονάδα,   Ὄχι, δέν εἶναι καλή ἡ
                                λεμονάδα.

  Εἶναι καλός ὁ καφές;   Ὄχι, δέν εἶναι καλός ὁ
                                καφές.

5 Εἴσαστε Ἄγγλος;   Δέν εἶμαι Ἄγγλος.
  Εἴσαστε εὐχαριστημένος;   Δέν εἶμαι εὐχαριστημένος.
  Εἴσαστε κουρασμένη;   Δέν εἶμαι κουρασμένη.
  Εἴσαστε ἕτοιμη;   Δέν εἶμαι ἕτοιμη.
  Εἴσαστε ψηλή;   Δέν εἶμαι ψηλή.

Fluency practice

1 Translate into Greek:

What a
- pity!
- beautiful day!
- beautiful night!
- beautiful mountain!
- beautiful woman!

Is the countryside
- clean?
- covered with flowers?
- beautiful?
- very green?
- covered with snow?

Is
- England a large country?
- France a beautiful country?
- Greece a small country?
- Russia far?
- Belgium near?

Is Athens
- a beautiful city?
- a capital?
- far?
- near?
- a large city?

2 Make the following sentences negative.

Αὐτὴ ἡ πόλη μοῦ ἀρέσει πολύ.

Τὰ βουνὰ εἶναι σκεπασμένα μὲ χιόνι.

Ἡ Ἀθήνα εἶναι μακριά.

Κάνει κρύο σήμερα.

Θέλω κρασί.

Ὁ Πέτρος θέλει ἕνα ποτήρι νερό.

Βρέχει ἔξω;

Φυσᾶ στὴ θάλασσα;
Εἶναι ὁ σταθμὸς μακριά;
Εἶναι τὸ κρασὶ καλό;

3   Give the definite article of the following nouns:

γῆ	ποτήρι	πόλη or -ις	μεσάνυχτα	κλίμα
ἐξοχὴ	βράδι	ἄνοιξη or -ις	μεσημέρι	ὥρα
ἐποχὴ	πρωῖ	νύχτα	ἀπόγευμα	θάλασσα

Grammar: The negative form

A sentence is made negative by placing δὲ(ν), not, in front of the verb.

| Κάνει κρύο. | It is cold. |
| Δὲν κάνει κρύο. | It is not cold. |

| Εἶμαι Ἄγγλος. | I am an Englishman. |
| Δέν εἶμαι Ἄγγλος. | I am not an Englishman. |

| Σήμερα βρέχει. | It is raining today. |
| Σήμερα δὲ βρέχει. | It is not raining today. |

Δὲν becomes δὲ when the following word begins with γ, β, δ, θ, λ, μ, ν, ζ, ρ, σ, χ, φ.

Ὄχι is used on its own or before a noun or adverb.

Βρέχει; Ὄχι.	Is it raining?	No.
Βρέχει; Ὄχι πολύ.	Is it raining?	Not much.
Βρέχει; Ὄχι ἄλλο.	Is it raining?	No more.

Exclamations

| Τὶ κρίμα! | What a pity! |
| Τὶ ὡραία μέρα! | What a beautiful day! |

Note: Words beginning with a vowel which bears no accent tend to lose the initial vowel.

ἐσεῖς	or	σεῖς
ἡμέρα	or	μέρα
ὑψηλὸς	or	ψηλὸς
ἐβδομάδα	or	βδομάδα

7 ΕΒΔΟΜΟ ΜΑΘΗΜΑ

Λεξιλόγιο

Ἀλέξαντρε	Alexander *(voc.)*
ἀμέσως	at once
γιατὶ	because
ἕνα ποτήρι νερὸ	a glass of water
ἕνα ποτήρι κρασὶ	a glass of wine
ἔχω, εἶχα	I have, had
θαυμάσιος, α, ο	wonderful
θέλω, ἤθελα	I want, wanted
τὸ καλοκαίρι	summer; in the summer
κάνε, κάνετε	do, make *(imperative)*
κάνω, ἔκανα	I make; made
κοντὰ σὲ	near to
κρυώνω, κρύωσα	I feel cold, felt cold
μίλησε, μιλῆστε	talk, speak *(imperative)*
μιλῶ, μίλησα	I speak, spoke
ἡ μπίρα or μπύρα	beer
τὸ νερὸ	water
νυχτώνει, νύχτωσε	night falls (fell)
ξημερώνει, ξημέρωσε	day breaks (broke)
ὁρίστε	here you are; there is
τὸ οὖζο	ouzo
προτιμῶ, προτίμησα	I prefer, preferred
πρῶτα	first *(adv.)*
τὸ ρολόϊ or ὡρολόγιον	watch; clock
σὲ παρακαλῶ	please
στὴν Ἑλλάδα	in Greece
συνήθως	usually
ἡ ταβέρνα	taverna, restaurant
τίποτα, τίποτε	nothing; anything
ὑπάρχει, ὑπῆρξε	there is, were
ὑπάρχουνε	there are
τὸ φαγητὸ σου	your meal
φρέσκος, ια, ο	fresh
ψιχαλίζει, ψιχάλισε	it drizzles, -ed
ἡ ψιχάλα	fine rain

Συνδιάλεξη

'Αλ. Σᾶς ἀρέσει ἡ Κηφισιά;
Ζωή Μοῦ ἀρέσει πολύ.
'Αλ. 'Εδῶ κοντὰ ὑπάρχει μιὰ πολὺ καλὴ ταβέρνα.
Πέτ. Ψιχαλίζει!
Ζωὴ Κρυώνω λίγο.
'Αλ. Πᾶμε σὲ μιὰ ταβέρνα;
Πέτ. Τὶ ὥρα εἶναι;
Ζωὴ Πέτρο, δὲν ἔχεις ρολόϊ;
Πέτ. Ὄχι, δὲν ἔχω.
'Αλ. Εἶναι δύο καὶ μισή. Πᾶμε ἐδῶ; Αὐτὴ ἡ ταβέρνα
ἔχει καλὸ φαγητὸ καὶ καλὸ κρασί. Ἡ Κηφισιὰ μοῦ
ἀρέσει πολὺ τὴν ἄνοιξη. Τὸ καλοκαίρι πηγαίνω
πάντα στὴ θάλασσα.
Ζωὴ Πηγαίνουμε γιατὶ κρυώνω!
'Αλ. Ναί, πᾶμε.
Πέτ. Πολὺ ὡραία ταβέρνα!
'Αλ. Τὶ προτιμᾶτε μὲ τὸ φαγητό, κρασὶ ἤ μπίρα;
Ζωὴ 'Εγὼ προτιμῶ κρασί, γιατὶ κρυώνω.
'Αλ. 'Εσύ, Πέτρο;
Πέτ. Κι'ἐγὼ προτιμῶ κρασί γιατὶ κάνει λίγο κρύο.
Ζωὴ Ἔχουνε μήπως οὖζο;
'Αλ. Ναί, ἔχουνε.
Ζωὴ Θέλω λίγο οὖζο πρῶτα, σὲ παρακαλῶ, 'Αλέξαντρε.
'Αλ. Θαυμάσια. Λοιπὸν τρία οὖζα καὶ μὲ τὸ φαγητό, κρασί;
Πέτ. Τὶ ὥρα νυχτώνει τώρα στὴν Ἑλλάδα, 'Αλέξαντρε;
'Αλ. Δὲν ξέρω.
Πέτ. Τὶ ὥρα ξημερώνει;
'Αλ. Δὲν ξέρω.
Πέτ. Καλὸς εἶσαι ἐσύ. Δὲν ξέρεις τίποτα.

Πραχτικὴ ἐξάσκηση

1 Τὶ θέλετε;   Θέλω ἕνα ποτήρι νερό.
  Τὶ θέλετε;   Θέλουμε ἕνα ποτήρι νερό.
  Τὶ θέλεις;   Θέλω ἕνα ποτήρι νερό.
  Τὶ θέλει ἡ Ζωή;   Θέλει ἕνα ποτήρι νερό.
  Τὶ θέλουνε ἡ Ζωὴ καὶ ὁ
    Πέτρος;   Θέλουνε ἕνα ποτήρι νερό.

2 Τί θέλετε;   Δὲ θέλω τίποτα.
  Τί θέλετε;   Δὲ θέλουμε τίποτα.
  Τί θέλεις;   Δὲ θέλω τίποτα.
  Τί θέλει ἡ Ζωή;   Δὲ θέλει τίποτα.
  Τί θέλουνε ἡ Ζωὴ καὶ ὁ
  Πέτρος;   Δὲ θέλουνε τίποτα.

3 Κρυώνετε;   Ὄχι, δέν κρυώνω.
  Κρυώνετε;   Ὄχι, δέν κρυώνουμε.
  Κρυώνεις;   Ὄχι, δέν κρυώνω.
  Κρυώνει ἡ Ζωή;   Ὄχι, δέν κρυώνει.
  Κρυώνουνε ἡ Ζωὴ καὶ ὁ
  Πέτρος;   Ὄχι, δέν κρυώνουνε.

4 Μιλᾶτε Ἑλληνικά;   Ναί, μιλῶ Ἑλληνικά.
  Μιλᾶτε Ἑλληνικά;   Ναί, μιλᾶμε Ἑλληνικά.
  Μιλᾶς Ἑλληνικά;   Ναί, μιλῶ Ἑλληνικά.
  Μιλᾶ Ἑλληνικὰ ἡ Ζωή;   Ναί, μιλᾶ Ἑλληνικά.
  Μιλᾶνε Ἑλληνικὰ ἡ Ζωὴ καὶ
  ὁ Πέτρος;   Ναί, μιλᾶνε Ἑλληνικά.

5 Προτιμᾶτε κρασὶ ἢ μπίρα;   Προτιμῶ κρασί.
  Προτιμᾶτε κρασὶ ἢ μπίρα;   Προτιμᾶμε κρασί.
  Προτιμᾶς κρασὶ ἢ μπίρα;   Προτιμῶ κρασί.
  Προτιμᾶ κρασὶ ἢ μπίρα ἡ Ζωή;   Προτιμᾶ κρασί.
  Προτιμᾶνε κρασὶ ἢ μπίρα;   Προτιμᾶνε κρασί.

Fluency practice

1 Translate into Greek:

Do you want a glass of	water? wine? beer? fresh water? red wine?	There is a glass of	water wine beer fresh water red wine
Is the wine	white? red? good? warm? cold?	It	is windy is cold is hot drizzles dawns

2 Complete the sentences using-one of the following verbs in the appropriate person: θέλω, κρυώνω, εἶμαι, μιλῶ.

Ἐγώ........λίγο νερό.   Ἐγώ δέν......
Ἐσὺ ....λίγο νερό;   Ἐσὺ .... ;
Ὁ Πέτρος ...... λίγο νερό.   Ὁ Πέτρος δὲν ....
Ὁ Πέτρος κι' ἐγώ....λίγο νερό.   Ἐγὼ καὶ ὁ Πέτρος δὲν......
Ἐσεῖς ......λίγο νερό;   Ἐσεῖς ....;
Ὁ Πέτρος καὶ ἡ Ζωὴ ....
      λίγο νερό.   Ὁ Πέτρος καὶ ἡ Ζωὴ δὲν...
Ἐγὼ δὲν .....πολὺ καλὰ ἐδῶ.   Ἐγὼ δὲ .....καλὰ Ἑλληνικά.
Ἐσὺ .....καλὰ ἐκεῖ;   Ἐσὺ .....καλὰ Ἑλληνικά ;
Ὁ Πέτρος .... καλὰ ἐδῶ.   Ἡ Ζωὴ δὲ .. καλὰ Ἑλληνικά.
Ὁ Πέτρος κι' ἐγὼ ....   Ἡ Ζωὴ κι' ἐγὼ δὲ............
      καλὰ ἐδῶ.   καλὰ Ἑλληνικά.
Ἐσεῖς ......καλὰ ἐκεῖ;   Ἐσεῖς ....καλὰ Ἑλληνικά ;
Ὁ Πέτρος καὶ ἡ Ζωὴ ....   Ἡ Ζωὴ καὶ ὁ Πέτρος δὲ.....
καλὰ ἐδῶ.   καλὰ Ἑλληνικά.

3   Conjugate the verbs in the following sentences:

Πηγαίνω στὴν ἐξοχή. Μιλῶ Ἑλληνικὰ πολὺ καλά.
Δὲ θέλω τίποτα.

Grammar: Present indicative of active verbs

In Greek the personal pronouns (I, you, he, she, it, we, you,
they) are not used as subjects before the verb, but they may be
employed for the sake of emphasis or clarity.

The endings change to indicate subject and number, singular
or plural.

The second person singular is used in familiar speech: the
second person plural is the polite form of singular address.

GROUP I 1st conjugation

Verbs in which the accent falls on the stem in the present
indicative e.g. πιάνω, κρυώνω, θέλω, κάνω, ξημερώνει, νυχτώ-
νει, βρέχει, conjugate as follows:

1	πιάνω	I	catch, or take
2	πιάνεις	you	catch
3	πιάνει	he, she, it	catches
1	πιάνουμε, ομε	we	catch
2	πιάνετε	you	catch
3	πιάνουνε, ουν	they	catch

GROUP II 2nd conjugation
Verbs in which the accent is on the ending in the present indicative fall into two groups.

1 ρωτῶ, διψῶ, πεινῶ, ζητῶ, παρακαλῶ, φυσῶ, προτιμῶ, κολυμπῶ, περνῶ, περπατῶ, πουλῶ conjugate like μιλῶ.
2 εὐχαριστῶ, ζῶ, ἀργῶ, ἐννοῶ, φωτογραφῶ, τηλεγραφῶ, καλῶ conjugate like μπορῶ.

1	μιλῶ, άω I speak	μπορῶ	I can, I am able
2	μιλᾶς	μπορεῖς	
3	μιλᾶ, άει	μπορεῖ	
1	μιλᾶμε, οῦμε	μποροῦμε	
2	μιλᾶτε	μπορεῖτε	
3	μιλᾶνε, οῦν	μποροῦνε, οῦν	

8 ΟΓΔΟΟ ΜΑΘΗΜΑ

Λεξιλόγιο

	ἄδειος, α, ο	empty
ὁ	ἄμμος	sand
ὁ	ἄνθρωπος	man
	ἀπ'τὴν	from (the)
τὰ	ἀρχαῖα	antiquities
ἡ	βάρκα	rowing-boat
	γεμάτος, η, ο	full
	γεμάτος, η, ο κόσμο	full of people
	γιατὶ;	why?
	γιὰ	for
ὁ	διαβάτης	passer-by
ἡ	διαδρομὴ	run,
ὁ	δρόμος	road, street
ὁ	ἐπιβάτης	passenger
	θὰ σᾶς ἀρέσει	you will like it
	θὰ πᾶμε	we shall go
	θαῦμα! (noun)	wonderful

θέλω νὰ δῶ	I want to see
ἴσως	perhaps
ἡ καλὴ ἰδέα	good idea
ὁ κόσμος	world; people
μαθαίνω, ἔμαθα	I learn, learnt
μόνο	only
μπλὲ	blue
νὰ πιοῦμε	to drink
ἡ παραλία	sea-shore
περίπου	about; roughly
πίνω, ἤπια	I drink, drank
τὸ πλοῖο	boat
τὸ ρεστωρὰν	restaurant
ρωτῶ, ρώτησα	I ask, asked
τὸ Σούνιο	Sounion
ὁ ταξιδιώτης	traveller
τὸ τοπεῖο	site; spot
τὸ τσάϊ	tea
φουρτουνιασμένος, η, ο	rough

Συνδιάλεξη

Ἀλ.   Γειὰ σας, παιδιά.

Ζωή   Γειὰ σου, Ἀλέξαντρε. Κάνει ὡραία μέρα σήμερα!

Ἀλ.   Θαῦμα μέρα. Πηγαίνουμε στὸ Σούνιο;

Πέτ.   Πολὺ καλὴ ἡ ἰδέα σου. Πόσο μακριὰ εἶναι τὸ Σούνιο ἀπ᾽τὴν Ἀθήνα;

Ἀλ.   Εἶναι περίπου μία ὥρα.

Ζωή   Εἶναι ἡ παραλία καλὴ γιὰ μπάνιο;

Ἀλ.   Ὄχι πολὺ καλή. Ἡ θάλασσα εἶναι πάντα φουρτουνιασμένη καὶ συνήθως φυσᾶ πολύ. Τὸ τοπεῖο ὅμως εἶναι θαυμάσιο.

Πέτ.   Πᾶμε, Ζωή; Σήμερα εἶναι ὡραία μέρα καὶ ἴσως δὲ φυσᾶ.

Ἀλ.   Ἐδῶ δὲ φυσᾶ ἀλλὰ ἐκεῖ φυσᾶ πάντοτε. Ἡ διαδρομὴ εἶναι ἐπίσης ὅμορφη. Θὰ σᾶς ἀρέσει πολύ.

Πέτ.   Πᾶμε. Ἐγὼ θέλω πολὺ νὰ δῶ τὸ Σούνιο καὶ τὰ ἀρχαῖα.

Ζωή   Πότε θὰ πᾶμε;

Ἀλ.   Πᾶμε ἀμέσως τώρα.

Ζωή   Ἐγὼ εἶμαι ἔτοιμη. Ἐσύ, Πέτρο, εἶσαι ἔτοιμος;

Πέτ.   Κι᾽ἐγὼ ἔτοιμος εἶμαι. Εἶναι ὁ δρόμος καλός;

Ἀλ.   Ναί, πολὺ καλός.

Ζωή   Ὑπάρχουνε ρεστωράν;
'Αλ.   Ναί. Γιατί ρωτᾶς;
Ζωή   Ἴσως θὰ εἶναι ὡραία ἰδέα νὰ πιοῦμε ἕνα τσάϊ ἐκεῖ.
'Αλ.   Καλά. 'Αλλὰ ἴσως δὲ θὰ σοῦ ἀρέσει.
Ζωή   Γιατί ὄχι:
'Αλ.   Γιατί ἐδῶ εἶναι Ἑλλάδα καὶ στὴν Ἑλλάδα πίνουνε οὖζο ἤ καφὲ καὶ ὄχι τσάϊ.

Πραχτικὴ ἐξάσκηση

1 Μιλᾶνε οἱ κύριοι Ἑλληνικά;   Ναί, οἱ κύριοι μιλᾶνε Ἑλληνικά.

Μιλᾶνε οἱ Ἄγγλοι Ἑλληνικά;   Ὄχι, οἱ Ἄγγλοι δὲ μιλᾶνε Ἑλληνικά.

Μιλᾶνε οἱ 'Αμερικανοὶ Ἑλληνικά;   Ναί, οἱ 'Αμερικανοὶ μιλᾶνε Ἑλληνικά.

Μιλᾶνε οἱ ταξιδιῶτες Ἑλληνικά;   Ὄχι, οἱ ταξιδιῶτες δὲ μιλᾶνε Ἑλληνικά.

Μιλᾶνε οἱ ἐπιβάτες Ἑλληνικά;   Ναί, οἱ ἐπιβάτες μιλᾶνε Ἑλληνικά.

2 Εἶναι οἱ δρόμοι μεγάλοι;   Ναί, οἱ δρόμοι εἶναι μεγάλοι.

Εἶναι οἱ δρόμοι καλοί;   Ὄχι, οἱ δρόμοι δὲν εἶναι καλοί.

Εἶναι οἱ ἐπιβάτες ἕτοιμοι;   Ναί, οἱ ἐπιβάτες εἶναι ἕτοιμοι.

Εἶναι οἱ ταξιδιῶτες κουρασμένοι;   Ὄχι, οἱ ταξιδιῶτες δὲν εἶναι κουρασμένοι.

Εἶναι οἱ κύριοι εὐχαριστημένοι;   Ναί, οἱ κύριοι εἶναι εὐχαριστημένοι.

3 Γιατί δὲν πηγαίνουμε στὸ Σούνιο;   Γιατί ὁ καιρὸς δὲν εἶναι καλός.

Γιατί δὲν πηγαίνουμε στὴ θάλασσα;   Γιατί ὁ καιρὸς δὲν εἶναι καλός.

Γιατί δὲν πηγαίνουμε στὸν Παρθενώνα;   Γιατί κάνει ζέστη.

Γιατί δὲν πηγαίνουμε στὴν Πάρνηθα;   Γιατί κάνει κρύο.

4 Θὰ πᾶμε στὸ Σούνιο σήμερα;   Ἴσως πᾶμε.
Θὰ πᾶμε στὴ θάλασσα σήμερα;   Ἴσως πᾶμε.

Θὰ πᾶμε στὸν Παρθενώνα
σήμερα;   Ἴσως πᾶμε.
Θὰ πᾶμε στὴν Πάρνηθα
σήμερα;   Ἴσως πᾶμε.

5 Εἶναι οἱ δρόμοι γεμάτοι κόσμο; Οἱ δρόμοι εἶναι ἄδειοι.
Εἶναι οἱ σταθμοὶ γεμάτοι
κόσμο;   Οἱ σταθμοὶ εἶναι ἄδειοι.
Εἶναι ἡ παραλία γεμάτη
κόσμο;   Ἡ παραλία εἶναι ἄδεια.
Εἶναι ἡ ᾿Αθήνα γεμάτη κόσμο; Ἡ ᾿Αθήνα εἶναι ἄδεια.
Εἶναι τὸ πλοῖο γεμάτο κόσμο; Τὸ πλοῖο εἶναι ἄδειο.

Fluency practice

1 Translate into Greek:

The roads are $\begin{cases} \text{clean} \\ \text{good} \\ \text{empty} \end{cases}$ These passengers are $\begin{cases} \text{tired} \\ \text{ready} \\ \text{all men} \end{cases}$

These men are $\begin{cases} \text{Greek} \\ \text{English} \\ \text{Americans} \end{cases}$

2 Put the following sentences into the plural:
Ὁ κύριος εἶναι ἕτοιμος.
Αὐτὸς ὁ κύριος εἶναι ῎Αγγλος.
Ποιὸς εἶναι αὐτὸς ὁ κύριος;
Ὁ δρόμος εἶναι γεμάτος κόσμο.
Ὁ ταξιδιώτης μιλᾶ Ἑλληνικά.
Αὐτὸς ὁ ἐπιβάτης θέλει μιὰ πορτοκαλάδα.
Ὁ φοιτητὴς κρυώνει.
Αὐτὸς ὁ μήνας εἶναι πολὺ ζεστός.
Αὐτὸς ὁ σταθμὸς εἶναι πολὺ μεγάλος.
Αὐτὸς ὁ ῞Ελληνας εἶναι πολὺ ψηλός.

3 Conjugate the verbs in the following sentences:
Μαθαίνω Ἑλληνικά. Καταλαβαίνω Ἑλληνικά. Πίνω ἕναν
καφέ.

4 Insert the correct definite article in front of the following nouns:

νερὸ   κρασὶ   οὖζο   μπίρα   λεμονάδα   μεσημέρι
βράδι   πρωῒ   ἀπόγευμα   νύχτα   μέρα   πορτοκαλάδα

5 Put the following words into the plural:

ὁ	ἄντρας	μαθητὴς
ποιός	μήνας	ἐργάτης
αὐτός	χειμώνας	καθηγητὴς
πόσος	ταμίας	πελάτης
μικρὸς	ἀστυφύλακας	φοιτητὴς
χρόνος	γείτονας	καθρέφτης
ἄνθρωπος	πατέρας	διαβάτης

Grammar: Plural of nouns, adjectives and pronouns (masculine)
The plural of the masculine definite article (the) is οἱ.
The indefinite article has no plural.

The plural of most masculine nouns, pronouns and adjectives is formed by changing the endings:

Change	Singular	Plural	Meaning
ος into οι	ὁ σταθμὸς	οἱ σταθμοὶ	stations
	ὁ Ἄγγλος	οἱ Ἄγγλοι	Englishmen
	μικρὸς	μικροὶ	small
	ποιὸς	ποιοὶ	who
	αὐτὸς	αὐτοὶ	these
ας, ης into ες	ὁ ἄντρας	οἱ ἄντρες	men
	ὁ μήνας	οἱ μῆνες	months
	ὁ ἐπιβάτης	οἱ ἐπιβάτες	passengers
	ὁ ταξιδιώτης	οἱ ταξιδιῶτες	travellers

Adjectives and pronouns vary in gender and number to agree with the nouns they qualify.

Αὐτὸς ὁ κύριος εἶναι ἕτοιμος.   Αὐτοὶ οἱ κύριοι εἶναι ἕτοιμοι.
Ποιὸς εἶναι αὐτὸς ὁ κύριος;   Ποιοὶ εἶναι αὐτοὶ οἱ κύριοι;
Ὁ ταξιδιώτης εἶναι ἕτοιμος.   Οἱ ταξιδιῶτες εἶναι ἕτοιμοι.
Αὐτὸς ὁ ἐπιβάτης εἶναι   Αὐτοὶ οἱ ἐπιβάτες εἶναι
  Ἄγγλος.   Ἄγγλοι.

9 ENATO MAΘHMA

Λεξιλόγιο

ἀρχαῖος, α, ο	ancient
ἡ γειτονιά	neighbourhood
δάσκαλος, δασκάλα	teacher (*m and f*)
ὁ Διόνυσος	Dionysos
τὸ δρᾶμα, τὰ δράματα	drama
ἐπιτέλους	at last
τὸ ἔργο	play
Ἡρώδη τοῦ ᾽Αττικοῦ	Herodes Atticus (*gen.*)
τὸ θέατρο	theatre
ἡ θέση or -ις	place, seat
καινούργιος, ια, ο	new
καλῶς ὁρίσατε	welcome
καλῶς σᾶς βρήκαμε	we are happy to be here
ἡ κωμωδία	comedy
ἡ λεωφόρος	avenue
λυπᾶμαι, λυπήθηκα	I regret, regretted
μαῦρος, η, ο	black
μου	my
τὸ μουσεῖο	museum
νὰ σοῦ συστήσω;	shall I introduce to you?
νέος, α, ο	new
παίζω, ἔπαιξα	I play, played
παλαιὸς, ὰ, ὸ or παλιὸς	old (not new)
πάνω, ἐπάνω, ἀπάνω	up, above, on top
ὁ Παρθενώνας	the Parthenon
οἱ πρόποδες	foot (of hill)
στοὺς πρόποδες	at the foot
ἡ στάση or -ις	bus-stop
συγνώμη	pardon
τὸ σχολεῖο	school
ταξιδεύω, ταξίδεψα	I travel, travelled
τὸ ταξίδι	travel, journey
ὁ φίλος, ἡ φίλη	friend (*m and f*)
χαίρω πολὺ	I am pleased to meet you

Συνδιάλεξη

'Αλ.   Τώρα εἴμαστε στοὺς πρόποδες τῆς 'Ακρόπολης.
Ζωή   Ποῦ εἶναι ὁ Παρθενώνας;
'Αλ.   Ὁ Παρθενώνας εἶναι πάνω στὴν 'Ακρόπολη.
Πέτ.   Ποιὸ εἶναι αὐτὸ τὸ θέατρο;
'Αλ.   Αὐτὸ εἶναι τὸ ἀρχαῖο θέατρο τοῦ Διονύσου καὶ ἐκεῖ-
        νο εἶναι τοῦ Ἡρώδη τοῦ 'Αττικοῦ. Ἐδῶ στὸ
        θέατρο τοῦ Ἡρώδη τὸ καλοκαίρι παίζουνε ἀρχαῖα
        δράματα καὶ κωμωδίες.
Ζωή   Ποῦ εἶναι τὸ Μουσεῖο τῆς 'Ακρόπολης;
'Αλ.   Κι' αὐτὸ εἶναι πάνω στὴν 'Ακρόπολη.
Ζωή   Εἶναι μεγάλο Μουσεῖο;
'Αλ.   Ὄχι πολὺ μεγάλο.
Γιῶργος Γειὰ σου, 'Αλέξαντρε. Τὶ κάνεις;
'Αλ.   Γειὰ σου, Γιῶργο μου, εἶμαι καλά. Ἐσὺ τὶ κάνεις;
        Τὶ κάνεις ἐδῶ πάνω;
Γιῶργος Εἶναι ἡ γειτονιά μου, ἐσὺ τὶ κάνεις ἐδῶ;
'Αλ.   Νὰ σοῦ συστήσω τοὺς φίλους μου. Ἡ κυρία καὶ ὁ
        κύριος Beck. Ὁ κύριος Σωτηρόπουλος.
Γιῶργος Χαίρω πολύ.
Ζωή   Χαίρω πολύ.
Πέτ.   Κι'ἐγὼ ἐπίσης.
Γιῶργος 'Απὸ ποῦ εἴσαστε;
Ζωή   'Απ'τὴν 'Αγγλία.
Γιῶργος Καλῶς ὁρίσατε στὴν Ἑλλάδα.
Ζωή   Καλῶς σᾶς βρήκαμε.
Γιῶργος Σᾶς ἀρέσει ἡ Ἑλλάδα;
Πέτ.   Πάρα πολύ.
Γιῶργος Ποῦ πηγαίνετε τώρα;
'Αλ.   Πᾶμε στὴν 'Ακρόπολη.
Γιῶργος Καλὴ ἰδέα. Τὸ πρωῖ δὲν ἔχει κόσμο καὶ εἶναι
        ὄμορφα. Πηγαίνετε. Γειὰ σας.
'Αλ.   Γειὰ σου, Γιῶργο μου.
Ζωή   Καλημέρα σας, κύριε Σωτηρόπουλε.
'Αλ.   Ὁ Γιῶργος εἶναι ἕνας παλιὸς μου φίλος ἀπ'τὸ
        σχολεῖο. Πᾶμε!

Πρακτικὴ ἐξάσκηση

1 Καταλαβαίνουνε οἱ κυρίες
  Ἑλληνικά;   Ναί, καταλαβαίνουνε.

Καταλαβαίνουνε οἱ 'Αγγλίδες
Ἑλληνικά;   Ὄχι, δὲν καταλαβαίνουνε.
Καταλαβαίνουνε οἱ
'Αμερικανίδες Ἑλληνικά;   Ναί, καταλαβαίνουνε.
Καταλαβαίνουνε οἱ
ταξιδιώτισσες Ἑλληνικά;   Ὄχι, δὲν καταλαβαίνουνε.
Καταλαβαίνουνε οἱ ἐπιβάτισ-
σες Ἑλληνικά;   Ναί, καταλαβαίνουνε.

2 Εἶναι οἱ βάρκες μεγάλες;   Ναί, οἱ βάρκες εἶναι
                        μεγάλες.
  Εἶναι οἱ βάρκες καλές;   Ὄχι, οἱ βάρκες δὲν εἶναι
                        καλές.
  Εἶναι οἱ ἐπιβάτισσες κουρασ- Ναί, οἱ ἐπιβάτισσες εἶναι
  μένες;   κουρασμένες.
  Εἶναι οἱ ταξιδιώτισσες   Ὄχι, οἱ ταξιδιώτισσες δὲν
  ἕτοιμες;   εἶναι ἕτοιμες.
  Εἶναι οἱ κυρίες εὐχαριστημέ- Ναί, οἱ κυρίες εἶναι εὐχα-
  νες;   ριστημένες.

3 Εἶναι οἱ βάρκες γεμάτες   Οἱ βάρκες δὲν εἶναι
  κόσμο;   γεμάτες κόσμο.
  Εἶναι οἱ βάρκες γεμάτες ἄντ- Οἱ βάρκες δὲν εἶναι
  ρες;   γεμάτες ἄντρες.
  Εἶναι οἱ βάρκες γεμάτες   Οἱ βάρκες δὲν εἶναι γεμά-
  γυναῖκες;   τες γυναῖκες.
  Εἶναι οἱ βάρκες γεμάτες δασ- Οἱ βάρκες δὲν εἶναι γεμά-
  κάλες;   τες δασκάλες.

4 Εἶναι Δευτέρα σήμερα. Δὲν Δὲν εἶναι Δευτέρα. Εἶναι
  εἶναι ἔτσι;   Τρίτη.
  Σήμερα εἶναι Πέμπτη. Δὲν
  εἶναι ἔτσι;   Ὄχι, εἶναι Τετάρτη.
  Εἶναι Σαββάτο σήμερα. Δὲν
  εἶναι ἔτσι;   Ὄχι, εἶναι Παρασκευή.
  Σήμερα εἶναι Κυριακή. Δὲν
  εἶναι ἔτσι;   Ὄχι, εἶναι Σαββάτο.

5 Πῶς ταξιδεύετε συνήθως;   Ταξιδεύω μὲ πλοῖο.
  Γιατί ταξιδεύετε μὲ πλοῖο; Γιατὶ μοῦ ἀρέσει.
  Πῶς ταξιδεύει ἡ Ζωὴ
  συνήθως;   Ταξιδεύει μὲ αὐτοκίνητο.

Γιατί ταξιδεύει μὲ
αὐτοκίνητο;   Γιατί τῆς ἀρέσει.

6 Σοῦ ἀρέσει ἡ γειτονιὰ μου;   Ναί, μοῦ ἀρέσει.
  Τῆς ἀρέσει ἡ ᾿Ακρόπολη;   Ναί, τῆς ἀρέσει.
  Τοῦ ἀρέσει ὁ Παρθενώνας;   Ναί, τοῦ ἀρέσει.
  Σᾶς ἀρέσει τὸ θέατρο;   Ναί, μᾶς ἀρέσει.

Fluency practice

1 Translate into Greek:

The Greek towns are $\begin{cases} \text{full of people} \\ \text{small} \\ \text{large} \end{cases}$

These passengers (f) are $\begin{cases} \text{all teachers} \\ \text{ready} \\ \text{all women} \end{cases}$

2 Put the following sentences into the plural:

῾Η κυρία εἶναι ἕτοιμη.
Αὐτὴ ἡ κυρία εἶναι ᾿Αγγλίδα.
Ποιὰ εἶναι αὐτὴ ἡ κυρία;
῾Η ταξιδιώτισσα μιλᾶ ῾Ελληνικά.
῾Η κυρία θέλει μιὰ πορτοκαλάδα.
῾Η φοιτήτρια θέλει καφέ.
Αὐτὴ ἡ βάρκα εἶναι πολὺ ὄμορφη.
Αὐτὴ ἡ λεωφόρος εἶναι μεγάλη.
Αὐτὴ ἡ ῾Ελληνίδα εἶναι πολὺ ψηλή.
Ποιὰ κυρία εἶναι δασκάλα;

3 Write ten sentences in Greek using the words below:
θὰ ἤθελα, μήπως, ὁρίστε, τίποτα, συνήθως, πάντοτε.

4 Conjugate the verbs in the following sentences:
Μαθαίνω ἐλληνικὲς λέξεις. Κάνω μπάνιο. Προτιμῶ κρασί.

5 Write the feminine gender of the following adjectives:
γεμάτος, ἄδειος, καθαρὸς, ὄμορφος, ὡραῖος, ἀρχαῖος, νέος,
παλαιὸς, καινούργιος, ἄσπρος, μαῦρος, ἀκριβὸς, φτηνὸς,
μεγάλος, μικρὸς, καλὸς, ἄσκημος.

6 Put the following words into the plural:

ποιά	ἡ	ἄνοιξη or ις	λεωφόρος
νέα	αὐτὴ	θέση or ις	ὁδὸς
γυναίκα	πόση	στάση or ις	ἄβυσσος
μητέρα	ἐποχὴ	λέξη or ις	θαλαμηγὸς

Grammar: Plural of nouns, adjectives and pronouns (feminine)

The plural of the feminine definite article (the) is οἱ.

The plural of most feminine nouns, pronouns and adjectives is formed by changing the endings:

Change	Singular	Plural	Meaning
α, η into ες	ἡ χώρα	οἱ χῶρες	countries
	ἡ βάρκα	οἱ βάρκες	boats
	ὡραία	ὡραῖες	beautiful (f)
	ποιά	ποιὲς	who (f)
	ἡ ἐποχὴ	οἱ ἐποχὲς	seasons
	ἡ ἐξοχὴ	οἱ ἐξοχὲς	country homes
	μικρὴ	μικρὲς	small (f)
	αὐτὴ	αὐτὲς	these (f)
η, ις into εις	ἡ πόλη, ις	οἱ πόλεις	towns
	ἡ στάση. ις	οἱ στάσεις	bus-stops
ος into οι	ἡ ὁδὸς	οἱ ὁδοὶ	streets
	ἡ λεωφόρος	οἱ λεωφόροι	avenues

10 ΔΕΚΑΤΟ ΜΑΘΗΜΑ

Λεξιλόγιο

	ἀρκετός, ἡ, ὁ	enough
ἡ	ἀσπιρίνη	aspirin
	διαβάζω, διάβασα	I read
	διάβασε, διαβάστε	read (*imperative*)
ἡ	ἐφημερίδα	newspaper
	θὰ ἤθελα	I would like
	ἰταλικὸς, ἡ, ὁ	Italian
	Ἰταλὸς, Ἰταλίδα	Italian (*m and f*)

τὸ κολύμπι	swimming
τὸ λεμόνι	lemon
τὸ λιμάνι	port
μετὰ	after
τὸ νοσοκομεῖο	hospital
περαστικὰ	get better soon
ὁ πονόδοντος	toothache
ὁ πονοκέφαλος	headache
ὁ πόνος	ache, pain
τὸ πορτοκάλι	orange
πουθενὰ	anywhere; nowhere
ρωσσικὸς, ἡ, ὸ	Russian
Ρῶσσος, Ρωσσίδα	Russian (m and f)
ἡ φορὰ	time
τὰ φροῦτα	fruit
τὸ φτινόπωρο	autumn; in the autumn

Συνδιάλεξη

'Αλ.   Πῶς εἶσαι, Πέτρο;
Πέτ.   Ἔχω λίγο πονοκέφαλο ἀκόμα.
'Αλ.   Θέλεις κι'ἄλλη ἀσπιρίνη;
Πέτ.   Θὰ ἤθελα μιὰ ἀκόμα, σὲ παρακαλῶ, 'Αλέξαντρε.
'Αλ.   Ὁρίστε καὶ περαστικὰ σου.
Πέτ.   Εὐχαριστῶ πολύ.
'Αλ.   Θὰ ἤθελες μήπως καὶ μιὰ πορτοκαλάδα;
Πέτ.   Δὲν εἶναι ἄσκημη ἰδέα.   Θὰ μοῦ κάνει ἴσως καλό.
'Αλ.   Ὁρίστε καὶ μιὰ πορτοκαλάδα.
Πέτ.   Εὐχαριστῶ.   Θαῦμα πορτοκαλάδα!
'Αλ.   Εἶναι μὲ φρέσκα πορτοκάλια.
Πέτ.   Τὰ πορτοκάλια στὴν Ἑλλάδα εἶναι θαυμάσια.   Πόσες φορὲς τὸ χρόνο ἔχετε φρέσκα πορτοκάλια;
'Αλ.   Δύο φορές.   Τὸ φτινόπωρο καὶ τὴν ἄνοιξη.   Θέλεις τίποτα ἄλλο;
Πέτ.   Ἔχεις μήπως μιὰ ἐφημερίδα;
'Αλ.   Ἔχω ἑλληνικὴ ἐφημερίδα.   Ὁρίστε.   Διάβασε.   Ξέρεις τώρα ἀρκετὰ Ἑλληνικά.
Πέτ.   Ὄχι, τὰ Ἑλληνικά μου δὲν εἶναι πολὺ καλά.
'Αλ.   Εἶναι, εἶναι.   Θὰ πᾶμε πουθενὰ σήμερα;
Πέτ.   Ὄχι ἀκόμα.   Μετὰ τὸ μεσημέρι, ἴσως.
'Αλ.   Ποῦ εἶναι ἡ Ζωή;

Πέτ.   Δὲν ξέρω. Εἶναι ἀπάνω, ἴσως.
'Αλ.   Εἶναι καλά;
Πέτ.   Καλὰ εἶναι.

Πραχτικὴ ἐξάσκηση

1 Θὰ θέλατε μιὰ πορτοκαλάδα;   Εὐχαριστῶ, θὰ ἤθελα μιὰ
                                      πορτοκαλάδα.

   Θὰ θέλατε ἔναν καφέ;   Εὐχαριστῶ, θὰ ἤθελα ἔναν
                                        καφέ.

   Θὰ θέλατε ἔνα οὖζο;   Εὐχαριστῶ, θὰ ἤθελα ἔνα
                                        οὖζο.

   Θὰ θέλατε λίγα φροῦτα;   Εὐχαριστῶ, θὰ ἤθελα λίγα
                                      φροῦτα.

2 Εἶναι τὰ πλοῖα γεμάτα κόσμο;   Ναί, εἶναι γεμάτα κόσμο.
   Εἶναι τὰ πλοῖα μεγάλα;   Ναί, εἶναι μεγάλα.
   Εἶναι τὰ πλοῖα καινούργια;   Ναί, εἶναι καινούργια.
   Εἶναι τὰ πλοῖα παλιά;   Ναί, εἶναι παλιά.

3 Ξέρετε 'Αγγλικά;   Δὲν ξέρω 'Αγγλικά.
   Ξέρετε Γερμανικά;   Δὲν ξέρω Γερμανικά.
   Ξέρετε Ρωσσικά;   Δὲν ξέρω Ρωσσικά.
   Πόσες γλῶσσες ξέρετε;   Ξέρω μόνο μία γλώσσα.
   Μιλᾶτε Ἑλληνικά;   Κι' ἐγώ μιλῶ Ἑλληνικά.
   Καταλαβαίνετε Ἑλληνικά;   Κι' ἐγώ καταλαβαίνω Ἑλ-
                                        ληνικά.
   Ξέρετε κι' ἄλλες γλῶσσες;   Κι' ἐγώ ξέρω κι' ἄλλες
                                        γλῶσσες.

4 Ποῦ πηγαίνετε κάθε Κυριακή; Δὲν πηγαίνω πουθενά.
   Τὶ πίνετε κάθε μεσημέρι;   Δὲν πίνω τίποτα.
   Ποῦ κολυμπᾶτε;   Δὲν κολυμπῶ πουθενά.
   Τὶ θέλετε;   Δὲ θέλω τίποτα.

5 Διαβάστε τὴν ἐφημερίδα.   Τὴν διαβάζω.
   Ρωτῆστε τὴν Ζωή.   Τὴν ρωτάω.
   Μιλῆστε Ἑλληνικά.   Μιλάω.

6 Μήπως θέλετε ἔναν καφέ;   Ὄχι, εὐχαριστῶ.
   Μήπως θέλετε ἔνα ποτήρι
     νερό;   Ὄχι, εὐχαριστῶ.

Μήπως θέλετε ἕνα πορτοκάλι;   Θὰ ἤθελα ἕνα πορτοκάλι.
Μήπως θέλετε φροῦτα;   Θὰ ἤθελα λίγα φροῦτα.

Fluency practice

1 Translate into Greek:

The mountains are { high / beautiful / full of trees } The boats are { white / old / new }

These oranges are { cheap / dear / good } These forests are { very green / very good / full of tall trees }

2 Put the following sentences into the plural:

Τὸ καράβι εἶναι καινούργιο.
Αὐτὸ τὸ παιδὶ εἶναι ἀπ'τὴν 'Αγγλία.
Αὐτὸ τὸ κορίτσι εἶναι ἀπ'τὴν Ἑλλάδα.
Αὐτὸ τὸ ἀγόρι εἶναι ἀπ'τὴν Γερμανία.
Ποιὸ εἶναι αὐτὸ τὸ παιδί;
Τὸ δάσος εἶναι πολὺ μεγάλο.
Τὸ ξενοδοχεῖο εἶναι ἀκριβό.
Τὸ καλοκαίρι εἶναι ζεστό.
Αὐτὸ τὸ πορτοκάλι εἶναι θαυμάσιο.
Τὸ λεμόνι εἶναι μεγάλο.

3 Make the adjectives agree with their nouns:

ὡραῖος, α, ο δάσος   καλὸς, ἡ, ὁ κρασὶ   ὄμορφος, η, ο
γυναίκα   ψηλὸς, ἡ, ὁ ἄντρας   ἄδειος, α, ο θέση
φτηνὸς, ἡ, ὁ ξενοδοχεῖο   παλιὸς, ιά, ιὸ αὐτοκίνητο

4 Insert the correct definite and indefinite articles in front of the nouns:

πορτοκάλι, πορτοκαλάδα, λεμόνι, λεμονάδα, γιατρὸς, δάσκαλος, δασκάλα, ἀδερφὸς, ἀδερφή, φίλος, φίλη, ταξιδιώτης, ταξιδιώτισσα, θέση, φοιτητὴς

5 Put the following words into the plural:

τὸ	τὸ λιμάνι	τὸ δάσος
ποιὸ	τὸ ρολόϊ	τὸ ὕψος
βουνὸ	τὸ παιδὶ	τὸ ἔθνος

Grammar: Plural of nouns, adjectives and pronouns (neuter)

The plural of the neuter definite article (the) is τά.

The plural of most neuter nouns, pronouns and adjectives is formed by changing the endings:

Change	Singular	Plural	Meaning
ο into α	τὸ βουνὸ	τὰ βουνὰ	mountains
	τὸ πλοῖο	τὰ πλοῖα	boats
	μικρὸ	μικρὰ	small (n)
	ποιὸ	ποιὰ	who (n)
	αὐτὸ	αὐτὰ	these (n)
ι into ια	τὸ παιδὶ	τὰ παιδιὰ	children
	τὸ ἀγόρι	τὰ ἀγόρια	boys
ος into η	τὸ μέρος	τὰ μέρη	places
	τὸ ἔθνος	τὰ ἔθνη	nations

Nouns of nationality have two distinct forms.

1 ὁ Ἕλληνας Greek man, ἡ Ἑλληνίδα Greek woman
   ὁ Ἄγγλος Englishman, ἡ Ἀγγλίδα English woman

This form is used for persons only, e.g.

οἱ Ἕλληνες   the Greeks
ὁ Ἕλληνας ποιητὴς   the Greek poet

2 ἑλληνικὸς, ἑλληνική, ἑλληνικὸ Greek
   ἀγγλικὸς, ἀγγλική, ἀγγλικὸ   English

This form is used for things only, e.g.

ἡ ἑλληνικὴ ποίηση   Greek poetry
ἡ ἑλληνικὴ γλῶσσα   the Greek language

The neuter plural of the adjective is used when referring to languages, e.g.

τὰ Ἑλληνικὰ   Greek
τὰ Ἀγγλικὰ   English
τὰ Ἰταλικὰ   Italian

The verb θὰ ἤθελα, I would like, conjugates as follows:
θὰ ἤθελα
θὰ ἤθελες

θὰ   ἤθελε
θὰ   θέλαμε
θὰ   θέλατε
θὰ   θέλανε or ἤθελαν

Revision

The nominative case

Singular		Plural	
ὁ σταθμ-	ὸς	οἱ σταθμ-	οἱ
ἡ ὁδ-	ὸς	οἱ ὁδ-	οἱ
μικρ-	ὸς	μικρ-	οἱ
ποι-	ὸς	ποι-	οἱ
αὐτ-	ὸς	αὐτ-	οἱ
ὁ ἄντρ-	ας	οἱ ἄντρ-	ες
ὁ ἐπιβάτ-	ης	οἱ ἐπιβάτ-	ες
ἡ χώρ-	α	οἱ χῶρ-	ες
ἡ ἐποχ-	ὴ	οἱ ἐποχ-	ὲς
μικρ-	ὴ	μικρ-	ὲς
ὡραί-	α	ὡραῖ-	ες
ποι-	ὰ	ποι-	ὲς
αὐτ-	ή	αὐτ-	ὲς
ἡ πόλ-	η (ις)	οἱ πόλ-	εις
τὸ μέρ-	ος	τὰ μέρ-	η
τὸ παιδ-	ὶ	τά παιδ-	ιὰ
τὸ βουν-	ὸ	τὰ βουν-	ὰ
μικρ-	ὸ	μικρ-	ὰ
ποι-	ὸ	ποι-	ὰ
αὐτ-	ὸ	αὐτ-	ὰ

11 ΕΝΔΕΚΑΤΟ ΜΑΘΗΜΑ

Λεξιλόγιο

ἀργὰ	slowly, late
βέβαια, βεβαίως	certainly
γρήγορα	quickly
ὁ, ἡ δαχτυλογράφος	typist (*m and f*)
δέκα παρὰ τέταρτο	a quarter to ten

οἱ Δελφοὶ	Delphi
δυνατὰ	hard; loudly
δυστυχῶς	unfortunately
ἔξυπνος, η, ο	intelligent
εὐτυχῶς	fortunately
θὰ φᾶμε	we shall eat
θὰ φύγουμε	we shall leave
καθόλου	at all
καλὸ ταξίδι	pleasant journey
κατὰ	about
τὸ λεωφορεῖο	bus
ὁ, ἡ μηχανικὸς	engineer (m and f)
τὸ μοναστήρι	monastery
νὰ πᾶμε	to go
ὁ Ὅσιος Λουκᾶς	St Luke
τὸ ποτήρι τὸ κρασὶ	glass of wine
τὸ ποτήρι τὸ νερὸ	glass of water
ποὺ or ὅπου	where
σιγὰ	slowly; carefully
τὰ σουβλάκια	skewers of grilled meat
ὁ, ἡ ὑπάλληλος	clerk (m and f)
τὸ φλυτζάνι ὁ καφὲς	cup of coffee
τὸ φλυτζάνι τὸ τσάι	cup of tea
μ.μ. (μετὰ τὸ μεσημέρι)	p.m.
π.μ. (πρὶν τὸ μεσημέρι)	a.m.

Συνδιάλεξη

Ἀλ. Παιδιά, ποῦ θέλετε νὰ πᾶμε σήμερα;

Πέτ. Δὲν πηγαίνουμε στοὺς Δελφούς;

Ζωή Θαυμάσια ἰδέα! Εἶναι μακριὰ οἱ Δελφοί;

Ἀλ. Ἀρκετὰ μακριά, καὶ σήμερα δὲν ἔχω τὸ αὐτοκίνητό μου.

Πέτ. Δὲν πειράζει. Πηγαίνουμε μὲ τὸ λεωφορεῖο.

Ζωή Δὲν εἶμαι κουρασμένη καθόλου. Πᾶμε σήμερα.

Ἀλ. Πολὺ καλά. Θὰ φύγουμε κατὰ τὶς δέκα ἡ ὥρα.

Ζωή Θὰ εἴμαστε ἕτοιμοι στὶς δέκα παρὰ τέταρτο.

Ἀλ. Κατὰ τὶς δώδεκα θὰ εἴμαστε στὴ Λειβαδιὰ ὅπου θὰ φᾶμε ὡραῖα σουβλάκια. Ἂν ἔχουμε καιρὸ θὰ πᾶμε καὶ στὸ μοναστήρι τοῦ Ὅσιου Λουκᾶ.

Ζωή Ποῦ εἶναι τὸ μοναστήρι τοῦ Ὅσιου Λουκᾶ, πρὶν ἢ μετὰ τὴ Λειβαδιά;

'Αλ.   Μετὰ τὴ Λειβαδιά.
Ζωὴ   Νομίζεις ὅτι θὰ κάνει κρύο στοὺς Δελφούς;
'Αλ.   Καὶ βέβαια θὰ κάνει γιατὶ εἶναι πολὺ ψηλά.
         Ἡ διαδρομὴ εἶναι θαυμάσια.   Θὰ σᾶς ἀρέσει πολύ.
Ζωὴ   Λοιπὸν στὶς δέκα παρὰ τέταρτο θὰ εἶμαι ἕτοιμη.

Πραχτικὴ ἐξάσκηση

1 Πόσο κάνει ὁ καφές;	Κάνει τρεῖς δραχμές.
Πόσο κάνει ἡ ἐφημερίδα;	Κάνει μία δραχμή.
Πόσο κάνει τὸ σπίτι;	Κάνει πολλὰ λεφτά.
Πόσο κάνει τὸ οὖζο;	Κάνει λίγα λεφτά.
Πόσο κάνουνε οἱ καφέδες;	Κάνουνε δέκα πέντε δραχμές.
Πόσο κάνουνε οἱ ἐφημερίδες;	Κάνουνε ὀχτὼ δραχμές.
Πόσο κάνουνε τὰ σπίτια;	Κάνουνέ πολλὰ λεφτά.
Πόσο κάνουνε τὰ οὖζα;	Κάνουνε εἴκοσι δραχμές.
2 Εἶναι οἱ Δελφοί μακριά;	Ὄχι, δέν εἶναι πολὺ μακριά.
Εἶναι οἱ Δελφοὶ κοντά;	Ὄχι, δὲν εἶναι πολὺ κοντά.
Εἶναι οἱ Δελφοὶ ἐδῶ κοντά;	Ὄχι, δὲν εἶναι ἐδῶ κοντά.
3 Σοῦ ἀρέσει αὐτὸ τὸ νησάκι;	Αὐτὸ τὸ νησάκι μοῦ ἀρέσει πάρα πολύ.
Σοῦ ἀρέσει αὐτὸ τὸ βουναλάκι;	Αὐτὸ τὸ βουναλάκι μοῦ ἀρέσει πάρα πολύ.
Σοῦ ἀρέσει αὐτὸ τὸ σπιτάκι;	Αὐτὸ τὸ σπιτάκι μοῦ ἀρέσει πάρα πολύ.
Σοῦ ἀρέσουνε αὐτὰ τὰ φροῦτα;	Αὐτὰ τὰ φροῦτα δὲ μοῦ ἀρέσουνε καθόλου.
Σοῦ ἀρέσουνε αὐτὰ τὰ σουβλάκια;	Αὐτὰ τὰ σουβλάκια δὲ μοῦ ἀρέσουνε καθόλου.
Σοῦ ἀρέσουνε αὐτὲς οἱ θέσεις;	Αὐτὲς οἱ θέσεις δὲ μοῦ ἀρέσουνε καθόλου.
4 Μιλᾶτε Ἀγγλικά;	Βέβαια μιλάω. Εἶμαι Ἄγγλος.
Μιλᾶτε Ρωσσικά;	Βέβαια μιλάω. Εἶμαι Ρωσσίδα.

Μιλᾶτε Ἰσπανικά;	Βέβαια μιλάω. Εἶμαι Ἰσπα-νός.
Μιλᾶτε Ἰταλικά;	Βέβαια μιλάω. Εἶμαι Ἰτα-λίδα.
Μιλᾶτε δυνατά;	Μιλάω δυνατά.
Μιλᾶτε σιγά.	Μιλάω σιγά.
Μιλᾶτε γρήγορα.	Μιλάω γρήγορα.
Μιλᾶτε ἀργά.	Μιλάω ἀργά.

Fluency practice

1 Translate into Greek:

I(study to)become { an engineer / a doctor / a teacher }   The gentlemen are { engineers / doctors / teachers }

2 Put the following words in the vocative:
ὁ γιατρὸς, ὁ κύριος, ἡ κυρία, ἡ Μαρία, ὁ Ἀλέξαντρος, ὁ Πέτρος.

3 Put the following words into the plural:
ὁ ἐργάτης, ὁ γιατρός, ὁ δάσκαλος, τὸ ποτήρι, τὸ νερό, τὸ λεωφορεῖο, ἡ ἐργάτρια, ἡ γιατρός, ἡ δασκάλα, τὸ φλυτζάνι, τὸ μοναστήρι.

4 Telling the time:

Τι ὥρα εἶναι;	What time is it?
Εἶναι μία ἡ ὥρα	It is one o'clock
Εἶναι δύο ἡ ὥρα	It is two o'clock
Εἶναι τρεῖς ἡ ὥρα	It is three o'clock
Εἶναι τέσσερες ἡ ὥρα	It is four o'clock
Εἶναι τέσσερες καὶ πέντε	It is five past four
Εἶναι τέσσερες καὶ δέκα	It is ten past four
Εἶναι τέσσερες καὶ τέταρτο	It is a quarter past four
Εἶναι τέσσερες καὶ μισή	It is half past four
Εἶναι πέντε παρὰ τέταρτο	It is a quarter to five
Εἶναι πέντε παρὰ δέκα	It is ten to five
Εἶναι πέντε παρὰ πέντε	It is five to five
Εἶναι πέντε ἡ ὥρα, ἀκριβῶς	It is five o'clock, precisely

5 Write in full:
7.20; 7.25; 7.15; 7.45; 7.40; 7.30; 7.35; 7.50; 7.55; 7.10; 8; 9; 10; 11; 12.

Grammar: Nominative and vocative cases

So far the nouns we have used have been mostly in the nominative case. However, there are four cases, nominative, vocative, accusative and genitive.

The **nominative** is used:

(a) for the subject of the verb (i. e. the word about which something is said).

ὁ Γιῶργος εἶναι ᾿Αγγλος   George is an Englishman.
ὁ Γιῶργος μιλᾶ   George is talking.

(b) for the complement of the verb (i. e. the word which completes the meaning of verbs such as εἶμαι I am, γίνουμαι I become, φαίνουμαι I appear, seem).

ἡ ᾿Αθήνα εἶναι **πρωτεύουσα**   Athens is a capital.
γίνουμαι **γιατρὸς**   I (study to) become a doctor.

(c) in apposition to another noun when the latter is in the nominative case.

αὐτὸ τὸ φλυτζάνι **ὁ καφὲς** εἶναι   This cup of coffee is bitter.
πικρός.
αὐτὸ εἶναι ἕνα φλυτζάνι **καφές**.   This is a cup of coffee.

The **vocative** is used when addressing people.

The vocative case of nouns ending in ος is generally formed by changing ος into ε:

ὁ ᾿Αλέξανδρος   ᾿Αλέξαντρε   ὁ οὐρανός   **οὐρανὲ**

There are some exceptions:

ὁ Γιῶργος   **Γιῶργο**   ὁ Πέτρος   **Πέτρο**

ὁ κύριος, ἡ κυρία, ἡ δεσποινίδα, are frequently used in direct address in front of names and are always preceded by the article.

ὁ κύριος Γιῶργος δὲν εἶναι ἐδῶ.   George is not here.
ἡ κυρία ᾿Αντιγόνη εἶναι ἐδῶ.   Antigone is in.
ἡ δεσποινίδα Μαρία εἶναι καλά.   Mary is well.

12 ΔΩΔΕΚΑΤΟ ΜΑΘΗΜΑ

Λεξιλόγιο

ἡ ἀναχώρηση or -ις	departure
ἡ ἄφιξη or -ις	arrival
τὸ βαγόνι τοῦ ὕπνου	wagon-lit
γρήγορος, η, ο	fast
τὸ εἰσιτήριο	ticket
ἡ ἐξέδρα, πλατφόρμα	platform
τὸ ἠλεκτρικὸ τραῖνο	electric train
τὸ ζευγάρι τὰ παπούτσια	pair of shoes
τὰ λεπτὰ	minutes
λέω or λέγω, εἶπα	I say, tell
μεῖνε, μείνετε	stay (*imperative*)
ἡ Μεσόγειος	Mediterranean
μόνος σας	alone
ξαναπέστε το	say it again (*imperative*)
ἡ Ὁμόνοια	Concord
ὁ περίπατος	walk
σπουδάζω, σπούδασα	I study
ὁ ὑπόγειος	underground
φύγε, φύγετε	go (*imperative*)

Συνδιάλεξη

Πέτ. Συγγνώμη, Κύριε, ποῦ εἶναι ὁ ὑπόγειος σταθμός, σᾶς παρακαλῶ;

Κος. Συγγνώμη, τὶ εἴπατε;

Πέτ. Ποῦ εἶναι ὁ σταθμὸς τοῦ ἠλεκτρικοῦ τραίνου;

Κος. Συγγνώμη. Δὲν κατάλαβα. Ξαναπέστε το, σᾶς παρακαλῶ.

Πέτ. Ποῦ εἶναι ὁ σταθμὸς τῆς Ὁμόνοιας;

Κος. Ἄ! Κατάλαβα, συγγνώμη. Κι'ἐγὼ ἐκεῖ πηγαίνω. Πᾶμε μαζί.

Πέτ. Κάθε πότε περνᾶ ἕνα τραῖνο γιὰ τὸν Πειραιά;

Κος. Νομίζω, κάθε δέκα λεπτά. Ἀπὸ ποῦ εἴσαστε;

Πέτ. Ἀπ'τὴν Ἀγγλία.

Κος. Ποῦ πηγαίνετε;

Πέτ. Πηγαίνω στὸν Πειραιά.

Κος. Κι'ἐγὼ στὸν Πειραιὰ πηγαίνω. Ποῦ μένετε στὸν Πειραιὰ ἤ στὴν Ἀθήνα;

Πέτ.   Στὴν 'Αθήνα.
Κος.   Σὲ ποιὸ ξενοδοχεῖο;
Πέτ.   Στὸ ξενοδοχεῖο " ἡ 'Αθήνα ".
Κος.   Τὶ ὁδὸς εἶναι;
Πέτ.   Εἶναι ὁδὸς 'Αθηνᾶς.
Κος.   Εἶναι καλὸ ξενοδοχεῖο;
Πέτ.   'Αρκετὰ καλό.
Κος.   Εἴσαστε μόνος σας ἐδῶ στὴν Ἑλλάδα;
Πέτ.   Ὄχι, μὲ τὴ γυναίκα μου.
Κος.   Κάνατε Ἕλληνες φίλους;
Πέτ.   Μάλιστα, κάναμε πολλούς.
Κος.   Ἐδῶ εἶναι ὁ Πειραιᾶς.
Πέτ.   Καλημέρα σας καὶ σᾶς εὐχαριστῶ πολύ.
Κος.   Παρακαλῶ.   Καλημέρα σας καὶ καλὸ σας ταξίδι.

Πραχτικὴ ἐξάσκηση

1 Ποῦ μένει ὁ Πέτρος;   Μένει στὴν 'Αθήνα.
  Μένει σὲ σπίτι ἢ σὲ ξενοδο-
    χεῖο;   Μένει σὲ ξενοδοχεῖο.
  Ποῦ εἶναι τὸ ξενοδοχεῖο;   Εἶναι ὁδὸς 'Αμερικῆς.
  Εἶναι παντρεμμένος;   Ναί, εἶναι παντρεμμένος.

2 Ποῦ μένει ἡ 'Ελισάβετ;   Μένει στὸν Πειραιά.
  Μένει σὲ σπίτι ἢ σὲ ξενοδο-
    χεῖο;   Μένει σὲ ξενοδοχεῖο.
  Ποῦ εἶναι τὸ ξενοδοχεῖο;   Εἶναι ὁδὸς 'Αθηνᾶς.
  Εἶναι παντρεμμένη;   Ὄχι, δὲν εἶναι παντρεμμέ-
                                   νη.

3 Καπνίζει ἡ 'Ελισάβετ;   Ναί, καπνίζει.
  Καπνίζει πολύ;   Ὄχι πολύ.
  Τὶ τσιγάρα καπνίζει;   Δὲν ξέρω.

4 Πηγαίνετε στὴν τράπεζα τώρα; Θὰ πᾶμε τὸ ἀπόγευμα.
  Πηγαίνετε περίπατο τώρα;   Θὰ πᾶμε σὲ λίγο.
  Πηγαίνετε σπίτι τώρα;   Θὰ πᾶμε σὲ μία ὥρα.
  Πηγαίνετε στὸ ξενοδοχεῖο
    τώρα;   Θὰ πᾶμε ἀμέσως τώρα.
  Πηγαίνετε στὴ θάλασσα τώρα; Θά πᾶμε αὔριο.

5 Ἔχετε ἕνα εἰσιτήριο;   Ἔχω δυὸ εἰσιτήρια.
  Ἔχετε μιὰ ἀδερφή;   Ἔχω δυὸ ἀδερφές.
              αδελφη

Ἔχετε ἕναν ἀδερφό;   Ἔχω τρεῖς ἀδερφούς.

6 Πουλᾶτε τσιγάρα;   Πουλῶ ἀλλὰ δὲν ἔχω τώρα.
   Πουλᾶτε πορτοκάλια;   Πουλῶ ἀλλὰ δὲν ἔχω ἄλλα.
   Πουλᾶτε σπίρτα;   Πουλῶ. Ὁρίστε ἕνα κουτί.

7 Θὰ φᾶμε κατὰ τὶς δέκα;   Δὲ θὰ φᾶμε καθόλου.
   Θὰ πᾶμε κατὰ τὶς ὀχτώ;   Δὲ θὰ πᾶμε καθόλου.
   Θὰ φύγουμε κατὰ τὶς πέντε;   Δὲ θὰ φύγουμε καθόλου.

Fluency practice

1 Translate into Greek:

Go (πηγαίνω) at once.		well		English
Stay in town.		slowly *σιγά*		Greek
Read the Greek paper.	Speak	softly	He is learning	German
Do what you want.		loudly		Russian
Go (φεύγω) at once.		quickly		French

2 Write the accusative singular and plural of the following words:

ὁ δάσκαλος	ἡ δασκάλα	τὸ κουτὶ	ἀρχαῖος	ὅλος
ὁ ἐργάτης	ἡ ἀδερφή	τὸ μέρος	ἀρχαία	ὅλη
ὁ ἄντρας	ἡ στάση or ις	τὸ βουνὸ	ἀρχαῖο	ὅλο

3 Write the 3rd person singular and plural of the following verbs:

| ἔχω | θέλω | κολυμπῶ | μπορῶ | μιλῶ | μαθαίνω |
| ξέρω | εἶμαι | πηγαίνω | ἀρέσει | περνῶ | μένω |

4 Write sentences using the 2nd person plural of the following verbs:

| καπνίζω | μιλῶ | καταλαβαίνω | μαθαίνω | ταξιδεύω | προτιμῶ |
| νομίζω | φεύγω | μοῦ ἀρέσει | πουλῶ | ἔχω | ξέρω |

5 Complete the following sentences with suitable verbs:

Δὲ (δὲν)......	ποτὲ πρώτη θέση.	καθόλου.
	ποτὲ ἀγγλικὰ τσιγάρα. Δέν (δὲ)........	καθόλου.
	καλὰ Ἑλληνικά.	καθόλου.

Grammar: The accusative case

The accusative singular and plural of the definite and the
indefinite articles are:

	Definite article		Indefinite article	
	Acc. sing.	*Acc. plur.*	*Acc. sing.*	*Acc. plur.*
M.	τό(ν)	τούς	ἕνα(ν)	
F.	τή(ν)	τίς	μία	No plural
N.	τό	τά	ἕνα	

The accusative singular and plural of nouns, pronouns and
adjectives are formed by changing the endings as follows:

Singular					*Plural*				
Nominative		*Accusative*			*Nominative*		*Accusative*		
ὁ	σταθμ-	ὸς	τὸν σταθμ-	ὸ		οἱ σταθμ-	οἱ	τοὺς σταθμ-	οὺς
	ἄντρ-	ας	ἄντρ-	α		ἄντρ-	ες	ἄντρ-	ες
	ἐπιβάτ-	ης	ἐπιβάτ-	η		ἐπιβάτ-	ες	ἐπιβάτ-	ες
	μικρ-	ὸς	μικρ-	ὸ		μικρ-	οἱ	μικρ-	οὺς
	ποι-	ὸς	ποι- ὸ (νε)			ποι-	οἱ	ποι-	οὺς
	αὐτ-	ὸς	αὐτ- ὸ (νε)			αὐτ-	οἱ	αὐτ-	οὺς
ἡ	χώρ-	α	τὴν χώρ-	α		οἱ χῶρ-	ες	τὶς χῶρ-	ες
	ἐποχ-	ὴ	ἐποχ-	ὴ		ἐποχ-	ὲς	ἐποχ-	ὲς
	ὁδ-	ὸς	ὁδ-	ὸ		ὁδ-	οἱ	ὁδ-	οὺς
	πόλ-	η(ις)	πόλ- η(ιν)			πόλ-	εις	πόλ-	εις
	μικρ-	ὴ	μικρ-	ὴ		μικρ-	ὲς	μικρ-	ὲς
	ὡραί-	α	ὡραί-	α		ὡραῖ-	ες	ὡραῖ-	ες
	ποι-	ὰ	ποι- ὰ (νε)			ποι-	ὲς	ποι-	ὲς
	αὐτ-	ὴ	αὐτ- ὴ (νε)			αὐτ-	ὲς	αὐτ-	ὲς
τὸ	παιδ-	ί	τὸ παιδ-	ί		τὰ παιδ-	ιὰ	τὰ παιδ-	ιὰ
	βουν-	ὸ	βουν-	ὸ		βουν-	ὰ	βουν-	ὰ
	μέρ-	ος	μέρ-	ος		μέρ-	η	μέρ-	η
	μικρ-	ό	μικρ-	ὸ		μικρ-	ά	μικρ-	ὰ
	ποι-	ό	ποι-	ὸ		ποι-	ά	ποι-	ὰ
	αὐτ-	ό	αὐτ-	ὸ		αὐτ-	ά	αὐτ-	ὰ

13 ΔΕΚΑΤΟ ΤΡΙΤΟ ΜΑΘΗΜΑ

Λεξιλόγιο

αὐριανός, ἡ, ὁ	tomorrow's
βαρύς, ιά, ὐ (ὶ)	heavy; strong
δῶστε μου	give me
ἑκατὸ	a hundred
τὸ ἑκατοστάρικο	a hundred drachma note
θὰ βρεῖτε	you will find
καπνίζω, κάπνισα	I smoke, smoked
τὸ κουτὶ	box
ἡ μάρκα	brand
μεθαύριο	the day after tomorrow
ξένος, η, ο	foreign; guest, foreigner
παρὰ	but
ὁ περιπτεριοῦχος	kiosk-owner
τὸ περίπτερο	kiosk
πήγαινε, πηγαίνετε	go (*imperative*)
τὸ πορτοφόλι	wallet
πούλησε, πουλῆστε	sell (*imperative*)
πουλῶ, πούλησα	I sell, sold
τὰ ρέστα	change
σημερινός, ἡ, ὁ	today's
τὰ σπίρτα	matches
ἡ συνοικία	district
τὸ Σύνταγμα	Constitution
τὸ τσιγάρο	cigarette
τὸ χιλιάρικο	a thousand drachma note
χίλιοι, ες, α	thousand
χτεσινός, ἡ, ὁ	yesterday's
τὰ ψιλὰ	small change

Συνδιάλεξη

Πέτ. Ἔχετε ἀγγλικὰ τσιγάρα;

Περιπτεριοῦχος Α. Δυστυχῶς, κύριε, δὲν πουλᾶμε παρὰ μόνο ἑλληνικὰ τσιγάρα.

Πέτ. Μήπως ξέρετε ποιὸ περίπτερο πουλᾶ ἀγγλικὰ τσιγάρα, παρακαλῶ;

Περ. Στὴν πλατεία Συντάγματος θὰ βρεῖτε ξένα τσιγάρα.

Πέτ.   Πουλᾶτε μήπως ἀγγλικὰ τσιγάρα, ἐσεῖς;
Περιπτεριοῦχος Β. Μάλιστα, κύριε, πουλᾶμε ὅλες τὶς
       μάρκες. Τὶ τσιγάρα θέλετε;
Πέτ.   Δῶστε μου ἕνα κουτὶ ....
Περ.   Ὁρίστε.
Πέτ.   Πόσο κάνουνε;
Περ.   Κάνουνε ....δραχμές.
Πέτ.   Δὲν εἶναι πολὺ ἀκριβά;
Περ.   Ὅλα τὰ ξένα τσιγάρα εἶναι ἀκριβά. Γιατὶ δὲν καπνί-
       ζετε ἑλληνικὰ τσιγάρα ποὺ εἶναι φτηνά;
Πέτ.   Εἶναι λίγο βαριά. Δῶστε μου κι'ἕνα κουτὶ σπίρτα,
       παρακαλῶ.
Περ.   Ὁρίστε κι'ἕνα κουτὶ σπίρτα.
Πέτ.   Πόσο κάνουνε ὅλα μαζί;
Περ.   Τριάντα δραχμές.
Πέτ.   Ἔχετε ρέστα ἀπὸ χίλιες δραχμές. Δὲν ἔχω ψιλά.
Περ.   Δυστυχῶς, εἶναι πολὺ πρωΐ, καὶ δὲν ἔχω ψιλὰ ἀκόμα.
Πέτ.   Περιμένετε, νομίζω ὅτι ἔχω ἕνα ἑκατοστάρικο. Ἔχε-
       τε ρέστα ἀπὸ ἑκατὸ δραχμές;
Περ.   Μάλιστα.
Πέτ.   Ὁρίστε ἕνα ἑκατοστάρικο.
Περ.   Ὁρίστε, τὰ ρέστα σας.
Πέτ.   Εὐχαριστῶ πολύ.
Περ.   Παρακαλῶ. Ἐγώ σᾶς εὐχαριστῶ.
Πέτ.   Ἀντίο σας.
Περ.   Ἀντίο σας, κύριε.

Πραχτικὴ ἐξάσκηση

1 Ποῦ μένετε;   Μένω στὴν Ἀθήνα.
   Σὲ ποιὰ συνοικία μένετε;   Μένω στὸ Κολωνάκι.
   Σὲ ποιὰ ὁδὸ μένετε;   Στὴν ὁδὸ Μαρασλῆ.
   Ἀπὸ ποῦ εἴσαστε;   Εἶμαι ἀπ'τὴ Γερμανία.
   Εἴσαστε ἀπ'τὴν Ἀμερική;   Μάλιστα, εἶμαι ἀπ'τὴν Ἀμε-
                                    ρική.
   Εἴσαστε ἀπ'τὴν Ἀγγλία;   Μάλιστα, εἶμαι ἀπ'τὴν Ἀγ-
                                    γλία.
   Εἴσαστε ἀπ'τὴν Ἀθήνα;   Μάλιστα, εἶμαι ἀπ'τὴν Ἀθή-
                                    να.

2 Ποῦ πηγαίνετε;   Πηγαίνω στὸ περίπτερο.
   Ποῦ πηγαίνετε;   Πηγαίνω στὴν Πλάκα.

Ποῦ πηγαίνετε;   Πηγαίνω στούς Δελφούς.
Πηγαίνετε μὲ τὸν Πέτρο.   Καλά, θὰ πάω μὲ τὸν Πέτρο.
Πηγαίνετε μὲ τὴ Ζωή.   Καλά, θὰ πάω μὲ τὴ Ζωή.
Πηγαίνετε μὲ τὴ γυναίκα   Καλά, θὰ πάω μὲ τὴ γυναί-
    σας.   κα μου.

3 Πότε φεύγει τὸ πλοῖο γιὰ
    τὴν Ἀθήνα;   Φεύγει αὔριο τὸ πρωῒ.
  Πότε φεύγει τὸ πλοῖο γιὰ
    τὸν Πειραιά;   Φεύγει σήμερα τὸ βράδι.
  Πότε φεύγει τὸ τραῖνο γιὰ
    τὴν Πάτρα;   Φεύγει ἀπόψε τὴ νύχτα.
  Ποιὰ μέρα φεύγει τὸ πλοῖο;   Φεύγει τὴ Δευτέρα τὸ πρωῒ.
  Ποιὰ μέρα φεύγει τὸ πλοῖο;   Φεύγει τὴν Τρίτη τὸ ἀπό-
                                                 γευμα.
  Ποιὰ μέρα φεύγει τὸ πλοῖο;   Φεύγει τὴν Πέμπτη τὴ νύχτα.
  Ποιὰ μέρα φεύγει τὸ πλοῖο;   Φεύγει τὸ Σαββάτο τὸ μεση-
                                                 μέρι.

4 Τὶ κάνετε τώρα;   Διαβάζω τὴν ἐφημερίδα μου.
  Τὶ κάνετε τώρα;   Γράφω ἕνα γράμμα στὴ μη-
                                                 τέρα μου.
  Τὶ κάνετε τώρα;   Περιμένω τὸ Γιῶργο.
  Τὶ κάνετε τώρα;   Καπνίζω ἕνα τσιγάρο.
  Τὶ κάνετε τώρα;   Πίνω ἕναν καφέ.

Fluency practice

1 Translate into Greek:

	box of cigarettes		on Monday morning
I would like a	box of matches	Go	tomorrow afternoon
	glass of water		in the evening
	cup of tea		this morning
	pair of shoes		in the spring

2 Put the nouns in the appropriate case:

Βλέπετε	ὁ Παρθενώνας;	Φεύγει ἀπό	ἡ Ἀθήνα
	ἡ Ἀκρόπολη;		τὸ Λονδίνο
	τὸ λιμάνι;		ὁ Πειραιὰς
Μένω σὲ	ἡ Ἀθήνα	Πηγαίνουμε	ταξίδι
	τὸ Λονδίνο		σπίτι
	ὁ Πειραιὰς		περίπατο

$$\text{Φεύγεις γιὰ} \begin{cases} \text{ἡ 'Αμερικὴ} \\ \text{τὸ ἐξωτερικὸ} \\ \text{ἡ 'Αγγλία} \end{cases} \text{Ταξιδεύουμε μὲ} \begin{cases} \text{τὸ πλοῖο} \\ \text{τὸ ἀεροπλάνο} \\ \text{τὸ τραῖνο} \end{cases}$$

3 Translate into Greek the following:

Tomorrow morning   Yesterday morning   This morning
Tomorrow afternoon Yesterday afternoon This afternoon
Tomorrow evening   Yesterday evening   This evening
Tomorrow lunch time Yesterday lunch time Today lunch time

4 Write twenty sentences of your own making use of the prepositions.

5 Answer the following questions:

Τὶ τσιγάρα καπνίζετε;
Σὲ ποιό περίπτερο πουλᾶνε ἀγγλικὰ τσιγάρα;
Σᾶς ἀρέσουνε τὰ ἑλληνικὰ τσιγάρα;
Πότε φεύγει τὸ πλοῖο γιὰ τὰ νησιά;
Σὲ ποιὰ ὁδὸ μένετε;

Grammar: Use of the accusative
The accusative case is used:

1 For the direct object of the verb, i. e. the word upon which the action is carried out: πουλῶ **καφέ**, I sell **coffee.**

2 With intransitive verbs in an adverbial sense: Πηγαίνω περίπατο, I am going **for a walk.**

3 When preceded by a preposition: Βλέπω τὴν 'Ακρόπολη ἀπ' τὸ **παράθυρό μου.** I see the Acropolis **from my window.**

4 In apposition to another noun in the accusative case: θέλω ἕνα φλυτζάνι **καφέ,** I want a cup **of coffee.**

5 In answer to the question, when? Πότε φεύγει τὸ πλοῖο; **Τὴ Δευτέρα τὸ πρωΐ,** When does the boat leave? **Monday morning.**

6 For time, the preposition σὲ is used with the definite article in the accusative case, **στὴ μία ἡ ὥρα,** at one o'clock; **στὶς δύο ἡ ὥρα** at two o'clock; **στὶς τρεῖς ἡ ὥρα** at three o'clock; **στὶς πέντε ἡ ὥρα** at five o'clock.

Prepositions

The Modern Greek prepositions are:

ἀντὶς, ἀντὶ	instead of	κατὰ	towards, according
ἀπὸ, ἀπ'	from, of, by, than	μὲ	with, by
γιὰ	for, to, about	παρὰ	to, against
δίχως, χωρὶς	without	πρὸς	towards
ἴσαμε, ὡς	as far as, until	σὲ, σ'	to, into, in, on

The preposition σὲ becomes σ' in front of articles which begin with τ or words beginning with a vowel. In the case of τ the σ is written together with the article. Μένω σ' ἕνα ξενοδοχεῖο κοντὰ στὴν 'Ακρόπολη. I stay at a hotel near the Acropolis.

The preposition ἀπὸ very often loses the letter o when the following word begins with a vowel or in front of the articles beginning with τ, ἀπ' ἐδῶ, ἀπ' τὴν 'Αθήνα.

14 ΔΕΚΑΤΟ ΤΕΤΑΡΤΟ ΜΑΘΗΜΑ

Λεξιλόγιο

	ἀγοράζω, ἀγόρασα	I buy, bought
	ἀλλάζω, ἄλλαξα	I change, changed
ἡ	ἀνάπαυση or -ις	rest
	ἀνοίγω, ἄνοιξα	I open, opened
	ἄνοιξε, ἀνοῖξτε	open (*imperative*)
	ἀνοιχτός, ἡ, ὁ	open
ἡ	βαλίτσα	suitcase
τὸ	βραδινὸ φαγητὸ	evening meal
τὸ	ἐπίθετο	surname
	ἕνα ζευγάρι κάλτσες	a pair of stockings
τὸ	καπέλλο	hat
τὸ	κέντρο	centre
	κλείνω, ἔκλεισα	I shut
	κλεῖσε, κλεῖστε	shut (*imperative*)
	κλειστός, ἡ, ὁ	shut, closed
	κοιτάζω, κοίταξα	I look at
	κοίταξε, κοιτάξτε	look (*imperative*)
ἡ	λίρα	pound

τὸ ὄνομα	name
ὁποιαδήποτε	any
περίμενε, περιμένετε	wait *(imperative)*
πὲς μου	tell me *(imperative)*
πόσο πάει;	what is the rate for?
ποῦ μπορῶ νὰ ξαργυρώσω;	where can I change?
ἡ τράπεζα	bank
ἡ τραπεζαρία	dining-room
τὸ τραπέζι	table
τίνος;	whose?
ἡ τσάντα	bag
τὸ τσέκ	cheque
τὸ φόρεμα	dress
τὸ φλυτζάνι τοῦ καφὲ	coffee cup
τὸ φῶς	light

Συνδιάλεξη

Πέτ.   Ἀλέξαντρε, καλημέρα.

Ἀλ.   Καλημέρα, Πέτρο μου, τὶ κάνεις;

Πέτ.   Πολὺ καλά.

Ἀλ.   Τὶ κάνουμε σήμερα;

Πέτ.   Πρῶτα ἀπ'ὅλα πὲς μου, ποῦ μπορῶ νὰ ξαργυρώσω ἕνα τσέκ;

Ἀλ.   Στὴν τράπεζα βέβαια!

Πέτ.   Καλὰ στὴν τράπεζα, ἀλλὰ σὲ ποιά; Ὅλες οἱ τράπεζες ξαργυρώνουνε τσέκ;

Ἀλ.   Ναί, ὅλες. Πήγαινε σὲ ὁποιαδήποτε τράπεζα ἐδῶ στὸ κέντρο. Πᾶμε μαζί.

Πέτ.   Πᾶμε.

Πέτ.   (Στὴν τράπεζα)   Καλημέρα σας.

Ὑπάλληλος.   Καλημέρα σας, κύριε. Τὶ θέλετε;

Πέτ.   Ποῦ μπορῶ νὰ ξαργυρώσω ἕνα τσέκ, σᾶς παρακαλῶ;

Ὑπ.   Ἐδῶ. Τὶ τσὲκ ἔχετε;

Πέτ.   Πόσο πάει ἡ λίρα Ἀγγλίας σήμερα;

Ὑπ.   Περιμένετε μιὰ στιγμή, σᾶς παρακαλῶ. Ἡ λίρα σήμερα ἔχει .... δραχμές. Πόσες λίρες θέλετε νὰ ἀλλάξετε;

Πέτ.   Ἕνα τσὲκ τῶν εἴκοσι λιρῶν.

Ὑπ.   Πολὺ καλά. Ἔχετε τὸ διαβατήριό σας;

Πέτ.   Μάλιστα. Ὁρίστε τὸ τσὲκ καὶ·τὸ διαβατήριο.

Ὑπ.   Ὑπογράφετε ἐδῶ, σᾶς παρακαλῶ. Πηγαίνετε τώρα
      στὸ ταμεῖο νὰ πάρετε τὰ λεφτὰ σας.
Πέτ. Ποῦ εἶναι τὸ ταμεῖο;
Ὑπ.   Νά, ἐκεῖ κάτω κοντὰ στὴν πόρτα.
Πέτ. Μπορεῖτε νὰ μοῦ ἀλλάξετε κι᾿ αὐτὰ τὰ δολλάρια;
Ὑπ.   Εὐχαρίστως.

Πρακτικὴ ἐξάσκηση

1 Τίνος εἶναι αὐτὰ τὰ τσιγάρα;   Αὐτὰ τὰ τσιγάρα εἶναι τοῦ
                                       Γιώργου.
   Τίνος εἶναι αὐτὸ τὸ φόρεμα;   Αὐτὸ τὸ φόρεμα εἶναι τῆς
                                       Ζωῆς.
   Τίνος εἶναι αὐτὴ ἡ βαλίτσα;   Αὐτὴ ἡ βαλίτσα εἶναι τοῦ
                                       Πέτρου.
   Ποιανοῦ εἶναι αὐτὸ τὸ πορτο-   Αὐτὸ τὸ πορτοφόλι εἶναι
      φόλι;   τοῦ πατέρα μου.
   Ποιανοῦ εἶναι αὐτὰ τὰ λεφτὰ;   Αὐτὰ τὰ λεφτὰ εἶναι τῆς
                                       ἀδερφῆς μου.
   Ποιανῆς εἶναι αὐτὴ ἡ τσάντα;   Αὐτὴ ἡ τσάντα εἶναι τῆς
                                       μητέρας μου.

2 Τί περιμένουνε;   Περιμένουνε τὸ τραῖνο.
   Τί περιμένουνε;   Περιμένουνε τὸ πλοῖο.
   Ποιόνε περιμένουνε;   Περιμένουνε τὴ Ζωή.
   Ποιόνε περιμένουνε;   Περιμένουνε τὸν Πέτρο.

3 Πόσα κουτιὰ τσιγάρα ἀγορά-   Ἀγόρασα δυὸ κουτιὰ τσι-
      σατε;   γάρα.
   Πόσα κουτιὰ σπίρτα ἀγορά-   Ἀγόρασα τρία κουτιὰ σπί-
      σατε;   ρτα.
   Πόσα ζευγάρια κάλτσες ἀγο-   Ἀγόρασα τέσσερα ζευγά-
      ράσατε;   ρια κάλτσες.
   Πόσα ζευγάρια παπούτσια   Ἀγόρασα ἕνα ζευγάρι πα-
      ἀγοράσατε;   πούτσια.

4 Εἶναι τὸ φλυτζάνι τοῦ καφὲ
      ἄδειο;   Καὶ βέβαια εἶναι ἄδειο.
   Εἶναι τὸ ποτήρι τοῦ νεροῦ
      καθαρό;   Καὶ βέβαια εἶναι καθαρό.
   Εἶναι τὸ ποτήρι τοῦ κρασιοῦ
      γεμάτο;   Καὶ βέβαια εἶναι γεμάτο.
   Εἶναι τὸ φλυτζάνι τοῦ τσαγιοῦ
      ἄδειο;   Καὶ βέβαια εἶναι ἄδειο.

5 Αὐτὸ τὸ ξενοδοχεῖο εἶναι ἀ-   Ὅλα τὰ ξενοδοχεῖα εἶναι
κριβό.   ἀκριβά.
Αὐτὸ τὸ περίπτερο πουλᾶ τσι-   Ὅλα τὰ περίπτερα πουλᾶνε
γάρα;   τσιγάρα.
Αὐτὴ ἡ γυναίκα μιλᾶ πολύ.   Ὅλες οἱ γυναῖκες μιλᾶνε
                                     πολύ.

Αὐτὴ ἡ τράπεζα κλείνει τὸ   Ὅλες οἱ τράπεζες κλείνου-
μεσημέρι.   νε τὸ μεσημέρι.

6 Τὰ τσιγάρα εἶναι βαριά.   Δὲν εἶναι βαριὰ ὅλα τὰ
                                     τσιγάρα.

Τὰ κρασιὰ εἶναι καλά.   Δὲν εἶναι καλὰ ὅλα τὰ
                                     κρασιά.

Ὁ καφὲς εἶναι ἐλαφρός.   Δὲν εἶναι ἐλαφροὶ ὅλοι οἱ
                                     καφέδες.

Οἱ ξένοι πηγαίνουνε στὸ θέα-   Δὲν πηγαίνουνε στὸ θέατρο
τρο.   ὅλοι οἱ ξένοι.

Fluency practice

1 Translate into Greek:

The door of the
{
dining-room is open
bedroom is closed
house is open
train is closed
car is open
}

Monday's lesson
Sunday's dress
Friday's dinner
Alexander's hat
Antigone's suitcase

2 Put the words in brackets into the genitive case:

Τὸ ὄνομα
{
(ἡ κυρία) εἶναι Ζωή.
(ὁ κύριος) εἶναι Πέτρος.
(ἡ δεσποινίδα) εἶναι Ἀντιγόνη.
}

3 Answer the following questions in Greek:

Ποιὸς εἶναι ὁ καφὲς τῆς Ζωῆς;
Ποιά εἶναι ἡ βαλίτσα τῆς ἀδερφῆς μου;
Τίνος εἶναι αὐτὸ τὸ φλυτζάνι ὁ καφές;
Ποιανοῦ εἶναι αὐτὴ ἡ βαλίτσα;
Ποιανῆς κυρίας εἶναι αὐτὸ τὸ καπέλλο;
Τίνος εἶναι αὐτὰ τὰ τσιγάρα;
Ποιανῶνε εἶναι αὐτές οἱ βαλίτσες;

4 Rewrite the following sentences putting the words in brackets into the genitive plural or singular:

Τὰ παράθυρα (τὸ ρεστωρὰν) εἶναι μικρά.
Τὰ παράθυρα (τὸ τραῖνο) εἶναι μεγάλα.
Τὰ παράθυρα (ἡ τράπεζα) εἶναι κλειστά.
Τὰ παράθυρα (ὁ σταθμὸς) εἶναι ὅλα ἀνοιχτά.
Οἱ βαλίτσες (τὸ κορίτσι) εἶναι στὸ δωμάτιο.
Οἱ βαλίτσες (τὸ ἀγόρι) εἶναι στὸ σταθμό.
Οἱ βαλίτσες (ἡ Ἀντιγόνη) εἶναι ἐδῶ.
Οἱ βαλίτσες (ὁ Πέτρος) εἶναι στὸ τραῖνο.
Οἱ βαλίτσες (ἡ Ζωὴ) εἶναι ὅλες μαῦρες.

Grammar: The genitive case

The genitive case is used in the following ways:

1 To denote dependence or possession. Ἡ Ἀθήνα εἶναι ἡ πρωτεύουσα τῆς Ἑλλάδας, Athens is the capital **of Greece;**

2 For names of streets, ὁδὸς Πανεπιστημίου, University street;

3 For age, εἶμαι δεκατριῶν χρόνων, I am **thirteen years old**

The genitive singular and plural of the definite and indefinite articles are:

	Definite article		Indefinite article	
	Gen. sing.	Gen. plur.	Gen. sing.	Gen. plur.
M.	τοῦ	τῶν	ἑνὸς	
F.	τῆς	τῶν	μιᾶς	No plural
N.	τοῦ	τῶν	ἑνὸς	

The genitive singular and plural of nouns, pronouns and adjectives is formed by changing the endings as follows:

Singular		Plural	
Nom.	Gen.	Nom.	Gen.
ὁ σταθμ-ὸς	τοῦ σταθμ-οῦ	οἱ σταθμ-οὶ	τῶν σταθμ-ῶν
ἄντρ-ας	ἄντρ-α	ἄντρ-ες	ἀντρ-ῶν
ἐπιβάτ-ης	ἐπιβάτ-η	ἐπιβάτ-ες	ἐπιβατ-ῶν
μικρ-ὸς	μικρ-οῦ	μικρ-οὶ	μικρ-ῶν
ποι-ὸς	ποι-οῦ	ποι-οὶ	ποι-ῶν
αὐτ-ὸς	αὐτ-οῦ (νοῦ)	αὐτ-οὶ	αὐτ-ῶν

Singular		Plural	
Nom.	*Gen.*	*Nom.*	*Gen.*
ἡ χώρ-α	τῆς χώρ-ας	οἱ χῶρ-ες	τῶν χωρ-ῶν
ἐποχ-ἡ	ἐποχ-ῆς	ἐποχ-ὲς	ἐποχ-ῶν
μικρ-ἡ	μικρ-ῆς	μικρ-ὲς	μικρ-ῶν
ὡραί-α	ὡραί-ας	ὡραῖ-ες	ὡραί-ων
ποι-ὰ	ποι-ᾶς	ποι-ὲς	ποι-ῶν
αὐτ-ἡ	αὐτ-ῆς (νῆς)	αὐτ-ὲς	αὐτ-ῶν
ὁδ-ὸς	ὁδ-οῦ	ὁδ-οὶ	ὁδ-ῶν
πόλ-η or ις	πόλ-ης-εως	πόλ-εις	πόλ-εων
τὸ παιδ-ὶ	τοῦ παιδ-ιοῦ	τὰ παιδ-ιὰ	τῶν παιδ-ιῶν
βουν-ὸ	βουν-οῦ	βουν-ὰ	βουν-ῶν
μέρ-ος	μέρ-ους	μέρ-η	μερ-ῶν
μικρ-ὸ	μικρ-οῦ	μικρ-ὰ	μικρ-ῶν
ποι-ὸ	ποι-οῦ	ποι-ὰ	ποι-ῶν
αὐτ-ὸ	αὐτ-οῦ (νοῦ)	αὐτ-ὰ	αὐτ-ῶν

The genitive singular and plural of adjectives and pronouns are formed like that of nouns of the same ending. There are however some exceptions. The pronoun ποιὸς, ποιὰ, ποιὸ also forms the genitive singular and plural as follows: Sing. ποιανοῦ, ποιανῆς, ποιανοῦ. Plur. ποιανῶν, or ποιανῶνε, ὦν, ὦν (whose).

Foreign words do not decline. Only the article changes. τὸ μπὰρ, τοῦ μπὰρ, τῶν μπὰρ (the bar).

Revision

Nouns can be divided into three groups according to their gender.

Masculine nouns end in ος, ας, ης, ὲς, ὰς, οὺς, ἡς.
Feminine nouns end in α, η, ος, η or ις, οὐ, ἀ.
Neuter nouns end in ο, ι, ος, ας, ως, α, ιμο.

Nouns ending in ος, ας, ης, α, η or ις, ο, ι, ος decline as follows:

Singular

Nom.	Voc.	Acc.	Gen.
σταθμός	σταθμὲ	σταθμὸ	σταθμοῦ
ἄντρας	ἄντρα	ἄντρα	ἄντρα
ναύτης	ναύτη	ναύτη	ναύτη

Singular

Nom.	Voc.	Acc.	Gen.
χώρα	χώρα	χώρα	χώρας
ἐποχὴ	ἐποχὴ	ἐποχὴ	ἐποχῆς
πόλη	πόλη	πόλη	πόλης
πόλις	πόλι	πόλιν	πόλεως
ὁδὸς	ὁδὲ	ὁδὸ	ὁδοῦ
βουνὸ	βουνὸ	βουνὸ	βουνοῦ
παιδὶ	παιδὶ	παιδὶ	παιδιοῦ
μέρος	μέρως	μέρος	μέρους

Plural

Nom.	Voc.	Acc.	Gen.
σταθμοὶ	σταθμοὶ	σταθμοὺς	σταθμῶν
ἄντρες	ἄντρες	ἄντρες	ἀντρῶν
ναῦτες	ναῦτες	ναῦτες	ναυτῶν
χῶρες	χῶρες	χῶρες	χωρῶν
ἐποχὲς	ἐποχὲς	ἐποχὲς	ἐποχῶν
πόλεις	πόλεις	πόλεις	πόλεων
πόλεις	πόλεις	πόλεις	πόλεων
ὁδοὶ	ὁδοὶ	ὁδοὺς	ὁδῶν
βουνὰ	βουνὰ	βουνὰ	βουνῶν
παιδιὰ	παιδιὰ	παιδιὰ	παιδιῶν
μέρη	μέρη	μέρη	μερῶν

15 ΔΕΚΑΤΟ ΠΕΜΠΤΟ ΜΑΘΗΜΑ

Λεξιλόγιο

ἀπόψε	this evening
ἀποψινός, ἡ, ὸ	this evening's
γλυκὸς, ιά, ὸ	sweet
δεῖξε, δεῖξτε	show (*imperative*)
δείχνω, ἔδειξα	I show, showed
δὲς, δέστε	look (*imperative*)
διπλὸς, ἡ, ὸ	double

τὸ δωμάτιο	room
ἐλεύτερος, η, ο	free; vacant
κάθισε, καθίστε	sit down (*imperative*)
κάθουμαι, κάθισα	I sit down, sat
τὸ κρεββάτι	bed
μονὸς, ἡ, ὁ	single
μπροστά, ἐμπρὸς	in front
νὰ κοιτάξω	to look, to find out
τὸ ντούς	shower
ὁ ξενοδόχος	hotel manager
ὁ ὄροφος	floor
ἡ παράσταση or ις	performance
πέρασε, περάστε	come in (*imperative*)
ἡ πετσέτα	towel; napkin
πίσω	behind
πληρώνω, πλήρωσα	I pay, I paid
πλήρωσε, πληρῶστε	pay (*imperative*)
τὸ πρωϊνὸ	breakfast
ρώτησε, ρωτῆστε	ask (*imperative*)
τὸ σεντόνι	sheet
σερβίρω, σερβίρισα	I serve, served
τηλεφωνῶ, τηλεφώνησα	I telephone, telephoned
τηλεφώνησε, τηλεφωνῆστε	telephone (*imperative*)
χαίρετε	(*greeting*)
χωρὶς	without

Συνδιάλεξη

Πέτ. Χαίρετε.

Ξενοδόχος Χαίρετε, κύριε. Τὶ θέλετε;

Πέτ. Ἔχετε ἐλεύτερα δωμάτια;

Ξεν. Περάστε μέσα. Καθίστε. Πόσα δωμάτια θέλετε;

Πέτ. Ἕνα.

Ξεν. Μονὸ ἤ διπλό;

Πέτ. Διπλό.

Ξεν. Περιμένετε μιὰ στιγμὴ νὰ κοιτάξω. Μάλιστα, ἔχουμε ἕνα διπλὸ στὸν πέμπτο ὄροφο μὲ μπάνιο καὶ ἕνα ἄλλο στὸν ἕκτο μὲ ντούς. Ποιὸ προτιμᾶτε ἀπ'τὰ δύο;

Πέτ. Θὰ θέλαμε αὐτὸ μὲ τὸ μπάνιο. Εἶναι καλὸ δωμάτιο καὶ μεγάλο;

Ξεν. Πολὺ καλό.

Πέτ.   Εἶναι μπροστὰ ἢ πίσω;
Ξεν.   Εἶναι μπροστὰ καὶ τὰ παράθυρα κοιτάζουνε πρὸς τὴ θάλασσα.
Πέτ.   Θαῦμα!
Ξεν.   Γιὰ πόσο καιρὸ τὸ θέλετε;
Πέτ.   Γιὰ μιὰ βδομάδα. Πόσο θὰ κάνει τὴν ἡμέρα καὶ γιὰ τοὺς δυὸ μας;
Ξεν.   Δέκα δραχμὲς χωρὶς πρωϊνό.
Πέτ.   Μοῦ δείχνετε τὸ δωμάτιο, σᾶς παρακαλῶ;
Ξεν.   Εὐχαρίστως.
Πέτ.   Ὑπάρχει ἑστιατόριο στὸ ξενοδοχεῖο;
Ξεν.   Μάλιστα, στὸ πρῶτο πάτωμα.
Πέτ.   Τὶ ὥρα σερβίρετε τὸ πρωϊνό;
Ξεν.   Σερβίρουμε πρωϊνὸ ἀπ' τὶς ἑφτὰ τὸ πρωῖ ὡς τὶς δέκα.
Πέτ.   Ὑπάρχει τηλέφωνο στὸ δωμάτιο;
Ξεν.   Μάλιστα. Ὅλα τὰ δωμάτια ἔχουνε τηλέφωνο.
Πέτ.   Μᾶς δείχνετε τὸ δωμάτιο;
Ξεν.   Βεβαίως.

Πραχτικὴ ἐξάσκηση

1   Ἔχετε λεφτά;   Μάλιστα, ἔχω πολλὰ λεφτά.

    Ἔχετε καιρό;   Μάλιστα, ἔχω πολὺ καιρό.
    Ἔχετε βαλίτσες;   Μάλιστα, ἔχω πολλὲς βαλίτσες.

    Ἔχετε ἀδερφούς;   Μάλιστα, ἔχω πολλούς ἀδερφούς.

2   Ἔχετε μπίρα: Πόση μπίρα θέλετε;
    Ἔχετε κρασί;   Πόσο κρασὶ θέλετε;
    Ἔχετε λεφτά;   Πόσα λεφτὰ θέλετε;
    Ἔχετε τσιγάρα;   Πόσα τσιγάρα θέλετε;

3   Ἔχετε λεμόνια;   Μάλιστα, ἔχουμε πολὺ καλὰ λεμόνια.

    Ἔχετε κρασί;   Μάλιστα, ἔχουμε πολὺ καλὸ κρασί.

    Ἔχετε πατάτες;   Μάλιστα, ἔχουμε πολὺ καλὲς πατάτες.

    Ἔχετε μπίρα;   Μάλιστα, ἔχουμε πολυ καλὴ μπίρα.

4 Τηλεφωνᾶτε στὴ Μαρία συχνά;　Τηλεφωνᾶμε στὴ Μαρία πολὺ σπάνια.

Πηγαίνετε στὸν Πέτρο συχνά;　Πηγαίνουμε στὸν Πέτρο πολὺ σπάνια.

Βλέπετε τὴ Ζωὴ συχνά;　Βλέπουμε τὴ Ζωή πολὺ σπάνια.

Ἀγοράζετε παπούτσια συχνά;　Ἀγοράζουμε παπούτσια πολὺ σπάνια.

5 Τί πίνετε;　Πίνουμε μπίρα.

Πίνετε μπίρα;　Ὄχι, δὲν πίνουμε μπίρα.

Πίνετε κρασί;　Ὄχι, δὲν πίνουμε κρασί.

Πίνετε καφέ;　Ὄχι, δὲν πίνουμε καφέ.

6 Τί προτιμᾶτε;　Προτιμᾶμε λεμονάδα.

Προτιμᾶτε κρασί ἢ μπίρα;　Προτιμᾶμε κρασί.

Προτιμᾶτε τὴν ἄνοιξη ἢ τὸ καλοκαίρι;　Προτιμᾶμε τὴν ἄνοιξη.

Προτιμᾶτε ἑλληνικὴ ἢ ἀγγλικὴ ἐφημερίδα;　Προτιμᾶμε ἑλληνικὴ ἐφημερίδα.

7 Ἀὐτὸ τὸ δωμάτιο εἶναι μεγάλο ἢ μικρό;　Αὐτὸ τὸ δωμάτιο εἶναι μεγάλο.

Αὐτὸς ὁ καφὲς εἶναι γλυκὸς ἢ πικρός;　Αὐτὸς ὁ καφὲς εἶναι πολὺ γλυκός.

Αὐτὴ ἡ τράπεζα εἶναι ἀνοιχτὴ ἢ κλειστή;　Αὐτὴ ἡ τράπεζα εἶναι κλειστή.

Fluency practice

1 Translate into Greek:

I would like a { good hotel in the centre of Athens
large room on the fifth floor
clean towel, please
ticket for this evening's performance
fresh glass of water

2 Write the following sentences using the correct case and gender of the adjectives in brackets:

Τὰ ξενοδοχεῖα τοῦ Λονδίνου εἶναι (ἀκριβὸς, ἡ, ὁ).

Αὐτὸ τὸ ξενοδοχεῖο εἶναι (φτηνὸς, ἡ, ὁ).

Τὸ Λονδίνο ἔχει (μεγάλος, η, ο) δρόμους καὶ ξενοδοχεῖα.

Τὸ Λονδίνο ἔχει (μεγάλος, η, ο) ξενοδοχεῖα καὶ δρόμους.

Τὸ Λονδίνο ἔχει (μεγάλος, η, ο) ξενοδοχεῖα καὶ (μεγάλος,η,ο)
  δρόμους.
Ὁ Γιῶργος καὶ ἡ Μαρία εἶναι (ἕτοιμος, η, ο).
Οἱ νύχτες καὶ τὰ πρωϊνὰ εἶναι (δροσερός, η, ο) στὴν Ἑλλάδα.
Τὰ (καλός, ἡ, ὁ) ξενοδοχεῖα εἶναι ἀκριβὰ.
Τὰ (καλός, ἡ, ὁ) τὰ ξενοδοχεῖα εἶναι ἀκριβά.
Τὸ (μεγάλος, η, ο) δωμάτιο εἶναι πιὸ δροσερό.
Τὸ (μεγάλος, η, ο) τὸ δωμάτιο εἶναι πιὸ δροσερό.

Grammar: Adjectives

Adjectives must agree with the noun they qualify in:

Gender (masculine, feminine, neuter);
Number (singular, plural);
Case (nominative, vocative, accusative, genitive).

If an adjective qualifies two or more nouns of different genders,
it takes the gender of the nearest or is repeated.

γαλανὸς οὐρανὸς καὶ θάλασσα   blue sky and sea
γαλανὸς οὐρανὸς καὶ γαλανὴ θάλασσα blue sky and blue sea

In predicative use the masculine is preferred for persons and the
neuter for things. Ὁ Γιῶργος καὶ ἡ Μαρία εἶναι **καλοὶ**
φοιτητές. George and Mary are **good** students. Τὰ βουνὰ καὶ
ἡ θάλασσα τῆς Ἑλλάδας εἶναι **ὡραῖα**, the mountains and
the sea of Greece are **beautiful.**

Descriptive adjectives usually precede the nouns they qualify:
ὁ γαλανὸς οὐρανὸς, the blue sky. They may also follow the
noun, in which case the definite article is repeated: **ὁ** οὐ-
ρανὸς **ὁ** γαλανὸς, the blue sky.

Adjectives ending in ός, ή, ό, ος, α, ο, *decline as follows:*

	Singular			Plural		
	Nom.	Acc.	Gen.	Nom.	Acc.	Gen.
M.	καλὸς	καλὸ	καλοῦ	καλοὶ	καλοὺς	καλῶν
F.	καλὴ	καλὴ	καλῆς	καλὲς	καλὲς	καλῶν
N.	καλὸ	καλὸ	καλοῦ	καλὰ	καλὰ	καλῶν
M.	ὡραῖος	ὡραῖο	ὡραίου	ὡραῖοι	ὡραίους	ὡραίων
F.	ὡραία	ὡραία	ὡραίας	ὡραῖες	ὡραῖες	ὡραίων
N.	ὡραῖο	ὡραῖο	ὡραίου	ὡραῖα	ὡραῖα	ὡραίων

Most adjectives are of the type of καλὸς, ἡ, ὸ. Adjectives with an accented vowel and those ending in ιος, ειος, οιος, υος form their feminine in α, e. g. ἀρχαῖος, α, ο=ancient; κρύος, α, ο,=cold. There are however some exceptions to the above rules, e. g. ξανθὸς, ιὰ, ὸ, blond; φτωχὸς, ιὰ, ὸ, poor.

16 ΔΕΚΑΤΟ ΕΚΤΟ ΜΑΘΗΜΑ

Λεξιλόγιο

ὁ αἰώνας	century
ἡ ἀκουστικὴ	acoustics
ἡ ἄκρη	end; side
ἀναπαυτικός, ἡ, ὸ	comfortable
ἀρχίζω, ἄρχισα	I begin, began
δίνω, ἔδωσα	I give, gave
δῶσε, δῶστε	give (imperative)
ἔτσι	so
κανένας, καμμία, κανένα	anyone; no one
ἡ κερκίδα	seat
ἡ κουβέρτα	blanket
τὸ κουτάλι	spoon
ἡ μέση	middle; waist
νωρὶς	early
οἱ Ὄρνιθες	the Birds
τὸ πιάτο	plate
τὸ πρόγραμμα	programme
προχτὲς	the day before yesterday
ἡ σειρὰ	row
στενός, ἡ, ὸ	narrow
συχνὰ	often
τὸ ταμεῖο (θεάτρου)	booking-office
ὁ τοῖχος	wall
χαμηλός, ἡ, ὸ	low

Συνδιάλεξη

Ζωὴ   Ἔχετε εἰσιτήρια γιὰ τὴν ἀποψινὴ παράσταση, παρακαλῶ;

Ταμεῖο Δυστυχῶς ὄχι.

Ζωή   Ὑπάρχουνε μήπως εἰσιτήρια γιὰ αὔριο;
Ταμεῖο Γιὰ τὴν αὐριανὴ παράσταση ἔχω ἀκόμα λίγα.
Ζωή   Τὶ παίζουνε αὔριο;
Ταμεῖο Τὴν " Ἠλέκτρα " τοῦ Σοφοκλῆ.
Ζωή   Στὰ ἀρχαῖα ἢ στὰ νέα Ἑλληνικά;
Ταμεῖο Ὅλα τὰ ἀρχαῖα ἔργα παίζουνται στὰ νέα Ἑλληνικά.
Ζωή   Τὶ θέσεις ἔχετε;
Ταμεῖο Ἔχουμε λίγες θέσεις τῶν πενήντα δραχμῶν στὶς πρῶτες κερκίδες στὴν ἄκρη, καὶ ἀρκετὲς τῶν εἴκοσι πέντε δραχμῶν στὶς ἀπάνω κερκίδες.
Ζωή   Δῶστε μου τρία εἰσιτήρια τῶν εἴκοσι πέντε. Ἡ ἀκουστικὴ τῶν ἀρχαίων θεάτρων εἶναι πολὺ καλή. Δὲν εἶναι ἔτσι;
Ταμεῖο Μάλιστα, εἶναι πολὺ καλὲς θέσεις. Θὰ θέλατε τρία στὴν εἰκοστὴ σειρά, στὴ μέση;
Ζωή   Πολὺ ὡραῖα, εὐχαριστῶ. Τὶ ὥρα ἀρχίζει τὸ θέατρο, σᾶς παρακαλῶ;
Ταμεῖο Στὶς ὀχτὼ ἡ ὥρα.
Ζωή   Πότε ἀλλάζει τὸ πρόγραμμα;
Ταμεῖο Ἀλλάζει κάθε βδομάδα. Τὴν ἄλλη βδομάδα θὰ παίξουνε τοὺς " Ὄρνιθες " τοῦ Ἀριστοφάνη καὶ τὴν πιὸ πάνω τὴν "Ἐρωφίλη" τοῦ Γεωργίου Χορτάτζη.
Ζωή   Ἡ " Ἐρωφίλη " εἶναι ἕνα μοντέρνο ἔργο.
Ταμεῖο Εἶναι γραμμένο στὴν Κρητικὴ διάλεκτο τὸν δέκατο ἕβδομο αἰώνα.
Ζωή   Μοῦ δίνετε τρία ἀκόμα εἰσιτήρια γιὰ τὴν "Ἐρωφίλη".
Ταμεῖο Εὐχαρίστως. Ὁρίστε.

Πραχτικὴ ἐξάσκηση

1 Εἶναι βαθιὰ ἡ θάλασσα ἐκεῖ;   Εἶναι πιὸ βαθιὰ ἐδῶ ἀπ'ἐκεῖ.
Εἶναι καλὸ αὐτὸ τὸ ξενοδοχεῖο;   Εἶναι πιὸ καλὸ αὐτὸ ἀπὸ ἐκεῖνο.
Εἶναι ζεστὸς ὁ ἥλιος σήμερα;   Εἶναι πιὸ ζεστὸς σήμερα ἀπὸ χτές.
Εἶναι μεγάλη αὐτὴ ἡ πετσέτα;   Εἶναι πιὸ μεγάλη αὐτὴ ἀπ' τὴν ἄλλη.
Εἶναι μικρὸ αὐτὸ τὸ δωμάτιο;   Εἶναι πιὸ μικρὸ ἀπ'τὸ ἄλλο.
Εἶναι γλυκός αὐτὸς ὁ καφές;   Εἶναι πιὸ γλυκὸς ἀπ'τὸν ἄλλο.

2 Εἶναι ὡραῖα ἐδῶ;

Εἶναι καλὰ ἐκεῖ;
Εἶναι βαθιὰ ἐκεῖ;
Εἶναι ἀναπαυτικὰ ἐκεῖ;

3 Βλέπεις καλὰ ἐδῶ;
Εἶναι ὄμορφος ὁ Παρθενώνας;

Εἶναι καλὸς ὁ καφές;
Εἶναι ὡραῖα τὰ ψάρια;

4 Εἶναι καλὸ αὐτὸ τὸ ξενοδοχεῖο;
Εἶναι ὡραῖο νησὶ;

Εἶναι ὄμορφη γυναίκα;

Εἶναι μεγάλος ὁ Γιῶργος;

Εἶναι ὡραία ἡ παραλία;

5 Ἔχετε κανένα κουτάλι;
Ἔχετε καμμιὰ κουβέρτα;
Ἔχετε κανένα βαθὺ πιάτο;
Ἔχετε καμμιὰ ἀναπαυτικὴ καρέκλα;
Ἔχετε κανέναν ἀναπαυτικὸ καναπέ;

Εἶναι πιὸ ὡραῖα ἐδῶ ἀπ' ἐκεῖ.

Εἶναι πιὸ καλὰ ἐκεῖ ἀπ'ἐδῶ.
Εἶναι πιὸ βαθιὰ ἐδῶ ἀπ'ἐκεῖ.
Εἶναι πιὸ ἀναπαυτικὰ ἐκεῖ ἀπ'ἐδῶ.

Βλέπω πολὺ πολὺ καλά.
Εἶναι πολὺ πολὺ ὄμορφος.

Εἶναι πάρα πολὺ καλός.
Εἶναι πάρα πολὺ ὡραῖα.

Εἶναι τὸ πιὸ καλὸ στὴν Ἀθήνα.
Εἶναι τὸ πιὸ ὡραῖο νησὶ τῆς Ἑλλάδας.
Εἶναι ἡ πιὸ ὄμορφη γυναίκα ποὺ ξέρω.
Εἶναι ὁ πιὸ μεγάλος τῆς παρέας.
Εἶναι ἡ πιὸ ὄμορφη παραλία τῆς Ἀγγλίας.

Δὲν ἔχουμε κανένα.
Δὲν ἔχουμε καμμιά.
Δὲν ἔχουμε κανένα.

Δὲν ἔχουμε καμμιά.

Δὲν ἔχουμε κανέναν.

Fluency practice

1 Translate into Greek:

The sea is calm today.
The sea is calmer today than yesterday.
The sea is very calm today.
This room is large.
This room is larger than that.
This is the largest room of the house.

2   Translate into English:

Αὐτὸ τὸ ξενοδοχεῖο εἶναι ἀναπαυτικό.
Αὐτὸ τὸ ξενοδοχεῖο εἶναι πιὸ ἀναπαυτικὸ ἀπὸ ἐκεῖνο.
Αὐτὸ τὸ ξενοδοχεῖο εἶναι τὸ πιὸ ἀναπαυτικὸ ἀπ'ὅλα.
Αὐτὸ τὸ ξενοδοχεῖο εἶναι πολὺ ἀναπαυτικό.
Αὐτὸ τὸ ξενοδοχεῖο εἶναι πιὸ ἀναπαυτικὸ παρὰ ἐκεῖνο.

3   Write the comparative and superlative of the following
adjectives:

κουρασμένος, η, ο βαθὺς, ιὰ, ὺ γλυκὸς, ιὰ, ὸ πλατὺς, ιὰ, ὺ
πικρὸς, ὴ, ὸ κόκκινος, η, ο ἀργὸς, ὴ, ὸ   γρήγορος, η, ο
καλὸς, ὴ, ὸ μεγάλος, η, ο

4   Write the comparative and superlative of the following
adverbs:

κοντὰ, μακριὰ, καλὰ, ὡραῖα, νωρὶς, ἀργὰ, γρήγορα,
μπρὸς, πίσω, συχνὰ, δυνατὰ, σιγὰ, εὐχάριστα

5   Write the following sentences with the adjectives in the
comparative and superlative:

Αὐτὴ ἡ βαλίτσα εἶναι μεγάλη.   Αὐτὸ τὸ πιάτο εἶναι βαθὺ.
Αὐτὸς ὁ τοῖχος εἶναι ἄσπρος.

Grammar: Comparison of adjectives
An adjective can express three degrees of quality:

Positive	*Comparative*	*Superlative relative*	*Superlative absolute*
	Add πιὸ before positive	Add definite article before comparative	Add πολὺ πολὺ before positive
καλὸς nice	πιὸ καλὸς nicer	ὁ πιὸ καλὸς nicest	πολὺ πολὺ καλὸς nicest
καλὴ	πιὸ καλὴ	ἡ πιὸ καλὴ	πολὺ πολὺ καλὴ
καλὸ	πιὸ καλὸ	τὸ πιὸ καλὸ	πολὺ πολὺ καλὸ

In the comparative degree comparison can be made by
using the prepositions ἀπὸ or παρὰ (than). 'Απὸ is followed
by the accusative; παρὰ is followed by the nominative.

Αὐτὸς ὁ ξενοδόχος εἶναι **πιὸ καλὸς ἀπὸ ἐκεῖνον.**
This hotelier is nicer than that.

Αὐτὸς ὁ ξενοδόχος εἶναι **πιὸ καλὸς παρὰ ἐκεῖνος.**
This hotelier is nicer than that.

In the superlative relative the preposition ἀπό is used followed by the accusative, or the genitive without a preposition.

Αὐτός εἶναι ὁ πιὸ καλός ξενοδόχος ἀπ'ὅλους στὸ χωριό.
This is the nicest hotelier in the village.

Αὐτός εἶναι ὁ πιὸ καλός ξενοδόχος τοῦ χωριοῦ.
This is the nicest hotelier of the village.

Comparison of adverbs

Most adjectives in ος and υς have corresponding adverbs in α. The comparative and superlative of these adverbs is formed as follows:

Positive	Comparative	Superlative
ὡραῖα	πιὸ ὡραῖα	πολὺ ὡραῖα
βαθιὰ	πιὸ βαθιὰ	πολὺ βαθιὰ

Most adverbs of place form the comparative and superlative as follows:

πίσω	πιὸ πίσω	πολὺ πίσω
ἔξω	πιὸ ἔξω	πολὺ ἔξω
μέσα	πιὸ μέσα	πολὺ μέσα

The adverbs νωρὶς, μπρός, ὕστερα form their comparative and superlative like the adverbs in α:

νωρὶς	πιὸ νωρὶς	πολὺ νωρὶς
μπρὸς το μπροστὰ	πιὸ μπροστὰ	πολὺ μπροστὰ
ὕστερα	πιὸ ὕστερα	πολὺ πιὸ ὕστερα

17 ΔΕΚΑΤΟ ΕΒΔΟΜΟ ΜΑΘΗΜΑ

Λεξιλόγιο

	γύρω σὲ	round
	διαφορετικός, ἡ, ὁ	different
	δοκιμάζω, δοκίμασα	I taste; try (on)
	δοκίμασε, δοκιμάστε	taste (it) (*imperative*)
τὸ	δρομάκι (*diminutive*)	small street
	ἐνδιαφέρων, ουσα, ον	interesting
	ἔτσι κι ἔτσι	so-so
τά	κάρβουνα	charcoal; coal

	κάτι	something; some
τὸ	κοκορέτσι	grilled sheep's entrails
τὸ	κρέας	meat
	λέγουνται	they are called
τὸ	μαχαίρι	knife
ἡ	μερίδα	portion, helping
	νὰ τὸ δοκιμάσεις	to try it
	νὰ φᾶμε	to eat
	ὅπως	as, like
	πεινῶ, πείνασα	I am (was) hungry
τὸ	πηρούνι	fork
	πρώτης τάξεως	first class
ἡ	σαλάτα	salad
	σύμφωνος, η, ο	in agreement
ἡ	συνήθεια	habit, custom
	τότε	then
	φέρ(ν)ω, ἔφερα	I bring, brought
	φέρε, φέρτε	bring (*imperative*)
	ψημένος, η, ο	cooked
	ψήνω, ἔψησα	I roast, roasted
οἱ	ψησταριὲς	bistros
	ψητὸς, ὴ, ὸ	roast, grilled
τὸ	ψωμὶ	bread
τῆς	ὥρας	fresh(ly cooked)

Συνδιάλεξη

Ἀλ. Πεινᾶτε, παιδιά;
Πέτ. Λίγο.
Ζωὴ Ἐγὼ πεινάω πολύ.
Ἀλ. Θέλετε νὰ φᾶμε ἐδῶ στὴν Ὁμόνοια ἀπόψε;
Ζωὴ Ποιὸ εἶναι τὸ ἐνδιαφέρον ἐδῶ;
Ἀλ. Ἐδῶ στὰ πίσω δρομάκια ὑπάρχουνε μερικὲς καλὲς ταβέρνες ποὺ λέγουνται Ψησταριὲς. Σερβίρουνε κυρίως ψητὰ κρέατα στὰ κάρβουνα καὶ κοκορέτσι.
Ζωὴ Τί εἶναι αὐτὸ τὸ κοκορέτσι;
Ἀλ. Πᾶμε νὰ τὸ δοκιμάσεις. Σύμφωνοι;
Ζωὴ Σύμφωνοι.
Ἀλ. Πᾶμε ἐδῶ μέσα, ἔχω ἕνα φίλο γκαρσόνι. Γειὰ σου, Γιῶργο.
Γκαρσόνι Καλημέρα σας, κύριε Παπαγιαννόπουλε.

Ἀλ.   Ἔχεις ἕνα καλὸ τραπέζι γιὰ τρεῖς;
Γκ.   Μάλιστα. Γιὰ τὸν κύριο Παπαγιαννόπουλο ἔχουμε
      πάντα ἕνα καλὸ τραπέζι. Αὐτὸ ἐδῶ σᾶς ἀρέσει;
Ἀλ.   Καλό εἶναι. Τὶ θὰ μᾶς φέρεις;
Γκ.   Κρεατάκι, κοκορέτσι πρώτης τάξεως, μιὰ ὡραία
      σαλάτα καὶ μπίρες.
Ἀλ.   Καλά, Γιῶργο, φέρε ὅ, τι πιὸ καλὸ ἔχεις.
Πέτ. Εἶναι πάντα ἔτσι γεμάτες κόσμο;
Ἀλ.   Τὸ καλοκαίρι ὄχι. Ὁ πιὸ πολὺς κόσμος τὸ καλοκαίρι
      τρώει στὶς ἐξοχὲς ἢ στὴ θάλασσα.
Γκ.   Ὁρίστε, ὅλα φρέσκα καὶ τῆς ὥρας.
Ἀλ.   Δοκίμασε τὸ κοκορέτσι, Ζωή. Ἂν δὲ σοῦ ἀρέσει,
      δὲν πειράζει.
Ζωή   (Δοκιμάζει) Δὲ μοῦ ἀρέσει πολύ. Τὸ κρέας εἶναι
      θαυμάσιο.
Πέτ. (Δοκιμάζει) Καλὸ εἶναι. Μοῦ ἀρέσει καὶ πηγαίνει
      πολὺ μὲ τὴν κρύα μπίρα.

Πραχτικὴ ἐξάσκηση

1 Θέλει κανένας λίγο ψωμὶ   Ὄχι, δὲ θέλει κανένας ψωμί.
  ἀκόμα;
  Θέλει καμμιὰ λίγο τυρὶ   Ὄχι, δὲ θέλει καμμιὰ τυρί.
  ἀκόμα;
  Θέλει κανένα παιδὶ λίγο γά-   Ὄχι, δὲ θέλει κανένα παιδὶ
  λα ἀκόμα;   γάλα.

2 Τὶ λέτε;   Λέμε ὅτι πεινᾶμε.
  Τὶ τρῶτε;   Τρῶμε ψωμί.
  Τί ἀκοῦτε;   Ἀκοῦμε μουσική.
  Ποῦ πᾶτε;   Πηγαίνουμε περίπατο.
  Γιατὶ κλαῖτε;   Δὲν κλαῖμε.

3 Τὶ λές;   Δὲ λέω τίποτα.
  Τὶ θές;   Δὲ θέλω τίποτα.
  Τὶ ἀκοῦς;   Δὲν ἀκούω τίποτα.
  Τί τρῶς;   Δὲν τρώω τίποτα.
  Ποῦ πᾶς;   Δὲν πηγαίνω πουθενά.
  Γιατὶ κλαῖς;   Δὲν κλαίω.

4 Τὶ λένε τὰ παιδιά;   Λένε ὅτι πεινᾶνε.
  Τὶ θέλουνε τὰ παιδιά;   Λένε ὅτι θέλουνε νερό.

Τί ἀκοῦνε τά παιδιά;　　　Λένε ὅτι ἀκοῦνε μουσική.
Τί τρῶνε τά παιδιά;　　　Λένε ὅτι τρῶνε ψωμί καί
　　　　　　　　　　　　　τυρί.

Ποῦ πᾶνε τά παιδιά;　　　Λένε ὅτι πᾶνε περίπατο.
Γιατί κλαῖνε τά παιδιά;　　Λένε ὅτι πεινᾶνε.

5 Τί ὄμορφο πού εἶναι αὐτό　Εἶναι πράγματι πολύ ὄμορ-
　τό νησί !　　　　　　　　φο.
Τί ὡραία πού εἶναι αὐτή ἡ　Εἶναι πράγματι πολύ ὄμορ-
γυναίκα !　　　　　　　　φη.
Τί ψηλός πού εἶναι αὐτός ὁ　Εἶναι πράγματι πολύ ψηλός.
ἄντρας !
Τί ἐνδιαφέρον πού εἶναι αὐ-　Εἶναι πράγματι πολύ ἐνδια-
τό τό παιδί !　　　　　　φέρον.
Τί ἐνδιαφέρουσα πού εἶναι　Εἶναι πράγματι πολύ ἐνδια-
αὐτή ἡ πόλη !　　　　　φέρουσα.
Τί γλυκός πού εἶναι ὁ καφές!　Εἶναι πράγματι πολύ γλυκός.

Fluency practice

1　Translate into Greek:

This lady is { rich / poor / polite }　That wall is { yellow / white / red }　This car is { new / old / blue }

That is { the University / the Parthenon / Omonia Square }　This is { money / a hat / one drachma }

2　Rewrite the following sentences with the pronouns in brackets in the correct case, gender and number.

Τό κλειδί (τοῦτος, η, ο) τῆς βαλίτσας εἶναι στήν τσάντα μου.
Ἡ πόρτα (αὐτός, ή, ό) τοῦ δωματίου εἶναι ἀνοιχτή.
Τό χρῶμα (ἐκεῖνος, η, ο) τοῦ τοίχου εἶναι μπλέ.
(Αὐτός, ή, ό) τό αὐτοκίνητο εἶναι τοῦ 'Αλέξαντρου.
(Τοῦτος, η, ο) ἡ τσάντα εἶναι τῆς Μαρίας.
('Εκεῖνος, η, ο) ὁ τοῖχος εἶναι ἄσπρος.

3　Answer the following questions in Greek:

Ποιανοῦ εἶναι (τοῦτος, η, ο) { τό διαβατήριο; / ἡ βαλίτσα; / τά λεφτά; }

Ποιανῆς εἶναι (ἐκεῖνος, η, ο) $\begin{cases} \text{ἡ ὀμπρέλλα;} \\ \text{ἡ τσάντα;} \\ \text{ὁ καφές;} \end{cases}$

Ποιανῶνε εἶναι (αὐτός, ἡ, ὁ) $\begin{cases} \text{οἱ λίρες;} \\ \text{τὰ δολλάρια;} \\ \text{τὰ κουτιὰ τὰ τσιγγάρα;} \end{cases}$

4 Decline the following:

ὁ εὐγενικὸς κύριος, ἡ εὐγενικιὰ κυρία, τὸ εὐγενικὸ παιδὶ
ὁ ἀγενὴς ἄνθρωπος, ἡ ἀγενὴς γυναίκα, τὸ ἀγενὲς παιδὶ

Grammar: Demonstrative pronouns

The demonstrative pronoun can be used on its own as in English: αὐτός, this, ἐκεῖνος, that. Αὐτὸ εἶναι μαχαίρι, this is a knife.

When used as an adjective it is followed by the definite article, Αὐτὸς ὁ σταθμὸς εἶναι ἀνοιχτὸς, this station is open. Αὐτὴ ἡ πόλη εἶναι μεγάλη, this town is large. ᾽Εκεῖνο τὸ ξενοδοχεῖο εἶναι καλό, that hotel is nice. It declines like an adjective and has to agree in gender, number and case with the noun it qualifies.

Masculine	Feminine	Neuter	Meaning
αὐτός	αὐτὴ	αὐτὸ	this (near speaker)
ἐκεῖνος	ἐκείνη	ἐκεῖνο	that (further away)
(ἐ)τοῦτος	(ἐ)τούτη	(ἐ)τοῦτο	this (very near)

The above pronouns have an alternative form in the genitive.

	Masculine	Feminine	Neuter	Meaning
Sing.	αὐτουνοῦ	αὐτηνῆς	αὐτουνοῦ	this
	ἐκεινοῦ	ἐκεινῆς	ἐκεινοῦ	that
	τουτουνοῦ	τουτηνῆς	τουτουνοῦ	this
Plur.	αὐτουνῶν(ε)	αὐτουνῶν(ε)	αὐτουνῶν(ε)	this
	ἐκεινῶν(ε)	ἐκεινῶν(ε)	ἐκεινῶν(ε)	that
	τουτουνῶν(ε)	τουτουνῶν(ε)	τουτουνῶν(ε)	this

Irregular verbs

The present indicative of the following very useful irregular verbs is given below:

λέω I say, θέλω I want, πάω I go, ἀκούω I hear, τρώγω I eat, κλαίω I cry.

Present indicative

λέω or λέγω	θέλω	πάω
λὲς	θὲς or θέλεις	πᾶς
λέει	θέλει	πάει
λέμε	θέλουμε	πᾶμε
λέτε	θέλετε	πᾶτε
λέν(ε)	θέλουν(ε)	πᾶν(ε)

ἀκούω	τρώω or τρώγω	κλαίω
ἀκοῦς	τρῶς	κλαῖς
ἀκούει	τρώει	κλαίει
ἀκοῦμε	τρῶμε	κλαῖμε
ἀκοῦτε	τρῶτε	κλαῖτε
ἀκοῦν(ε)	τρῶν(ε)	κλαῖν(ε)

18 ΔΕΚΑΤΟ ΟΓΔΟΟ ΜΑΘΗΜΑ

Λεξιλόγιο

τὸ ἀγγούρι	cucumber
τὸ ἁλάτι	salt
ζήτησε, ζητῆστε	ask for (*imperative*)
τὰ καλαμαράκια	cuttle-fish
τὸ κιλό	kilo
οἱ μεζέδες	appetisers
ἡ ντομάτα	tomato
ἡ ντοματοσαλάτα	tomato salad
ντόπιος, ια, ο	local
τὸ ξύδι	vinegar
τὰ ὀρεχτικὰ	hors-d'oeuvres
τὰ πατατάκια	chipped potatoes
τὸ πιπέρι	pepper
ἡ ταραμοσαλάτα	roe-salad
τηγανιτός, ἡ, ὁ	fried

Συνδιάλεξη

'Αλ. Γκαρσόνι, ἔχεις ἕνα καλὸ τραπέζι γιὰ τρεῖς κοντὰ στὴ θάλασσα;

Γκ. Μάλιστα, κύριε. Αὐτὸ ἐδῶ. Σᾶς ἀρέσει;

'Αλ.   Εὐχαριστοῦμε. Εἶναι πολὺ ὡραῖα ἐδῶ κοντὰ στὴ θάλασσα. Φέρνεις τὸν κατάλογο τῶν φαγητῶν παρακαλῶ;
Γκ.   Μάλιστα, κύριε. Ὁρίστε.
'Αλ.   Εἶναι τὸ κρέας σας καλό;
Γκ.   Μάλιστα, κύριε, πολὺ καλό.
'Αλ.   Ἔχετε καὶ φρέσκα ψάρια;
Γκ.   Μάλιστα, πολὺ φρέσκα, τῆς ὥρας.
'Αλ.   Ζωή, τὶ προτιμᾶς, κρέας ἢ ψάρι;
Ζωή   Προτιμῶ ψάρι.
'Αλ.   Πολὺ καλά. Θέλουμε δυὸ μερίδες ψάρι καὶ μιὰ μερίδα κρέας μὲ πατατάκια, μιὰ σαλάτα, μιὰ τυρί, ψωμὶ καὶ κρασί. Γκαρσόνι, φέρνεις λίγους μεζέδες πρῶτα;
Γκ.   Μάλιστα. Τὶ κρασὶ θέλετε;
'Αλ.   Τὸ ντόπιο. Εἶναι καλό;
Γκ.   Μάλιστα., πρώτης τάξεως.
      (Τὸ γκαρσόνι φεύγει καὶ σὲ λίγο γυρίζει μὲ τοὺς μεζέδες) Ὁρίστε οἱ μεζέδες σας.
Ζωή   Τὶ εἶναι ὅλα αὐτά;
'Αλ.   Αὐτὰ εἶναι καλαμαράκια καὶ ἐκεῖνο εἶναι ταραμοσαλάτα. Τὰ ἑλληνικὰ ὀρεχτικά.

Πραχτικὴ ἐξάσκηση

1 Εἶναι αὐτὴ ἡ βαλίτσα σας;   Ναὶ, εἶναι ἡ βαλίτσα μου.
  Εἶναι αὐτὴ ἡ σαλάτα σας;   Ὄχι, δὲν εἶναι ἡ σαλάτα μου.

  Εἶναι αὐτὰ τὰ πατατάκια   Ναί, εἶναι τὰ πατατάκια
  σας;   μου.
  Εἶναι αὐτοὶ οἱ μεζέδες   Ὄχι, δὲν εἶναι οἱ μεζέδες
  σας;   μου.
  Εἶναι αὐτὸ τὸ τυρὶ σας;   Ναί, εἶναι τὸ τυρὶ μου.

2 Εἶναι αὐτὰ τὰ ψάρια   Ὄχι, εἶναι τὰ δικὰ της.
  μου;
  Εἶναι αὐτὲς οἱ ντομάτες   Ὄχι, εἶναι οἱ δικὲς του.
  μου;
  Εἶναι αὐτοὶ οἱ μεζέδες   Ὄχι, εἶναι οἱ δικοὶ της.
  μου;
  Εἶναι αὐτὰ τὰ πατατάκια   Ὄχι, εἶναι τὰ δικὰ του.
  μου;
  Εἶναι αὐτὴ ἡ ταραμοσα-   Ὄχι, εἶναι ἡ δικὴ της.
  λάτα μου;

3 Ἡ βαλίτσα μας εἶναι καινούργια.

Ἡ δική σας εἶναι παλιά.

Τὸ αὐτοκίνητό μας εἶναι ἐδῶ.

Τὸ δικό σας εἶναι ἐκεῖ.

Τὸ δωμάτιό μας εἶναι μεγάλο.

Τὸ δικό σας εἶναι μικρό.

Οἱ μεζέδες μας εἶναι ὡραῖοι.

Οἱ δικοὶ σας δὲν εἶναι.

Τὸ κλειδὶ τοῦ δωματίου μας εἶναι ἐδῶ.

Τοῦ δικοῦ σας δὲν εἶναι ἐδῶ.

4 Θέλετε κι' ἄλλα πατατάκια;

Εὐχαριστῶ, ἔχω ἤδη πάρα πολλά.

Θέλετε κι' ἄλλους μεζέδες;

Εὐχαριστῶ, ἔχω ἤδη πάρα πολλούς.

Θέλετε κι' ἄλλη ταραμοσαλάτα;

Εὐχαριστῶ, ἔχω ἤδη πάρα πολλή.

Θέλετε κι' ἄλλες ἐλιές;

Εὐχαριστῶ, ἔχω ἤδη πάρα πολλές.

Θέλετε κι' ἄλλο ψάρι;

Εὐχαριστῶ, ἔχω ἤδη πάρα πολύ.

5 Τὶ θέλετε;

Δὲ θέλω τίποτα.

Τὶ κάνετε ἐκεῖ;

Δὲν κάνω τίποτα.

Τὶ ζητᾶτε;

Δὲ ζητῶ τίποτα.

Τὶ τρῶτε;

Δὲν τρώω τίποτα.

Τὶ λέτε;

Δὲ λέω τίποτα.

Fluency practice

1   Replace the nouns with a pronoun:

Τὰ καλαμαράκια τῆς Μαρίας εἶναι στὸ τραπέζι.
Τὰ ψάρια τῶν παιδιῶν δὲν εἶναι πολὺ φρέσκα.
Ἡ μερίδα τοῦ Γιώργου δὲν εἶναι καλή.
Οἱ μεζέδες τῆς Ἀντιγόνης καὶ τοῦ Πέτρου εἶναι πολὺ ὡραῖοι. Τὸ λάδι τοῦ ξενοδοχείου δὲ μοῦ ἀρέσει.

2   Write sentences using the following expressions:
ὁ δικὸς μου καφές, τὸν δικὸ μου λογαριασμό, τοῦ δικοῦ μου καφὲ, ἡ δική σου πετσέτα, τὴν δική σου ντοματοσαλάτα, τῆς δικῆς μου σαλάτας, τὸ δικὸ μου πορτοφόλι, τὸ δικὸ μου τυρί, τοῦ δικοῦ μου δωματίου.

3 Complete the following sentences with an appropriate possessive pronoun:

Τὸ κλειδὶ........εἶναι στὴν πόρτα. Ὁ καφὲς...εἶναι στὸ τραπέ-
ζι. Τὸ ὄνομα....εἶναι Δημήτρης. Τὸ ὄνομα.....εἶναι Ἑλένη.
Σοῦ ἀρέσει τὸ φόρεμα....; Τὸ φόρεμα.....εἶναι πολὺ ὡραῖο.
Ἡ βαλίτσα....εἶναι ἐδῶ. Ποῦ εἶναι......; Τὸ φαγητὸ...........
εἶναι κρύο. Πῶς εἶναι.........;

4 Decline the following phrases:

ὁ γλυκὸς καφὲς   τὸ μονὸ δωμάτιο τὸ κρύο φαγητὸ
ἡ ὄμορφη γυναίκα ἡ ὡραία πόλη   τὸ δικὸ μου πορτοφόλι

5 Rewrite the following sentences, putting the words in brackets in the correct form:

Ζητῆστε (μερικοί, ές, ἀ) $\begin{cases} ὀρεχτικὰ \\ μεζέδες \\ ψάρια \\ καλαμαράκια \\ ἐλιὲς \end{cases}$

Ζητῆστε (λίγος, η, ο) $\begin{cases} ἁλάτι \\ ἐλιὲς \\ ὀρεχτικὰ \\ λάδι \\ πατατάκια \end{cases}$

Grammar: Possessive pronouns

The possessive pronouns are:

1	μου	my
2	σου	your
3	του, της, του	his, her, its
1	μας	our
2	σας	your
3	τους	their

The possessive pronouns follow the noun which is preceded by an article.

τὸ ὄνομά μου	my name
ὁ πατέρας σου	your father

When the nouns are preceded by an adjective the possessive pronoun is usually put between the adjective and the noun, e.g. τὸ καινούργιο μου αὐτοκίνητο my new car

Sometimes the pronoun is placed at the end for greater emphasis, e.g. τὸ καινούργιο αὐτοκίνητό μου, my new car.

To emphasise ownership the adjective δικός, δική, δικό, own, is used with or without an article. It must agree with its noun in gender, number and case, e.g. Αὐτὸ εἶναι δικὸ μου πρόβλημα, this is my own problem. Οἱ δικές μου οἱ βαλίτσες εἶναι μεγάλες, my own suitcases are large.

19 ΔΕΚΑΤΟ ΕΝΑΤΟ ΜΑΘΗΜΑ

Λεξιλόγιο

	ἄκουσε, ἀκοῦστε	listen (*imperative*)
	ἁπλὸς,.ἡ, ὸ	simple
τὸ	ἀστεῖο	joke
	βλέπω, εἶδα	I see, saw
ὁ	γιὸς or υἱὸς	son
	γράψε, γράψτε	write (*imperative*)
	δόξα σοι ὁ Θεὸς	thank the Lord
ἡ	δουλειὰ	work
	δουλεύω, δούλεψα	I work, worked
ἡ	κόρη	daughter
	κόσμος καὶ κοσμάκης	a lot of people
	μπράβο	bravo; good
	ὅ,τι	what, whatever
	πάρε, πάρτε	take (*imperative*)
ἡ	Πελοπόννησος	Peloponnese
	πὲς, πέστε	say (*imperative*)
	πράγματι	indeed
	προοδεύω, προόδεψα	I progress
ἡ	πρόοδος	progress
	σκέφτουμαι, σκέφθηκα	I think
	σκέψου	think (*imperative*)

ὁ συγγραφέας	writer m.
συναντηθήκανε	they met
ὁ χωριάτης, ἡ χωριάτισσα	villager
τὸ χωριὸ	village

Συνδιάλεξη

Ζωή   Πὲς μας ἕνα ἑλληνικὸ ἀστεῖο, Ἀλέξαντρε.

Ἀλ.   Καλὴ ἰδέα! Θὰ σᾶς πῶ ἕνα ἁπλὸ ἀστεῖο στὰ Ἑλληνι-
κά. Σύμφωνοι;

Ζωή   Σύμφωνοι.

Ἀλ.   Σ᾽ἕνα χωριὸ τῆς Πελοποννήσου δυὸ μητέρες συνα-
ντηθήκανε στὴν πλατεία τοῦ χωριοῦ καὶ λέει ἡ μία
στὴν ἄλλη.

E   Καλημέρσ, Μαρία μου, τὶ μοῦ κάνεις;

M   Εἶμαι πολὺ καλά, Ἑλένη μου, "δόξα σοι ὁ Θεὸς".
Ἐσὺ τὶ κάνεις;

E   "Δόξα σοι ὁ Θεὸς", εἶμαι πολὺ καλά.

M   Τὶ κάνει ὁ γιὸς σου;

E   "Δόξα σοι ὁ Θεός", εἶναι πολὺ καλά.

M   Εἶναι ἐδῶ; Δὲν τὸν βλέπω στὴν πλατεία τοῦ χωριοῦ.

E   Ὄχι, Μαρία μου, δὲν εἶναι ἐδῶ.

M   Ποῦ εἶναι;

E   Εἶναι στὴν πρωτεύουσα!

M   Ἀλήθεια; Στὴν πρωτεύουσα! Τὶ κάνει ἐκεῖ;

E   Δουλεύει.

M   Προόδεψε, βλέπω. Πῶς πηγαίνουνε οἱ δουλειὲς του;

E   Πολὺ καλά, πάρα πολὺ καλά. Σκέψου, ὅ,τι γράφει ὁ
γιὸς μου τὸ διαβάζει κόσμος καὶ κοσμάκης.

M   Μπράβο! Πρόοδο! Εἶναι λοιπὸν ὁ γιὸς σου συγ-
γραφέας, βλέπω.

E   Ὄχι, ὄχι, Μαρία μου.

M   Τὶ κάνει τότε;

E   Γράφει καταλόγους φαγητῶν σ᾽ἕνα μεγάλο ξενοδοχεῖο.

Ζωή   Πολὺ πολὺ καλό.

Πέτ.   Θαυμάσιο ἀστεῖο !

Ἀλ.   Ἡ σειρὰ σας τώρα. Πέστε μου κι᾽ἐσεῖς ἕνα ἀστεῖο.

Πέτ.   Πολὺ καλά.

Πραχτική ἐξάσκηση

1 Ἀγοράσατε φροῦτα;
Ἀκούσατε τὰ νέα σήμε-
ρα τὸ πρωΐ;
Χάσατε τὸ πορτοφόλι
σας;
Κλειδώσατε τὴν πόρτα
σας;
Ζητήσατε τὸ λογαρια-
σμό μας;

Ναί, ἀγόρασα φροῦτα.
Ναί, ἄκουσα τὰ νέα σήμερα
τὸ πρωΐ.
Ναί, ἔχασα τὸ πορτοφόλι
μου.
Ναί, κλείδωσα τὴν πόρτα
μου.
Ναί, ζήτησα τὸ λογαριασμό
μας.

2 Γιατὶ δὲν πληρώσατε τὸ
ξενοδοχεῖο;
Γιατὶ δὲν ἀγοράσατε
πορτοκάλια;
Γιατὶ δὲ στείλατε τὰ
γράμματα;
Γιατὶ δὲ δώσατε τὰ
λεφτά;

Γιατὶ δὲν εἶχα λεφτά.

Γιατὶ δὲν εἴχανε.

Γιατὶ δὲν εἶχα λεφτά.

Γιατὶ δὲν εἶχα λεφτά.

3 Τὶ ὥρα φύγανε;
Τὶ ὥρα γυρίσανε;

Τὶ ὥρα πήγανε στὸν
κινηματόγραφο;
Τὶ ὥρα φτάσανε στὸ
σπίτι τους;

Φύγανε στὴ μία ἡ ὥρα.
Γυρίσανε στὶς δώδεκα ἡ ὥ-
ρα.
Πήγανε στὶς ὀχτὼ ἡ ὥρα.

Φτάσανε στὶς πέντε ἡ ὥρα.

4 Πότε τηλεφώνησες στὸν
Πέτρο;
Πότε ἔγραψες στὸ
Γιῶργο;
Πότε ἔφαγες;
Πότε ἄλλαξες λεφτά;

Τηλεφώνησα στὸν Πέτρο
χτὲς βράδι.
Ἔγραψα στὸ Γιῶργο χτὲς
βράδι.
Ἔφαγα στὶς δέκα ἡ ὥρα.
Ἄλλαξα λεφτὰ χτὲς τὸ ἀπό-
γευμα.

5 Ἀγόρασες τίποτα ἄλλο;
Διάβασε τίποτα ἄλλο;
Ἔφερε τίποτα ἄλλο;
Ἔχασε τίποτα ἄλλο;

Δὲν ἀγόρασα τίποτα ἄλλο.
Δὲ διάβασε τίποτα ἄλλο.
Δὲν ἔφερε τίποτα ἄλλο.
Δὲν ἔχασε τίποτα ἄλλο.

6 Δουλεύεις τὰ πρωϊνά;   Δουλεύω κάθε μέρα.
  Βγαίνεις τὰ βράδια;   Βγαίνω κάθε βράδι.
  Πίνεις τσάϊ τὸ ἀπόγευμα;   Πίνω τσάϊ κάθε ἀπόγευμα.
  Ἀκοῦς ραδιόφωνο τὰ   Ἀκούω ραδιόφωνο κάθε
  βράδια;   βράδι.

Fluency practice

1 Form the aorist of the following verbs:
καπνίζω, μιλῶ, ἀρέσω, παίζω, διψῶ, κολυμπῶ, πουλῶ,
φωνάζω, περνῶ, δείχνω, ταξιδεύω, πεινῶ, νομίζω, περιμένω.

2 Write the following sentences putting the verbs in all persons.
Πῆγα περίπατο χτὲς. Ἔφαγα ἕνα ὡραῖο φαγητό. Ζήτησα
ἕνα ποτήρι νερό. Κάπνισα ἕνα ἑλληνικὸ τσιγάρο. Ἔφτασα
στὴ δουλειά μου στὶς πέντε.

3 Write the aorist of the following irregular verbs:
θέλω, κάνω, μένω, φεύγω, φέρνω, πηγαίνω, βλέπω, δίνω,
τρώγω, λέω, βρίσκω, παίρνω.

4 Put the verbs in brackets in the aorist.
Χτὲς (τρώγω) τὸ πρωϊνὸ μου στὶς ὀχτὼ ἤ ὥρα καὶ στὶς ἐννιὰ
(φεύγω) γιὰ τὴ δουλειά μου. (Φτάνω) στὴ δουλειά μου στὶς
ἐννιὰ καὶ μισή. Τὸ μεσημέρι δὲν (πηγαίνω) στὸ σπίτι μου
γιατὶ μένω μακριά. (Γυρίζω) τὸ βράδι στὸ σπίτι μου πολὺ
κουρασμένος (Διαβάζω) τὴν ἐφημερίδα μου, (τρώγω) τὸ
βραδινὸ μου φαγητό, (ἀκούω) τὰ νέα καὶ κατὰ τὶς ἐφτὰ καὶ
μισή (πηγαίνω) ἕνα περίπατο.

5 Rewrite the following sentences, putting the nouns in the
correct case.

Ζητῆστε ⎰ ὁ λογαριασμός μας.
        ⎥ ὁ κατάλογος τῶν φαγητῶν.
        ⎨ μιὰ σαλάτα.
        ⎥ μερικὲς ἐλιές.
        ⎱ λίγο λάδι.

Ρωτῆστε ⎰ (ὁ ξενοδόχος) ἄν ἔχει δωμάτια.
        ⎥ (ὁ Πέτρος) τί ὥρα εἶναι.
        ⎨ (τὸ γκαρσόνι) ἄν ἔχουνε ἐλιές.
        ⎥ (ἡ Κατερίνα) ποῦ ἔβαλε τὰ γυαλιὰ μου.
        ⎱ (ὁ ταμίας) ἄν ὑπάρχουνε εἰσιτήρια.

6   Decline the following phrases

Τὸ ψητὸ κρέας, τὸ βραστὸ ψάρι, ὁ καλὸς μεζὲς, τὰ τηγανιτὰ πατατάκια.

Grammar: The aorist

The aorist is used in Greek to express an instantaneous action. It corresponds generally to the English past simple e.g. ἔπιασα I caught, but it is very often used instead of the perfect, I have caught, or pluperfect, I had caught.

The aorist is usually formed by changing the present indicative in three ways.

1   A letter ε is sometimes prefixed.

2   The stem of the verb is modified (for changes see pp. 93-4).

3   The endings change as follows:

Present		Aorist	
πιάν-ω	I catch, take	ἔ-πιασ-α	I caught, took
πιάν-εις		ἔ-πιασ-ες	
πιάν-ει		ἔ-πιασ-ε	
πιάν-ουμε		πιάσ-αμε	
πιάν-ετε		πιάσ-ατε	
πιάν-ουν(ε)		πιάσ-αν(ε)	

The letter ε is not added to verbs beginning with a vowel, e.g. ἀνοίγω I open, ἄνοιξα I opened.

It is commonly omitted in those forms in which it does not carry the accent, e.g. πιάσαμε, πιάσατε, πιάσανε.

Note: The following verbs are prefixed with η instead of ε:

θέλω	I want	ἤθελα	I wanted
ξέρω	I know	ἤξερα	I knew
πίνω	I drink	ἤπια	I drank
ἐλπίζω	I hope	ἤλπισα	I hoped

Here are some general rules for forming the aorist.   We divide the verbs into the following groups.

1   Verbs with a vowel or a τ, θ, σ, ζ, ν, whose stems change into σα

Present	Aorist		Meaning
ἀκού- ω	ἄκου-	σα	I heard
ἀγοράζ-ω	ἀγόρα-	σα	I bought

Present		Aorist		Meaning
ἀρέσ-	ω	ἄρε-	σα	I liked
νοιώθ-	ω	ἔ- νοιω -σα		I understood
χάν-	ω	ἔ-χα-	σα	I lost

2 Verbs with a **π, β, φ, ευ, αυ**, whose stems change into **ψα**

κόβ-	ω	ἔ-κο-	ψα	I cut
παύ-	ω	ἔ-πα-	ψα	I ceased
δουλεύ-ω		δούλε-	ψα	I worked
γράφ-	ω	ἔ-γρα-	ψα	I wrote

3 Verbs with a **κ, γ, χ, χν**, whose stems change into **ξα**

πλέκ-	ω	ἔ-πλε-	ξα	I knitted
ἀνοίγ-	ω	ἄνοι-	ξα	I opened
τρέχ-	ω	ἔ-τρε-	ξα	I ran
ψάχν-	ω	ἔ-ψα-	ξα	I searched

4 Verbs ending in **ῶ** change into **ησα, εσα, ασα**

μιλ-	ῶ	μίλ-	ησα	I talked
ρωτ-	ῶ	ρώτ-	ησα	I asked
τραγουδ-	ῶ	τραγούδ-	ησα	I sung
μπορ-	ῶ	μπόρ-	εσα	I was able
γελ-	ῶ	γέλ-	ασα	I laughed

5 Verbs ending in **αίνω, λνω, ρνω** in the present change into **α**

παθαίν-	ω	ἔ-παθ-	α	I suffered
στέλν-	ω or στέλλω	ἔ-στειλ-	α	I sent
φέρν-	ω or φέρω	ἔ-φερ-	α	I brought

Exceptions : a few verbs ending in **ζω** change into **ξα**

ἀλλάζ-	ω	ἄλλα-	ξα	I changed
κοιτάζ-	ω or κυττάζω	κοίτα-	ξα	I looked at
παίζ-	ω	ἔπαι-	ξα	I played
ἀγγίζ-	ω	ἄγγι-	ξα	I touched
φωνάζ-	ω	φώνα-	ξα	I called

Note: The majority of verbs ending in ῶ change into ησα.

Note that the accent shifts back one or two syllables in the aorist. Thus πιάνω, ἔπιασα, μιλῶ, μίλησα, γράφω, ἔγραψα, μπορῶ, μπόρεσα.

There are some very common verbs which form their aorist irregularly. You will find a list of irregular verbs on pp. 175-7.

Irregular verbs

Present indicative	Aorist	Meaning
βλέπω	εἶδα	I see
βγαίνω	βγῆκα	I go out
μπαίνω	μπῆκα	I come in
λέγω or λέω	εἶπα	I say
βρίσκω	βρῆκα	I find
πηγαίνω	πῆγα	I go
πίνω	ἤπια	I drink
τρώγω or τρώω	ἔφαγα	I eat
ἀνεβαίνω	ἀνέβηκα	I go up
κατεβαίνω	κατέβηκα	I come down

The aorist is often preceded by θὰ or νὰ to denote:

1 Potential action in past time, e.g. ποῦ νὰ πῆγε; where could he have gone?

2 Possibility, e.g. ἴσως νὰ πῆγε, he might have gone.

3 A very probable assumption, e.g. θὰ πῆγε, he must have gone.

20 ΕΙΚΟΣΤΟ ΜΑΘΗΜΑ

Λεξιλόγιο

ἡ ἀγγελία	notice
ἀνάβω, ἄναψα	I light
ἄναψε, ἀνάψτε	light (*imperative*)
ἀπαγορεύεται	it is forbidden
βγάζω, ἔβγαλα	I take off, out
βγάλε, βγάλτε	take off (*imperative*)
ἡ ἐπίδειξη or -ις	display; showing off
ἐπιδειχτικὰ	pointedly
τὸ κάπνισμα	smoking
μὴν ὁμιλεῖτε	do not speak
νευριασμένος, η, ο	annoyed
ὁ ξεναγός, ἡ ξεναγὸς	(tourist) guide (*m. and f.*)
ὁ ὁδηγὸς	driver *(m. and f.)*
ὅταν	when
ἡ περιοδεία	tour, visit
περιοδεύω, περιόδεψα	I make a tour

πολύωρος, η, ο	long
σβήνω, ἔσβησα	I put out
σβῆσε, σβῆστε	put out (*imperative*)
τὸ στόμα	mouth
τὸ χαμόγελο	smile
χαμογελῶ, χαμογέλασα	I smile

Συνδιάλεξη

Πέτ. ᾽Άκουσε, λοιπόν, ἕνα ἀστεῖο. Μέσα σ'ἕνα λεωφορεῖο ποὺ ἔκανε περιοδεία στὴν Ἑλλάδα ὑπήρχανε δύο ἀγγελίες. Ἡ μία ἀγγελία ἔλεγε, "Μὴν ὁμιλεῖτε στὸν ὁδηγό", καὶ ἡ ἄλλη, "᾽Απαγορεύεται τὸ κάπνισμα". Ὁ ὁδηγὸς τοῦ λεωφορείου, κουρασμένος ἀπ'τὰ πολύωρα ταξίδια, ἔβγαλε ἕνα τσιγάρο γιὰ νὰ καπνίσει. Μιὰ ἐπιβάτισσα ποὺ δὲ μιλοῦσε καθόλου Ἑλληνικὰ ὅταν εἶδε τὸν ὁδηγὸ μὲ ἕνα τσιγάρο στὸ στόμα, τοῦ ἔδειξε μὲ τὸ χέρι της τὴ δεύτερη ἀγγελία ποὺ ἔλεγε, "᾽Απαγορεύεται τὸ κάπνισμα". Ὁ ὁδηγὸς τότε μὲ τὸ χαμόγελο στὸ στόμα ἀλλὰ λίγο νευριασμένος ἔδειξε στὴν κυρία τὴν πρώτη ἀγγελία ποὺ ἔλεγε, "Μὴν ὁμιλεῖτε στὸν ὁδηγό".

Πέτ. Σοῦ ἄρεσε τὸ ἀστεῖο μου;

᾽Αλ. Πολὺ καλό. Θὰ σᾶς πῶ ἐγὼ τώρα ἕνα ἄλλο.

Πραχτικὴ ἐξάσκηση

1   Εἴτανε πολὺ δύσκολο;   Εἴτανε ἀρκετὰ δύσκολο.
    Εἴτανε πολὺ εὔκολο;   Εἴτανε ἀρκετὰ εὔκολο.
    Εἴτανε πολὺ ἐνδιαφέρον;   Εἴτανε ἀρκετὰ ἐνδιαφέρον.
    Εἴτανε πολὺ ἀκριβό;   Εἴτανε ἀρκετὰ ἀκριβό.
    Εἴτανε πολὺ φτηνό;   Εἴτανε ἀρκετὰ φτηνό.

2   Δούλευες πολὺ πέρυσι;   ῎Οχι, δούλευα πολὺ λίγο.
    Μιλοῦσες καλὰ Ἑλληνικά;   ῎Οχι, μιλοῦσα πολὺ λίγα.
    Πήγαινες συχνὰ στὴν Ἑλ-   ῎Οχι, δὲν πήγαινα πολὺ
    λάδα;   συχνά.
    ῎Εβλεπες τὸν Πέτρο κάθε   ῎Οχι, δὲν τὸν ἔβλεπα κάθε
    μέρα;   μέρα.
    ῎Ετρωγες στὴν ταβέρνα τὰ   ῎Οχι, δὲν ἔτρωγα κάθε
    βράδια;   βράδι.

3 Εἶπε ὅτι θὰ πήγαινε;   Ναί, εἶπε ὅτι θὰ πήγαινε.
  Εἶπε ὅτι θὰ τηλεφωνοῦσε;   Ναί, εἶπε ὅτι θὰ τηλεφω-
                                νοῦσε.

  Εἶπε ὅτι θὰ ἀγόραζε τσι-   Ναί, εἶπε ὅτι θὰ ἀγόραζε
  γάρα;   τσιγάρα.
  Εἶπε ὅτι θὰ ἔτρωγε στὸ ξε-   Ναί, εἶπε ὅτι θὰ ἔτρωγε ἐκεῖ.
  νοδοχεῖο;
  Εἶπε ὅτι θὰ ἔφευγε χτές;   Ναί, εἶπε ὅτι θὰ ἔφευγε χτές.

4 Ἔβγαζα τὸ παλτὸ μου ὅταν   Ἔβγαλα τὸ παλτὸ μου καὶ
  ἔφτασε.   κάθισα.
  Ἄκουγα τὰ νέα ὅταν ἔφυγε.   Ἄκουσα τὰ νέα σου χτὲς
                               τὸ βράδι.
  Δούλευα ὅταν τηλεφώνησε.   Δούλεψα σκληρὰ ὅλη τὴν
                               ἡμέρα.
  Πήγαινα περίπατο ὅταν εἶ-   Πῆγα περίπατο χτὲς τὸ
  δα τὸν Πέτρο.   βράδι.

5 Ποῦ εἶναι ἡ βαλίτσα μου;   Ἡ βαλίτσα σου;   Δὲν ἔχω
  Μήπως ξέρετε;   ἰδέα.
  Ποῦ εἶναι τὸ διαβατήριό   Τὸ διαβατήριό σου;   Δὲν
  μου; Μήπως ξέρετε;   ἔχω ἰδέα.
  Ποῦ εἶναι τὸ παλτὸ μου;   Τὸ παλτὸ σου;   Δὲν ἔχω
  Μήπως ξέρετε;   ἰδέα.
  Ποῦ εἶναι το αὐτοκίνητό   Τὸ αὐτοκίνητό σου;   Δὲν
  μου; Μήπως ξέρετε;   ἔχω ἰδέα.
  Ποῦ εἶναι τὸ πορτοφόλι   Τὸ πορτοφόλι σου;   Δὲν
  μου; Μήπως ξέρετε;   ἔχω ἰδέα.

Fluency practice.

1   Form the past continuous of the following verbs:
διαβάζω, γράφω, μιλῶ, περνῶ, στέλνω, πηγαίνω, λέγω, βλέπω,
βρίσκω, διψῶ, καπνίζω.

2   Write the following sentences, putting the verbs in all persons.
Ἄκουγα τὸ ραδιόφωνο ὅταν ἔφτασε ὁ Γιῶργος. Περνοῦσα τὴν
ἡμέρα μου εὐχάριστα.

3   Put the verbs in brackets in the past continuous:
Πέρυσι ὅταν εἴμουνα στὴν Ἑλλάδα (πηγαίνω) κάθε πρωΐ στὴ

θάλασσα. (Μένω) ἐκεῖ ὡς τὸ μεσημέρι. Στὴ μία καὶ τέταρτο (παίρνω) τὸ αὐτοκίνητο καὶ (γυρίζω) στὸ σπίτι μου. (Τρώγω) τὸ μεσημεριανὸ μου φαγητὸ καὶ (ξαπλώνω). Τὸ ἀπόγευμα ὡς τὶς ἕξι δὲν (κάνω) τίποτα γιατὶ (κάνει) ζέστη. Τὸ βράδι (βγαίνω) ἔξω μὲ τοὺς φίλους μου καὶ (πηγαίνω) κανένα σινεμὰ ἢ σὲ καμμιὰ ταβέρνα.

Ὅταν ἔφτασα στὸ σπίτι της ἡ Ἑλένη (τρώγω) τὸ φαγητὸ της.
Ὅταν ἔφτασα στὸ σπίτι της ἡ Ἑλένη (γράφω) ἕνα γράμμα.
Ὅταν ἔφτασα στὸ σπίτι της ἡ Ἑλένη (πλένω) τὰ πιάτα.
Ὅταν ἔφτασα στὸ σπίτι της ἡ Ἑλένη (διαβάζω) Ἑλληνικά.

Χτὲς (χιονίζει) ὅλη τὴν ἡμέρα.
Χτὲς (βρέχει) ὅλη τὴ νύχτα.
Χτὲς (ψιχαλίζει) ὅλο τὸ ἀπόγευμα.

4 Translate into English

Νὰ ἔκανα ἕνα ταξίδι στὸ ἐξωτερικό! Νὰ μιλοῦσα καλὰ τὰ Ἑλληνικὰ! Νὰ εἴμουνα ὄμορφη! Νὰ χιόνιζε! Νὰ ἔπερνα ἕνα γράμμα ἀπὸ τὴ Ζωή! Νὰ δούλευε χτὲς ὁ Μιχάλης; Νὰ τοῦ ἄρεσε τὸ ἔργο; Νὰ πηγαίναμε ἢ νὰ μὴν πηγαίναμε; Νὰ κρύωνε τὸ παιδί;

Θὰ πληρώναμε τὸ ξενοδοχεῖο ἂν εἴχαμε λεφτά. Θὰ πήγαινα ἂν ἤθελε. Κάθε φορὰ ποὺ πήγαινε στὸ ἐξωτερικὸ ἀγόραζε ἕνα φόρεμα.

Κάθε φορὰ ποὺ τηλεφωνοῦσε εἴμουνα ἔξω.
Κάθε φορὰ ποὺ ἔβλεπε τὴν Ἀντιγόνη τῆς ἔκανε τὴν ἴδια ἐρώτηση.

Grammar: The past continuous

The past continuous (imperfect) corresponds to the English past continuous: ἔ-πια-να can be translated by I was catching, I used to catch or sometimes, I caught.

The past continuous is formed by changing the present indicative as follows:

1 a letter ε is sometimes prefixed.
2 the endings change as follows:

	Present indicative	*Past continuous*
1st conjugation	πιάν-ω	ἔ-πιαν-α
	πιάν-εις	ἔ-πιαν-ες
	πιάν-ει	ἔ-πιαν-ε
	πιάν-ουμε, ομε	πιάν-αμε
	πιάν-ετε	πιάν-ατε
	πιάν-ουνε, ουν	πιάν-ανε or ἔπιαναν
2nd conjugation	μιλ-ῶ	μιλ-οῦσα or μίλ-αγα
	μιλ-ᾶς	μιλ-οῦσες, μίλ-αγες
	μιλ-ᾶ	μιλ-οῦσε, μίλ-αγε
	μιλ-ᾶμε	μιλ-ούσαμε, μιλ-άγαμε
	μιλ-ᾶτε	μιλ-ούσατε, μιλ-άγατε
	μιλ-ᾶν(ε)	μιλ-ούσανε, μιλ-άγαν(ε)

Note that the accent shifts back one or two syllables in the past continuous: πιάνω, ἔπιανα, μιλῶ, μιλοῦσα, μίλαγα, μπορῶ, μποροῦσα, μπόραγα.

The past continuous is used to denote a past action either incomplete or repetitive. You will notice that the past continuous and all other continuous tenses call for some qualifying word or phrase in the sentence to indicate the repetition or the set time in the past when the action was in progress. The most frequently used words or phrases are the following:

πάντα	always	κάθε μέρα	every day
κάθε φορὰ ποὺ	each time	κάθε χρόνο	every year
κάθε μήνα	every month	συχνὰ	often
κάθε βδομάδα	every week		

Πίναμε γάλα κάθε μέρα. We used to drink milk every day.

Note the following special use of the past continuous preceded by νὰ or ἄς.

If only I could go to the theatre!	Νὰ πήγαινα στὸ θέατρο!
If only I were beautiful !	Ἄς εἴμουνα ὡραία!
Could he have been there?	Νὰ εἴτανε ἐκεῖ;

Conditional

The conditional is formed with θὰ and the past continuous.

θὰ ἔπιανα   I should catch

θὰ πήγαινα   I should go
θὰ μιλοῦσα or θὰ μίλαγα   I should talk
ˇΑν μποροῦσα θὰ **πήγαινα** στὸ πάρτυ, if I had been able I
should have gone to the party.

List of verbs

Present	Past continuous	Conditional
λέω, λέγω	ἔ-λεγ-α	θὰ ἔλεγα
βλέπω	ἔ-βλεπ-α	θὰ ἔβλεπα
τρώω, τρώγω	ἔ-τρωγ-α	θὰ ἔτρωγα
παίρνω	ἔ-παιρν-α	θὰ ἔπαιρνα
μένω	ἔ-μεν-α	θὰ ἔμενα
βρίσκω	ἔ-βρισκ-α	θὰ ἔβρισκα
βγαίνω	ἔ-βγαιν-α	θὰ ἔβγαινα
κλαίω	ἔ-κλαιγ-α	θὰ ἔκλαιγα
καίω	ἔ-καιγ-α	θὰ ἔκαιγα
χάνω	ἔ-χαν-α	θὰ ἔχανα
τρέχω	ἔ-τρεχ-α	θὰ ἔτρεχα
φέρνω, φέρω	ἔ-φερν-α	θὰ ἔφερνα
ψάχνω	ἔ-ψαχν-α	θὰ ἔψαχνα
στέλνω	ἔ-στελν-α	θὰ ἔστελνα
πηγαίνω, πάω	πήγαιν-α	θὰ πήγαινα
ἀκούω	ἄκουγ-α	θὰ ἄκουγα
ἀγοράζω	ἀγόραζ-α	θὰ ἀγόραζα
δουλεύω	δούλευ-α	θὰ δούλευα
ἀνοίγω	ἄνοιγ-α	θὰ ἄνοιγα
μιλῶ	μιλ-οῦσα	θὰ μιλοῦσα
ρωτῶ	ρωτ-οῦσα	θὰ ρωτοῦσα
μπορῶ	μπορ-οῦσα	θὰ μποροῦσα
πεινῶ	πειν-οῦσα	θὰ πεινοῦσα
γελῶ	γελ-οῦσα	θὰ γελοῦσα
παρακαλῶ	παρακαλ-οῦσα	θὰ παρακαλοῦσα

21 ΕΙΚΟΣΤΟ ΠΡΩΤΟ ΜΑΘΗΜΑ

Λεξιλόγιο

ἀπάντησε, ἀπαντῆστε   answer (*imperative*)
ἀπαντῶ, ἀπάντησα   I answer

ἡ ἀπελπισία	despair
ἀπέναντι	opposite
ἀσφαλῶς	certainly
γιὰ μένα	for me
ἡ δυσκολία	difficulty
ἡ ἐξυπηρέτηση or -ις	assistance
ἐξυπηρετῶ, ἐξυπηρέτησα	I serve, assist
τὸ ἐξωτερικὸ	abroad
τὸ ἐσωτερικὸ	interior
ἡ εὐκολία	convenience
εὔκολος, η, ο	easy
ἡ κάρτα	postcard
κατάματα	straight in the eyes
μέσα του	to himself
μπαίνω, μπῆκα	I enter, go in
μπὲς, μπέστε, μπεῖτε	enter (imperative)
νὰ σᾶς ἐξυπηρετήσω	can I help you?
ξαπλώνω, ξάπλωσα	I lie down
πάλι(ν)	again
ὁ πελάτης	client
τὸ πράγμα	thing
σπασμένος, η, ο	broken
σχετικὸ μὲ	in connection with
φτάνω, ἔφτασα	I arrive, arrived
ἡ χειρονομία	gesture
χάνω, ἔχασα	I lose

Συνδιάλεξη

'Αλ. 'Ακοῦστε ἕνα ἄλλο σχετικὸ μ'αὐτό.
"Ἕνας φτάνει στὴν Ἑλλάδα καὶ ξέρει πολὺ λίγα Ἑλληνικά. 'Απέναντι ἀπ'τὸ σταθμό τοῦ τραίνου ὑπάρχει ἕνα μικρὸ ξενοδοχεῖο καὶ στὸ παράθυρό του, ὁ ξένος βλέπει μιὰ κάρτα ποὺ ἔγραφε. " 'Εδῶ μιλᾶμε ὅλες τὶς γλῶσσες. " 'Εδῶ θὰ εἶναι πολὺ καλὰ γιὰ μένα, εἶπε μέσα του, καὶ μπῆκε μέσα στὸ ξενοδοχεῖο. " Καλημέρα σας, " εἶπε στὸν ξενοδόχο. " Καλημέρα σας, κύριε, πῶς μπορῶ νὰ σᾶς ἐξυπηρετήσω;" " "Ἔχετε ἐλεύτερα δωμάτια, σᾶς παρακαλῶ;" ρώτησε στὰ 'Αγγλικά. Ὁ ξενεδόχος τὸν κοίταξε κατάματα καὶ δὲν

ἀπάντησε. Ἀσφαλῶς δὲ θὰ καταλαβαίνει Ἀγγλικὰ ἄς τοῦ μιλήσω Γαλλικά, σκέφτηκε. "Avez-vous une chambre, s'il vous plaît?" Ὁ ξενοδόχος τὸν κοίταξε καὶ πάλιν καὶ ἔκανε μιὰ χειρονομία ἀπελπισίας. Εἶναι πολὺ δύσκολα τὰ πράγματα ἐδῶ, σκέφτηκε ὁ ξένος, καὶ ἔκανε κι'αὐτὸς μία χειρονομία ἀπελπισίας. Δὲν ἔχασε ὅμως τὸ θάρρος του καὶ ἔκανε ἀκόμα μιὰ ἄλλη προσπάθεια. "Καλά, κύριε, ποιὸς μιλᾶ ὅλες τὶς γλῶσσες ἐδῶ μέσα; " εἶπε μὲ τὰ σπασμένα του Ἑλληνικά. " Οἱ πελάτες βεβαίως " εἶπε ὁ ξενοδόχος, χαμογελώντας !

Ζωή   Θαυμάσιο ἀστεῖο.
Πέτ.   Πολὺ καλό, πολὺ καλό!

Πραχτικὴ ἐξάσκηση

1 Θὰ περάσει ἀπὸ τὸ σπίτι μου αὔριο;	Νομίζω ὅτι θὰ περάσει.
Θὰ φύγει αὔριο τὸ πρωῖ;	Νομίζω ὅτι θὰ φύγει σήμερα.
Θὰ γυρίσει ἀργὰ ἀπόψε;	Νομίζω ὅτι θὰ γυρίσει νωρὶς ἀπόψε.
Θὰ παραγγείλει κρέας γιὰ τὴν Κυριακὴ;	Νομίζω ὅτι δὲ θὰ παραγγείλει κρέας.
2 Πότε θὰ ἀπαντήσετε στὸ γράμμα του;	Θ'ἀπαντήσω τὴν ἄλλη βδομάδα.
Πότε θὰ φτάσετε στὸ Λονδίνο;	Θὰ φτάσω τὴν Πέμπτη.
Πότε θὰ πᾶτε στὸν κινηματόγραφο;	Θὰ πάω στὸν κινηματόγραφο ἀπόψε.
Πότε θὰ δεῖτε τόν Πέτρο;	Θὰ δῶ τὸν Πέτρο αὔριο τὸ βράδι.
3 Θὰ φᾶς στὸ ἐστιατόριο ἀπόψε;	Δὲν ξέρω. Ἴσως φάω.
Θᾶ πᾶς στὸν κινηματόγραφο ἀπόψε;	Δὲν ξέρω. Ἴσως πάω.
Θὰ περιμένεις τὴ Ζωὴ;	Δὲν ξέρω. Ἴσως τὴν περιμένω.
Θὰ καπνίσεις ἄλλο ἕνα τσιγάρο;	Δὲν ξέρω. Ἴσως καπνίσω.

4 Θὰ ἀκούσετε μουσικὴ ἀπό-   Δὲν ξέρω. Ἴσως ἀκούσουμε.
  ψε;

  Θὰ δοκιμάσετε τὸ ἑλληνικὸ   Δὲν ξέρω. Ἴσως τὸ δοκι-
  κρασί;   μάσουμε.

  Θὰ κάνετε μπάνιο;   Δὲν ξέρω. Ἴσως κάνουμε.

  Θὰ φύγετε ἀπόψε;   Δὲν ξέρω. Ἴσως φύγουμε.

5 Λένε, ὅτι δὲ δουλεύεις ποτὲ   Περίεργο ! Δουλεύω πάντα
  πολύ.   πολύ.

  Λένε, ὅτι δὲν καπνίζεις   Περίεργο ! Καπνίζω πάντα
  ποτὲ πολύ.   πολύ.

  Λένε, ὅτι δὲν τρῶς ποτὲ   Περίεργο ! Τρώω πάντα πο-
  πολύ.   λύ.

  Λένε, ὅτι δὲν πίνεις ποτὲ   Περίεργο ! Πίνω πάντα πο-
  πολύ.   λύ.

6 Ἀπάντησέ μου γρήγορα.   Θὰ σοῦ ἀπαντήσω ἀμέσως.

  Μπὲς μέσα.   Θὰ μπῶ σὲ λίγο.

  Ἄναψε τὸ φῶς.   Θὰ ἀνάψω τὸ φῶς.

  Βγάλε τὸ παλτό σου.   Θὰ βγάλω τὸ παλτό μου σὲ
  λίγο.

  Σβῆσε τὸ φῶς.   Θὰ σβήσω τὸ φῶς.

Fluency practice

1 Form the future continuous and future simple of the
following verbs:
διαβάζω, στέλνω, πληρώνω, ἀγοράζω, καπνίζω, περνῶ,
παίρνω, πουλῶ, πηγαίνω

2 Write the following sentences putting the verbs in all per-
sons:
Θὰ διαβάζω τὴν ἐφημερίδα μου κάθε πρωΐ. Θὰ διαβάσω
τὴν ἐφημερίδα μου.

3 Write sentences using the following verbs:
θὰ ἀγοράζω, θὰ ἀγοράσω, θὰ περνῶ, θὰ περάσω, θὰ δουλεύω,
θὰ δουλέψω.

4 Put the verbs in brackets in the appropriate future tense.
Τὸ πλοῖο τῆς Πάρου (φτάνω) σὲ τρεῖς ὥρες.
Τὸ πλοῖο τῆς Πάρου (φεύγει) στὴ μία ἡ ὥρα.
Τὸ πλοῖο τῆς Πάρου (σταματῶ) στὴν Ὕδρα.

Οἱ τράπεζες (πληρώνω) κάθε πρώτη τοῦ μήνα (μηνός).
Οἱ τράπεζες (κλείνω) κάθε Σαββάτο.
Οἱ τράπεζες (ἀνοίγω) κάθε ἀπόγευμα ἀπὸ τὶς τρεῖς ὡς τὶς ἕξι.

5 Put the verbs in brackets in the future, second person singular.
(Τηλεφωνῶ) στὴ Μαρία σήμερα;
(᾿Αγοράζω) παπούτσια αὔριο;
(᾿Εξυπηρετῶ) τὴ Ζωή;

6 Put the verbs in brackets in the future, second person plural.
(Βλέπω) τὸν Πέτρο αὔριο τὸ βράδι;
(Τρώγω) στὸ ξενοδοχεῖο σου ἀπόψε;
(Πηγαίνω) περίπατο;

7 Make the following sentences negative.
Ὁ Πέτρος θὰ βγεῖ ἔξω σήμερα.
Ἡ Ζωὴ θὰ πληρώσει τὸ λογαριασμὸ μας.
Ὁ ᾿Αλέξαντρος θὰ ἀγοράσει τὰ εἰσιτήρια γιὰ τὸ θέατρο.

8 Decline the following phrases:
ὁ γλυκὸς καφὲς, ἡ ἀστυνομία ἀλλοδαπῶν, ὁ τελωνιακὸς ὑπάλληλος

Grammar: Future tenses

There are two distinct forms of the future tense, the future continuous and the future simple.

The future continuous is formed with θὰ followed by the present indicative:

θὰ πιάνω I shall be taking	θὰ μιλῶ I shall be speaking
θὰ πιάνεις	θὰ μιλᾶς
θὰ πιάνει	θὰ μιλᾶ
θὰ πιάνουμε	θὰ μιλᾶμε
θὰ πιάνετε	θὰ μιλᾶτε
θὰ πιάνουν(ε)	θὰ μιλᾶν(ε)

The future simple is formed with θὰ followed by the indefinite, see page 170.

θὰ πιάσω I shall take	θὰ μιλήσω I shall speak
θὰ πιάσεις	θὰ μιλήσεις
θὰ πιάσει	θὰ μιλήσει

θὰ πιάσουμε   θὰ μιλήσουμε
θὰ πιάσετε   θὰ μιλήσετε
θὰ πιάσουν(ε)   θά μιλήσουν(ε)

The future continuous is used when the future action is incomplete or repetitive, e. g. Τὸ πραχτορεῖο θ'ἀνοίγει κάθε μέρα στὶς πέντε ἡ ὥρα. The travel agency will open at five o'clock every day.

The future simple is used when the future action is complete, e. g. Τὸ πραχτορεῖο θ'ἀνοίξει αὔριο στὶς πέντε ἡ ὥρα. The travel agency will open at five o'clock tomorrow.

List of verbs

Present	indicative	Future continuous	Future simple
ἀκούω	I hear, listen	θὰ ἀκούω	θὰ ἀκούσω
χάνω	I lose, miss	θὰ χάνω	θὰ χάσω
ἀγοράζω	I buy	θὰ ἀγοράζω	θὰ ἀγοράσω
κόβω	I cut	θὰ κόβω	θὰ κόψω
γράφω	I write	θὰ γράφω	θὰ γράψω
παύω	I stop	θὰ παύω	θὰ πάψω
δουλεύω	I work	θὰ δουλεύω	θὰ δουλέψω
ἀνοίγω	I open	θὰ ἀνοίγω	θὰ ἀνοίξω
τρέχω	I run	θὰ τρέχω	θὰ τρέξω
ψάχνω	I search (for)	θὰ ψάχνω	θὰ ψάξω
μιλῶ	I speak, talk	θὰ μιλῶ	θὰ μιλήσω
γελῶ	I laugh	θὰ γελῶ	θὰ γελάσω
μπορῶ	I can	θὰ μπορῶ	θὰ μπορέσω
στέλνω	I send	θὰ στέλνω	θὰ στείλω
φέρνω	I bring	θὰ φέρνω	θὰ φέρω

Irregular futures

βλέπω	I see	θὰ βλέπω	θὰ (ἰ)δῶ
βγαίνω	I go out	θὰ βγαίνω	θὰ βγῶ
λέγω	I say, tell	θὰ λέγω	θὰ πῶ
βρίσκω	I find	θὰ βρίσκω	θὰ βρῶ
μπαίνω	I come in	θὰ μπαίνω	θὰ μπῶ
πηγαίνω	I go	θὰ πηγαίνω	θὰ πάω
πίνω	I drink	θὰ πίνω	θὰ πιῶ
τρώγω	I eat	θὰ τρώγω	θὰ φάω

Some irregular verbs

The futures θὰ (ἰ)δῶ, βγῶ, μπῶ, πιῶ conjugate like πῶ.
The future θὰ φάω conjugates like πάω.

Future simple

θὰ πῶ	θὰ πάω
θὰ πεῖς	θὰ πᾶς
θὰ πεῖ	θὰ πάει
θὰ ποῦμε	θὰ πᾶμε
θὰ πεῖτε	θὰ πᾶτε
θὰ ποῦν(ε)	θὰ πᾶν(ε)

22 ΕΙΚΟΣΤΟ ΔΕΥΤΕΡΟ ΜΑΘΗΜΑ

Λεξιλόγιο

'Αθηναῖος, α, ο	Athenian
ἀνέβα, ἀνεβεῖτε	go up (*imperative*)
ἀποφασίζω, ἀποφάσισα	I decide, decided
γρήγορα γρήγορα	very quickly
ἔλα, ἐλᾶτε	come (*imperative*)
κατεβαίνω, κατέβηκα	I come, came down
κατέβα, κατεβεῖτε	come down (*imperative*)
μὲ συγχωρεῖτε	excuse me
τὸ μολύβι	pencil
ν'ἀνοίξω;	shall I open ?
νὰ τοὺς δῶ	to see them
ξεκινῶ, ξεκίνησα	I start off
ξέχασε, ξεχάστε	forget (*imperative*)
ξεχνῶ, ξέχασα	I forget, forgot
ὄχι δά!	not really
ἡ πέννα	pen
περίεργο!	strange!
ποτὲ σας	ever (in your life)
πρέπει, ἔπρεπε	it is necessary
τὸ σταυρόλεξό	crossword puzzle
ἡ φράση or -ις	phrase
φτειάχνω, ἔφτιαξα	I make, made
χάλασε, χαλάστε	change (money) (*imperative*)
χαλῶ, χάλασα	I change; spoil
τὰ χρόνια	years

Συνδιάλεξη

Ὁ Πέτρος μιὰ μέρα ἀποφάσισε νὰ πάει ἕνα ταξίδι στὴν Κόρινθο μόνος του. Ἔφτασε στὸ σταθμὸ ὅταν ξεκινοῦσε τὸ τραῖνο, ἀνέβηκε γρήγορα γρήγορα καὶ ρώτησε ἕνα ἐπιβάτη.

Πέτ. Συγγνώμη, κύριε, εἶναι ἄδεια αὐτὴ ἡ θέση;

Ἐπ. Νομίζω ὅτι εἶναι ἄδεια.

Πέτ. Σᾶς εὐχαριστῶ πολύ. Κάνει ὡραία μέρα σήμερα.

Ἐπ. Ναί, πολὺ ὡραία. Κάνει ὅμως λίγη ζέστη.

Πέτ. Ν'ἀνοίξω τὸ παράθυρο;

Ἐπ. Ἄν θέλετε, Δὲ μὲ πειράζει. Εἶσαστε ξένος; Ἀπὸ ποῦ εἴσαστε;

Πέτ. Εἶμαι ἀπ'τὴν Ἀγγλία. Ἔχετε πάει ποτὲ σας στὴν Ἀγγλία;

Ἐπ. Δυστυχῶς ὄχι. Ἔχω πάει στὴν Ἀμερικὴ πολλὲς φορές. Ποῦ πηγαίνετε τώρα;

Πέτ. Πηγαίνω στὴν Κόρινθο. Ἔχω ἐκεῖ κάτι φίλους καὶ πάω νὰ τοὺς δῶ.

Ἐπ. Θὰ πᾶτε νὰ δεῖτε τὰ ἀρχαῖα;

Πέτ. Θὰ πάω ἄν καὶ τὰ ἔχω ἤδη ἰδεῖ.

Ἐπ. Σᾶς ἀρέσουνε τὰ σταυρόλεξα;

Πέτ. Μάλιστα. Μοῦ ἀρέσουνε πολύ.

Ἐπ. Θέλω μία λέξη ποὺ νὰ πηγαίνει ἐδῶ.

Πέτ. Δρόμος.

Ἐπ. Ὄχι, ἡ λέξη αὐτὴ ἔχει ἕξι γράμματα.

Πέτ. Λεωφόρος.

Ἐπ. Ὄχι, ἔχει ὀχτὼ γράμματα. Θέλω μία ποὺ νὰ ἔχει τέσσερα γράμματα.

Πέτ. Ὁδός.

Ἐπ. Μπράβο! Ναί, αὐτὴ εἶναι. Τὰ Ἑλληνικά σας εἶναι πολὺ καλά.

Πέτ. Ὄχι δά!

Πραχτικὴ ἐξάσκηση

1 Ἔχετε ἀνοίξει τὴν πόρτα;   Δὲν ἔχω ἀνοίξει τὴν πόρτα ἀκόμα.

Ἔχετε ἀνεβεῖ στὴν Ἀκρόπολη;   Δὲν ἔχω ἀνεβεῖ στὴν Ἀκρόπολη ἀκόμα.

Ἔχετε πάει στὸ Σούνιο;   Δὲν ἔχω πάει στὸ Σούνιο ἀκόμα.

Ἔχετε φάει;   Δὲν ἔχω φάει ἀκόμα.

2 Ποιὸς ἔχει χάσει τὴ βαλίτσα του;
Ποιὸς ἔχει ξεχάσει τὸ διαβατήριό του;
Ποιὸς ἔχει ἀνάψει τσιγάρο;
Ποιὸς ἔχει φάει καλαμαράκια;

Κανένας δὲν ἔχει χάσει τή βαλίτσα του.
Κανένας δὲν ἔχει ξεχάσει τὸ διαβατήριό του.
Κανένας δὲν ἔχει ἀνάψει τσιγάρο.
Κανένας δὲν ἔχει φάει καλαμαράκια.

3 Γιω̣τὶ δὲν ἀγοράσατε παπούτσια;
Γιατὶ δὲν ψάξατε γιὰ τὸ πορτοφόλι μου;
Γιατὶ δὲν κατεβήκατε στὴν πόλη;
Γιατὶ δὲ φάγατε πρὶν ἔρθετε;

Δὲν ἀγοράσαμε γιατὶ δὲ μπορέσαμε.
Δὲν ψάξαμε γιατὶ δὲ μπορέσαμε.
Δὲν κατεβήκαμε γιατὶ δὲ μπορέσαμε.
Δὲ φάγαμε γιατὶ δὲ μπορέσαμε.

4 Δὲν κάνετε ποτὲ μπάνιο;
Δὲν πίνετε ποτὲ ἑλληνικὸ κρασί;
Δὲν καπνίζετε ποτὲ ἀγγλικά τσιγάρα;
Δὲν ταξιδεύετε ποτὲ μὲ ἀεροπλάνο;

Δὲν ἔχω κάνει ποτὲ μπάνιο.
Δὲν ἔχω πιεῖ ποτὲ ἑλληνικὸ κρασί.
Δὲν ἔχω καπνίσει ποτὲ ἀγγλικὰ τσιγάρα.
Δὲν ἔχω ταξιδέψει ποτὲ μὲ ἀεροπλάνο.

5 Ὑπάρχει κανένα μαχαίρι;
Ὑπάρχει κανένα κουτὶ σπίρτα;
Ὑπάρχουνε μερικὰ σεντόνια;
Ὑπάρχουνε ἀπ'ὅλα;

Ἐλπίζω ὅτι θὰ ὑπάρχει ἕνα.
Ἐλπίζω ὅτι θὰ ὑπάρχει ἕνα.
Ἐλπίζω ὅτι θὰ ὑπάρχουνε μερικά.
Ἐλπίζω ὅτι θὰ ὑπάρχουνε ἀπ'ὅλα.

6 Ἔχεις μάθει τὰ νέα τοῦ Πέτρου;
Ἔχεις βγάλει εἰσιτήρια γιὰ τὸ θέατρο;
Ἔχεις στείλει τὸ γράμμα;
Ἔχεις πάρει ὅλα τὰ πράγματά σου;

Δὲν ἔχω μάθει τίποτα.
Δὲν ἔχω βγάλει ἀκόμα.
Δὲν ἔχω στείλει τὸ γράμμα.
Δὲν ἔχω πάρει τίποτα.

Fluency practice

1   Put the verbs in brackets in their correct form:
Ἔχεις (τρώγω) ποτὲ σου ταραμοσαλάτα;
Ἔχετε (πίνω) ποτὲ σας οὖζο;
Ἔχουνε (πηγαίνω) ποτὲ τους σ'ἕνα ὑπαίθριο κινηματόγραφο;
Ἔχει (δοκιμάζω) ποτὲ του τὸ ντόπιο κρασί;
Ἔχει (καπνίζω) ποτὲ της ἑλληνικὰ τσιγάρα;
Πέρυσι τὸ Σεπτέμβριο εἶχε (ἀγοράζω) τὸ αὐτοκίνητό του.
Πέρυσι εἶχα (γυρίζω) ἀπ'τὴν Ἑλλάδα τὸν Ἰούλιο.
Πέρυσι τέτοιο καιρὸ εἴχανε (πουλῶ) τὸ αὐτοκίνητό τους.
Πέρυσι τέτοιο καιρὸ εἴχαμε (φεύγω) ἀπ'τὴν Ἑλλάδα.
Ξέραμε ὅτι εἴχαμε (χάνω) τὸ τραῖνο.

2   Write the following sentences putting the verbs in all persons.
Ἔχω ξεχάσει τὰ Ἑλληνικὰ μου τελείως. Εἶχα ξεχάσει τὴν τσάντα μου στὸ τραῖνο.

3   Write the perfect and pluperfect of the following verbs:
ἀνεβαίνω, κατεβαίνω, φτειάχνω, χαλῶ, ρωτῶ, κάνω, ἀνοίγω, μαθαίνω, φτάνω, τρώγω, ἀκούω, βγαίνω, μπαίνω, ἀπαντῶ, ἐξυπηρετῶ, διαβάζω

4   Put the verbs in brackets in the appropriate past tense.
Ὅταν εἴμουνα στὴν ἐξοχὴ (κατεβαίνω) στὴν πόλη κάθε μέρα.
(Μπαίνω) στὸ τραῖνο καὶ ἀμέσως (ἀνοίγω) τὸ παράθυρο.
Πέρυσι (χαλῶ) πολλὰ λεφτά, ἐφέτος δὲ χαλᾶμε πολλά.
(Ἀγοράζω) ὡραῖα σταφύλια χτὲς τὸ πρωΐ.
Αὐτὸ τὸ ξενεδοχεῖο μᾶς (ἐξυπηρετῶ) πολὺ (εἶμαι) στὸ κέντρο τῆς πόλης.
Ὁ ἐφημεριδοπώλης (φέρνω) τὴν ἐφημερίδα μου σήμερα στὶς δέκα ἡ ὥρα.
Στὸ ξενοδοχεῖο ποὺ μένω (σερβίρω) πρωϊνὸ στὶς δέκα ἡ ὥρα.
Χτὲς (χάνω) τὸ τραῖνο μου.
Τόν τελευταῖο καιρὸ (χάνω) τὸ τραῖνο μου πολὺ συχνά.

5   Γράψτε μιὰ ἔκθεση μὲ 100 λέξεις καὶ μὲ θέμα "οἱ περσινὲς διακοπὲς μου"

Grammar: The perfect and pluperfect tenses
The perfect is formed with the verb ἔχω I have, followed by an invariable form, derived from the indefinite stem plus ending ει, e.g. πιάσ-ει.

ἔχω	πιάσει	I have caught	ἔχω	μιλήσει	I have talked
ἔχεις	πιάσει		ἔχεις	μιλήσει	
ἔχει	πιάσει		ἔχει	μιλήσει	
ἔχουμε	πιάσει		ἔχουμε	μιλήσει	
ἔχετε	πιάσει		ἔχετε	μιλήσει	
ἔχουν(ε)	πιάσει		ἔχουν(ε)	μιλήσει	

Τοῦ ἔχω μιλήσει γιὰ τὰ σχέδιά μου. I have talked to him about my plans.

The perfect is not used as much in Greek as in English, the aorist being used instead, e.g. Ἡ ἄνοιξη ἔφτασε, spring has come.

The pluperfect is formed with εἶχα I had, followed by the same form as above.

εἶχα	πιάσει	I had caught	εἶχα	μιλήσει	I had talked
εἶχες	πιάσει		εἶχες	μιλήσει	
εἶχε	πιάσει		εἶχε	μιλήσει	
εἴχαμε	πιάσει		εἴχαμε	μιλήσει	
εἴχατε	πιάσει		εἴχατε	μιλήσει	
εἶχαν(ε)	πιάσει		εἶχαν(ε)	μιλήσει	

Τοῦ εἶχα μιλήσει γιὰ τὰ σχέδιά μου. I had talked to him about my plans.

23 ΕΙΚΟΣΤΟ ΤΡΙΤΟ ΜΑΘΗΜΑ

Λεξιλόγιο

ἡ ἀγορὰ	market
Ἀληθῶς ἀνέστη	He is risen indeed
ἡ ἀπόφαση or -ις	decision
τὸ ἀρνὶ	lamb
τὸ αὐγὸ	egg
βάφω, ἔβαψα	I dye
γάλλος, γαλλοποῦλα	turkey (m. and f.)
γιορτάζεται	it is celebrated
ἡ γιορτὴ or ἑορτὴ	festival
διασκεδάζω διασκέδασα	I enjoy myself
ἡ διασκέδαση or -ις	entertainment
ἡ ἐκκλησία	church

ἰδιαίτερα	especially
τὰ κουλούρια	pastries
τὸ μαγαζὶ	shop
μαζεύεται	assembles
ἡ μεγαλοπρέπεια	grandeur
ἡ οἰκογένεια	family
οἰκογενειακὸς, ἡ, ὁ	family (adj.)
Ὀρθόδοξος, η, ο	Orthodox
παρόμοιος, α, ο	similar
τὸ Πάσχα	Easter
πασχαλινός, ἡ, ὁ	Easter (adj.)
σὰν	like; when; if
ἡ σούβλα	spit
τελείως	completely
τσουγκρίζω, τσούγκρισα	I knock; clink
χριστιανικός, ἡ, ὁ	Christian
Χριστὸς ἀνέστη	Christ is risen
τὰ Χριστούγεννα	Christmas
Χριστουγεννιάτικος, η, ο,	Christmas (adj.)

Συνδιάλεξη

Ζωὴ Ἀλέξαντρε, ποῦ μπορῶ ν'ἀγοράσω κάρτες;

Ἀλ. Στὰ περίπτερα. Τὶ κάρτες θέλεις;

Ζωὴ Πασχαλινὲς κάρτες. Ἔχουμε μερικοὺς φίλους Ἕλληνες στὴν Ἀμερικὴ καὶ πάντα τοὺς στέλνω κάρτα γιὰ τὸ Πάσχα.

Ἀλ. Θέλω ν'ἀγοράσω κι'ἐγὼ μερικές. Πᾶμε κάτω στὴν πόλη. Ἔχουνε καλύτερες κάρτες ἐκεῖ.

Ζωὴ Τὸ Πάσχα εἶναι μεγάλη γιορτὴ γιὰ σᾶς τοὺς Ἕλληνες. Δὲν εἶναι ἔτσι;

Ἀλ. Ναί, εἶναι μιὰ μεγάλη οἰκογενειακὴ γιορτή. Γιορτάζεται μὲ μεγαλύτερη μεγαλοπρέπεια καὶ στὴν ἐκκλησία καὶ στὸ σπίτι. Τὸ "Πασχαλινὸ φαγητὸ" εἶναι παρόμοιο μὲ τὸ Χριστουγενιάτικο τὸ δικό σας, μὲ μία διαφορά, ὅτι ἀντὶ γάλλο τρῶμε ἀρνὶ ψητό. Ἐπίσης βάφουμε κόκκινα αὐγὰ καὶ φτειάχνουμε κουλουρια. Ὅταν ἐπισκεφτεῖς μιὰ ἑλληνικὴ οἰκογένεια αὐτὲς τὶς μέρες, θὰ σοῦ δώσει αὐγὸ κόκκινο καὶ κου-

λούρι. Ξέρεις τί λέει ὁ ἕνας στὸν ἄλλο ὅταν τσουγ-
κρίζουνε τὰ αὐγά;
Ζωή   Ὄχι, δὲν ξέρω. Τί λένε;
'Αλ.   Ὁ ἕνας λέει "Χριστὸς ἀνέστη" καὶ ὁ ἄλλος ἀπαντᾶ
"'Αληθῶς ἀνέστη".   Εἶναι ἕνας πασχαλινὸς χαιρε-
τισμός. Στὰ χωριά, ἰδιαίτερα, τὸ Πάσχα εἶναι πολὺ
ὄμορφο. Στὴν πλατεία τοῦ χωριοῦ ψήνουνε ὁλόκ-
ληρα ἀρνιὰ στὴ σούβλα, καὶ ὅλο τὸ χωριὸ μαζεύεται
γιὰ νὰ φάει καὶ νὰ διασκεδάσει.
Ζωή   Πολὺ ὡραία συνήθεια!
Πέτ.   Δὲν πηγαίνουμε σ'ἕνα χωριὸ τὸ Πάσχα;
Ζωή   Θαυμάσια ἰδέα. Τί λὲς κι'ἐσύ, 'Αλέξαντρε;
'Αλ.   Πᾶμε.

Πρακτικὴ ἐξάσκηση

1 Πῶς σὲ λένε;   Μὲ λένε Πέτρο.
  Πῶς τὸν λένε;   Τὸν λένε 'Αλέξαντρο.
  Πῶς τὴν λένε;   Τὴν λένε Ζωή.
  Πῶς σᾶς λένε;   Μὲ λένε 'Αντιγόνη.
  Πῶς τοὺς λένε;   Τοὺς λένε Πέτρο καὶ Ζωή.
  Πῶς τὸ λένε αὐτό;   Τό λένε ποτήρι.

2 Πότε τὸ ἄκουσες;   Τὸ ἄκουσα μιὰ βδομάδα
                                           πρίν.
  Πότε τὸ τελείωσες;   Τὸ τελείωσα τρεῖς μέρες
                                           πρίν.
  Πότε τὸ ἄλλαξες;   Τὸ ἄλλαξα ἕνα μήνα πρίν.
  Πότε τὸ ἔφτειαξες;   Τὸ ἔφτειαξα ἕνα χρόνο
                                           πρίν.

3 Πότε τὸν ρωτήσατε;   Δὲν τὸν ρώτησα ποτέ.
  Πότε τοὺς ἐξυπηρετή-   Δὲν τοὺς ἐξυπηρέτησα ποτέ.
  σατε;
  Πότε τὴν εἴδατε;   Δὲν τὴν εἶδα ποτέ.
  Πότε μὲ εἴδατε;   Δὲ σᾶς εἶδα ποτέ.

4 Εἴδατε ἐμένα χτές;   Ναί, ἐσένα εἶδα.
  Τό δώσατε σ'αὐτήν;   Ναί, τὸ ἔδωσα σ'αὐτήν.
  Τό πήρατε ἀπὸ μένα;   Ναί, τὸ πῆρα ἀπὸ σένα.
  Τό ἀγόρασες γι' αὐτούς; Ναί, τὸ ἀγόρασα γι' αὐτούς.

5 Φέρτε το σὲ μένα.   Καλά, θὰ τὸ φέρω σὲ σένα.
  Πέστε το στὴ Ζωή.   Καλά, θὰ τὸ πῶ στὴ Ζωή.
  Ἀγοράστε το γιὰ μένα.   Καλά, θὰ τὸ ἀγοράσω γιὰ
                             σένα.
  Φτειάξτε το.   Καλά, θὰ τὸ φτειάξω.

6 Θὰ τὸ φτειάξετε σήμερα   Δὲ θὰ τὸ φτειάξω σήμερα.
  Θὰ τὸ δεῖτε σήμερα   Δὲ θὰ τὸ δῶ σήμερα.
  Θὰ τὴν γνωρίσετε ὅταν;   Δὲ θὰ τὴν γνωρίσω ὅταν
    τὴν δεῖτε;   τὴν δῶ.
  Θὰ τοὺς ρωτήσετε ὅταν;   Δὲ θὰ τοὺς ρωτήσω ὅταν
    τοὺς δεῖτε;   τοὺς δῶ.

Fluency practice

1 Translate into Greek:
Have you seen the Acropolis yet?   I have seen it.
Have you seen the Parthenon yet?   I have seen it.
Have you seen the harbour yet?   I have seen it.
Have you seen Alexander and Zoe yet?   I have seen them.
Have you seen Mary and Antigone yet?   I have seen them.
Have you paid us yet?   I have paid you.
Have you paid me yet?   I have paid you.

2 Answer the following questions using a pronoun.
Βρήκατε μήπως τὴν τσάντα μου;
Βρήκατε μήπως τὰ λεφτά μου;
Βρήκατε μήπως τὶς κάρτες μου;
Βρήκατε μήπως τὸ διαβατήριό μου;

3 Γράψτε μιὰ ἔκθεση μὲ 150 λέξεις καὶ μὲ θέμα: ''Τὰ
Χριστούγεννα στὴ χώρα μου ''.

4 Put the verbs in brackets in the appropriate tense and
person.
Ὅταν (τρώω) πολύ, παχαίνω.
Ὅταν (καπνίζω) πολύ, μὲ πονᾶ ὁ λαιμὸς μου.
Ὅταν (πηγαίνω) στὸ σταθμὸ συναντήσαμε τὴ Ζωή.
Ὅταν (ἀγοράζω) τὶς κάρτες εἴδαμε τὸν Πέτρο.
Ὅταν (βλέπω) τὸν Πέτρο μὲ ρώτησε γιὰ σένα.
Ὅταν (φεύγω) ὁ Πέτρος καὶ ἡ Ζωή λυπήθηκα πολύ.
Ὅταν (πηγαίνω) στὰ μαγαζιὰ θ'ἀγοράσω ἕνα ἄλλο πορτοφόλι.
Ὅταν (φεύγω) ὁ Πέτρος θὰ σοῦ φέρω τὸ κρεββάτι πίσω.

5 Περιγράψτε τί κάνανε καὶ ποῦ πήγανε ὁ Πέτρος καὶ ἡ Ζωὴ κατὰ τὴ διαμονή τους στὴν Ἑλλάδα.

Grammar: Personal pronouns (direct object)

The direct object personal pronouns have two forms.

Accusative case

Person	Strong	Weak	Meaning	Strong	Weak	Meaning
	Singular			Plural		
1st	(ἐ)μένα	μὲ	me	(ἐ)μᾶς	μᾶς	us
2nd	(ἐ)σένα	σὲ	you	(ἐ)σᾶς	σᾶς	you
3rd	αὐτὸ(ν)	τὸν	him	αὐτοὺς	τοὺς	them
	αὐτὴ(ν)	τὴ(ν)	her	αὐτὲς	·τὶς(τὲς)	them
	αὐτὸ	τὸ	it	αὐτὰ	τὰ	them

The strong is used:

1 When the direct object of the verb is to be emphasised. Ἐσένα μιλῶ or μιλῶ ἐσένα, I am talking to you.

2 After prepositions. Τό ἀγόρασα γιὰ σένα, I bought it for you.

The weak form is used when the direct object of the verb is not emphasised. This form generally precedes the verb. τὸν εἶδα I have seen him; τοὺς ρώτησα I asked them; τὸ πῆρα I took it.

24 ΕΙΚΟΣΤΟ ΤΕΤΑΡΤΟ ΜΑΘΗΜΑ

Λεξιλόγιο

τὰ ἄνθη	flowers
τὸ ἀνθοπωλεῖο	flower-shop
ἡ ἀπορία	doubt
ἀπορῶ, ἀπόρησα	I wonder
τὸ βιβλίο	book
τὸ βιβλιοπωλεῖο	bookshop
τὰ γενέθλια	birthday
τὸ γλυκὸ	confectionery
ἡ ἐπίσκεψη or -ις	visit
ἡ ζάχαρη	sugar
τὸ ζαχαροπλαστεῖο	confectioner's
ὁ θυμὸς	anger
θυμωμένος, η, ο	angry

θυμώνω, θύμωσα	I get, got angry
τὸ κὲκ	cake
κοντινός, ἡ, ὁ	close, near-by
μακρινός, ἡ, ὁ	distant, far-off
ἡ πάστα	pastry, cake
ἡ τούρτα	gateau
τὰ τριαντάφυλλα	roses
τυπικός, ἡ, ὁ	formal, typical
οἱ συγγενεῖς	relations
τὸ χαρτὶ	paper
τὸ χαρτοπωλεῖο	stationer's
χορεύω, χόρεψα	I dance, danced
ὁ χορὸς	dance
χρόνια πολλὰ	many happy returns
ὁ χῶρος	space
χωρῶ, χώρεσα	fit or go (into)

Συνδιάλεξη

Ζωὴ Τὶ ὡραῖα τριαντάφυλλα, Ἀλέξαντρε.

Ἀλ. Σήμερα εἶναι ἡ γιορτὴ τῆς γιαγιᾶς μου, ὅπως ξέρεις.

Ζωὴ Χρόνια της πολλά. Εἶδα τὸ παιδὶ τοῦ ζαχαροπλα-στείου ποὺ ἔφερε πρωῒ πρωῒ μιὰ ὡραία τούρτα καὶ τὸ θυμήθηκα, ὅτι σήμερα εἶναι ἡ γιορτὴ της. Πρέπει κ'ἐμεῖς νὰ τῆς ἀγοράσουμε ἕνα δῶρο ἢ λουλούδια.

Ἀλ. Ἡ γιαγιά μου παίρνει πολλὰ δῶρα ἀπὸ μακρινοὺς καὶ κοντινοὺς συγγενεῖς, γιατὶ δὲν ξεχνᾶ κανένανε.

Ζωὴ Ἡ οἰκογένειά σας εἶναι πολὺ μεγάλη καὶ ἀπορῶ πῶς χωρᾶτε ὅλοι στὸ μικρὸ της σπιτάκι.

Ἀλ. Τὴν ἄλλη βδομάδα εἶναι καὶ ἡ δική μου γιορτή. Δὲ θὰ γιορτάσω ὅμως.

Ζωὴ Γιατὶ ὄχι;

Ἀλ. Δὲ μοῦ ἀρέσουνε αὐτὲς οἱ τυπικὲς ἐπισκέψεις. Θὰ βάλω στὴν ἐφημερίδα ὅτι δὲ γιορτάζω. Ἡ μητέρα μου εἶναι πολὺ θυμωμένη μαζί μου γι'αὐτή μου τὴν ἀπόφαση.

Ζωὴ Εἶναι μιὰ ὡραία συνήθεια, γιατὶ ἔτσι βλέπεις ὅλους τοὺς συγγενεῖς καὶ φίλους.

Ἀλ. Ναί, ἀλλὰ βλέπεις κι'ὅσους δὲ θὰ ἤθελες νὰ δεῖς.

Ζωὴ Ἐμεῖς δὲ γιορτάζουμε τὸ ὄνομά μας ἀλλὰ μόνο τὰ γενέθλιά μας, ποὺ μόνο οἱ πιὸ κοντινοὶ συγγενεῖς καὶ φίλοι ξέρουνε.

'Αλ.   Κάνετε πολὺ καλά.

Ζωὴ   Ναί, ἀλλὰ κοίταξε πόσους λίγους φίλους ἔχουμε!

Πραχτικὴ ἐξάσκηση

1 Σᾶς ἀρέσει αὐτὸ τὸ βιβλίο;

Πρός Θεοῦ, δὲ μοῦ ἀρέσει καθόλου.

Σᾶς ἐνδιαφέρει αὐτὸ τὸ ἔργο;

Πρὸς Θεοῦ, δὲ μὲ ἐνδιαφέρει καθόλου.

Σᾶς πειράζει νὰ φᾶμε ἐδῶ;

Πρὸς Θεοῦ, δὲ μὲ πειράζει καθόλου.

Σᾶς διασκεδάζει αὐτὸ τὸ κέντρο;

Πρὸς Θεοῦ, δὲ μὲ διασκεδάζει καθόλου.

Σᾶς βοηθάει αὐτὸς ὁ χάρτης;

Πρὸς Θεοῦ, δὲ μὲ βοηθάει καθόλου.

2 Πότε τοῦ τὸ δώσατε;

Δὲν τοῦ τὸ ἔδωσα ποτέ.

Πότε τῆς τὸ γράψατε;

Δὲν τῆς τὸ ἔγραψα ποτέ

Πότε τοὺς τὸ παραγγείλατε;

Δὲν τοὺς τὸ παράγγειλα ποτέ.

Πότε μᾶς τὸ φέρατε;

Δὲ σᾶς τὸ ἔφερα ποτέ.

Πότε μοῦ τὸ εἴπατε;

Δὲ σοῦ τὸ εἶπα ποτέ.

3 Πότε θὰ τοῦ τηλεφωνήσετε;

Θὰ τοῦ τηλεφωνήσω αὔριο τὸ πρωΐ.

Πότε θὰ τῆς μιλήσετε;

Θὰ τῆς μιλήσω ἀπόψε.

Πότε θὰ τοὺς ἀπαντήσετε;

Θὰ τοὺς ἀπαντήσω τὴ Δευτέρα.

Πότε θὰ μᾶς γράψετε;

Θὰ σᾶς γράψουμε τὴν ἄλλη βδομάδα.

Πότε θὰ μοῦ μάθετε Ἑλληνικά;

Θὰ σᾶς μάθω Ἑλληνικὰ τοῦ χρόνου.

4 Δεῖξε μου το, δεῖξτο μου.
Δεῖξτε το μου.

Καὶ βέβαια θὰ σοῦ τὸ δείξω.
Καὶ βέβαια θὰ σᾶς τὸ δείξω (δείξουμε).

Γράψε μου το, γράψτο μου.
Γράψτε μου το.

Καὶ βέβαια θὰ σοῦ τὸ γράψω.
Καὶ βέβαια θὰ σᾶς τὸ γράψω (γράψουμε).

Ἄναψέ το, ἄναψτο.　　　　Καὶ βέβαια θὰ τὸ ἀνάψω.
Ἀνάψτε το.　　　　　　　Καὶ βέβαια θὰ τὸ ἀνάψω
　　　　　　　　　　　　(ἀνάψουμε).

5 Ποῦ εἶναι ὁ Παρθενώνας;　　Νὰ τος.
　Ποῦ εἶναι ἡ Ἀκρόπολη;　　Νὰ τη.
　Ποῦ εἶναι τὸ λιμάνι;　　　Νὰ το.
　Ποῦ εἶναι ἡ βάρκα;　　　Νὰ τη.

Fluency practice

1　Translate into Greek:

We shall give it to them tomorrow afternoon.　Give it to us
immediately.

We shall give it to him tomorrow morning.　Give it to me
immediately.

We shall give it to her on Monday morning.　Give it to him
at once.

2　Make sentences with the following verbs, using the appro-
priate direct and indirect personal pronouns.

Βλέπω, μιλῶ, δίνω, παρακαλῶ, συναντῶ, κλείνω, εἶναι ἀδύ-
νατον, ἀγοράζω, ρωτῶ, βρίσκω, λέω, παίρνω, ξέρω, γνωρίζω.

3　Make sentences with the following expressions:

κοντά μου　　　　　　πίσω σας
μπροστά μας　　　　　μαζί του
γύρω τους　　　　　　μακριά σας

4　Answer the following questions using pronouns.

Θὰ τηλεφωνήσεις στὴ Μαρία σήμερα;
Ἔγραψες στὸ Γιῶργο χτές;
Ἔδωσες τὰ λεφτὰ στὸ Γιῶργο καὶ στὴ Μαρία;
Θὰ δεῖς τὰ παιδιὰ σήμερα τὸ ἀπόγευμα;
Σᾶς εἶπε ὁ Πέτρος τὰ νέα μας;
Εἶδες τὸν Πέτρο καὶ τὴ Ζωὴ χτές;
Εἶδες τὴ Μαρία καὶ τὴν Ἀντιγόνη χτές;
Σοῦ μίλησε Ἑλληνικὰ ἢ Ἀγγλικά;
Σὲ βρῆκε στὸ σπίτι ὁ Γιῶργος ὅταν ἦρθε;
Σοῦ βρῆκε σταφύλια ὁ Γιῶργος;

5 Translate into English:
Τὸ ἔδωσα σὲ σᾶς. Τὸ πῆρα ἀπὸ σᾶς; Μὲ καταλαβαίνετε ἐμένα;
Τό εἶπα σὲ σένα. Τό πῆρα ἀπὸ σένα; Μὲ εἴδατε ἐμένα ;
Τό ἔφερα γιὰ σᾶς. Μιλήσατε σὲ μένα; Μοῦ μιλήσατε ἐμένα;
Τό ἔφερα γιὰ σένα. Ρωτήσατε ἐμένα; Σοῦ μίλησα ἐσένα.
Τό θύμισε σὲ σᾶς. Τηλεφωνήσατε ἐμένα; Σὲ φώναξα ἐσένα.
Τὸ θύμισε σὲ μένα; Φωνάξατε ἐμένα; Τόν φώναξα αὐτόν.

Grammar: Personal pronouns (indirect object)

The indirect personal pronouns are:

Genitive case

Strong	Weak	Meaning	Strong	Weak	Meaning
ἐμένα	μοῦ	to, for me	ἐμᾶς	μᾶς	to, for us
ἐσένα	σοῦ	you	ἐσᾶς	σᾶς	you
αὐτοῦ	τοῦ	him	αὐτῶν	τοὺς	them
αὐτῆς	τῆς	her	αὐτῶν	τοὺς	them
αὐτοῦ	τοῦ	it	αὐτῶν	τοὺς	them

These pronouns generally precede the verb, e.g. ὁ ᾽Αλέξαν-
τρος μοῦ ἔδωσε (or μού δωσε) μιὰ πορτοκαλάδα, Alexander
gave me an orangeade. The indirect precedes the direct, e.g.
῾Ο ᾽Αλέξαντρος μοῦ τὸ ἔδωσε. Alexander gave it to me.

Emphasis is expressed by adding the strong form of the
direct object pronoun before or after the verb, e.g. ᾽Εσένα
σοῦ τό ἔδωσα or σοῦ τὸ ἔδωσα ἐσένα, I gave it to you.

Direct and indirect personal pronouns follow when the
verb is in the imperative or present participle, e.g. γράψε μου
το, write it for me (see also lesson 32).

25 ΕΙΚΟΣΤΟ ΠΕΜΠΤΟ ΜΑΘΗΜΑ

Λεξιλόγιο

ἡ	ἀργοπορία	delay
τὸ	γραμμόφωνο	gramophone
ἡ	ἡλιοθεραπεία	sunbathing
ἡ	καμπίνα	cabin
τὸ	κέντρο	place of entertainment

τὸ μαγιὸ	swimming-suit
μαζεύουμαι, μαζέφτηκα	I assemble
μαζεύω, μάζεψα	I gather
τὸ μαντήλι	scarf; handkerchief
ἡ παρέα	company; party
ἡ πλάζ	beach
προσέχω, πρόσεξα	I notice; take care
ἡ προσοχὴ	attention
τὸ ραδιόφωνο or ράδιο	radio
σηκώνουμαι, σηκώθηκα	I get up
συντροφεύω, συντρό- φεψα	I accompany
ἡ συντροφιὰ	company
σωστὸς, ἡ, ὁ	correct
σωστὰ	exactly
τὸ τέλος	end
ἡ τηλεόραση or -ις	television
ἡ ὑπόθεση or -ις	affair; theme
ἡ φωτογραφικὴ μηχανὴ	camera
ἡ φωτογραφία	photograph
φωτογραφίζω, φωτο- γράφισα	I photograph
ὁ φωτογράφος	photographer
χαίρουμαι, χάρηκα	I enjoy
ἡ χαρὰ	joy, pleasure
ὥστε	so; that
ὡσότου	until

Συνδιάλεξη

Πέτ.   Ἐλπίζω νὰ μὴ σᾶς ἔκανα νὰ περιμένετε πολύ;

Ἀλ.   Ὄχι, καθόλου. Θὰ πρέπει ὅμως νὰ σηκώθηκες πολὺ πρωῖ.

Πέτ.   Ναί, σηκώθηκα πολὺ πρωῖ. Πῆγα κιόλας κάτω στὸ λιμάνι γιὰ νὰ δῶ τὶς βάρκες.

Ἀλ.   Μπράβο! Πῶς τὰ κατάφερες;

Πέτ.   Βρῆκα ἕναν ἀστυφύλακα καὶ μὲ ὁδήγησε.

Ἀλ.   Ἔχω τὰ εἰσιτήρια γιὰ τὴν πλάζ. Πᾶμε.

Ζωὴ   Περιμένετε μιὰ στιγμή. Ἡ Κατερίνα πῆγε νὰ πάρει τὴ φωτογραφική της μηχανή. Δὲ θ'ἀργήσει. Εἶναι πολὺ ὡραία πλάζ. Δὲν ἔχει πολὺ κόσμο. Μοῦ ἔχουνε πεῖ ὅτι οἱ καμπίνες εἶναι πολὺ καλές, καὶ ὅτι δὲ θὰ πληρώσουμε πιὸ πάνω γιὰ τὶς ὀμπρέλλες. Δὲν εἶναι ἔτσι;

'Αλ. Σωστά, ἔτσι εἶναι.

Ζωὴ Νὰ κι'ἡ Κατερίνα!

Κατ. Πάρε αὐτὴν τὴν τσάντα καὶ πᾶμε ἀμέσως νὰ βάλουμε τὰ μαγιό μας.

Ζωὴ Τὶ ἔφερες ἐδῶ; Ἡ τσάντα εἶναι πολὺ βαριά.

Κατ. Εἶναι τὸ φαγητό μας. Πᾶμε πιὸ μακριὰ γιατὶ ἐδῶ θὰ μαζεφτεῖ πολὺς κόσμος στὸ τέλος.

Ζωὴ Καλὴ ἰδέα!

Πέτ. Προσέξτε ὅμως νὰ μὴν καθίσουμε κοντὰ σὲ καμμιὰ παρέα μὲ ραδιόφωνα.

Κατ. Σᾶς ἀρέσει ἐδῶ;

Ζωὴ Ὡραῖα εἶναι ἐδῶ. 'Αλέξαντρε, τὶ λὲς ἐσύ;

Αλ. Ὅπου θέλετε, ἐμένα δὲ μὲ πειράζει.

Πραχτικὴ ἐξάσκηση

1 Πήρατε τὰ εἰσιτήρια;	Ποιὸς ἐγώ; Ὄχι, δὲν τὰ πῆρα.
Πήρατε τὰ τσιγάρα μου;	Ποιοὶ ἐμεῖς; Ὄχι, δὲν τὰ πήραμε.
Πῆρες τὰ γραμματόσημά μου;	Ποιὸς ἐγώ; Ὄχι, δὲν τὰ πῆρα.
Πήρανε πορτοκάλια;	Ποιοὶ αὐτοί; Ὄχι, δὲν πήρανε.
Πήρανε τὴ βαλίτσα τῆς Μαρίας;	Ποιὲς αὐτές; Ὄχι, δὲν τὴν πήρανε.
2 Αὐτὴ ἡ τσάντα εἶναι δική σου;	Ἡ δική μου εἶναι ἄσπρη.
Αὐτὸ τὸ πορτοφόλι εἶναι δικό σου;	Τὸ δικό μου εἶναι μεγαλύτερο.
Αὐτὸς ὁ καφὲς εἶναι δικός σου;	Ὁ δικός μου εἶναι μὲ γάλα.
Αὐτὴ ἡ φωτογραφία εἶναι δική σου;	Ἡ δική μου εἶναι ἐδῶ.
Αὐτὸ τὸ μαγιὸ εἶναι δικό σου;	Τὸ δικό μου εἶναι κίτρινο.

3 Πόσο καιρὸ ἔχετε ποὺ μα-
   θαίνετε Ἑλληνικά;
   Πόσο καιρὸ ἔχετε ποὺ τῆς
   γράψατε;
   Πόσο καιρὸ ἔχετε ποὺ τοῦ
   τὸ εἴπατε;
   Πόσο καιρὸ ἔχετε ποὺ τὸ
   ξέρετε;
   Πόση ὥρα ἔχετε ποὺ περι-
   μένετε;

   Ἔχω πολὺ καιρὸ ποὺ μα-
   θαίνω Ἑλληνικά.
   Ἔχω πολὺ καιρὸ ποὺ τῆς
   ἔγραψα.
   Ἔχω πολὺ καιρὸ ποὺ τοῦ τὸ
   εἶπα.
   Ἔχω πολὺ καιρὸ ποὺ τὸ ξέ-
   ρω.
   Ἔχω πολλὴ ὥρα ποὺ περι-
   μένω.

4 Εἶναι ἀνοιχτὸ τὸ παράθυρο;
   Εἶναι κλειστὴ ἡ πόρτα;
   Εἶναι ἀναμμένο τὸ φῶς;
   Εἶναι σβησμένο τὸ φῶς;

   Ναί, τὸ ἄνοιξα ἐγώ.
   Ναί, τὴν ἔκλεισε ὁ Γιῶργος.
   Ναί, τὸ ἀνάψαμε ἐμεῖς.
   Ναί, τὸ ἔσβησα ἐγώ.

5 Εἴτανε αὐτὸς ὁ Γιῶργος;
   Εἴτανε αὐτὴ ἡ Μαρία;
   Εἴτανε αὐτὴ ἡ πλάζ;
   Εἴτανε αὐτὴ ἡ παρέα μας;

   Ὄχι, δὲν εἴτανε αὐτός.
   Ὄχι, δὲν εἴτανε αὐτή.
   Ὄχι, δὲν εἴτανε αὐτή.
   Ὄχι, δὲν εἴτανε αὐτή.

Fluency practice

1   Translate into Greek:

Who is going to pay me?

Who is going to ask him?
Who is going to buy oranges?
Who is going to post it?
Who is going to telephone us?
Who is going to take them?
Who is going to tell her?

I (it is I who) am going to
pay you.
You are ......
We are ......
He is ......
They are........
We are ......
I am ......

2   Replace the nouns with the appropriate pronouns.

Νὰ ὁ Γιῶργος.
Νὰ ἡ Μαρία.
Νὰ ἡ ἐκκλησία.
Νὰ ὁ σταθμός.
Νὰ τὸ λιμάνι.

Νὰ ὁ Γιῶργος καὶ ὁ Πέτρος.
Νὰ ὁ Ἀλέξαντρος καὶ ἡ Ἀντιγόνη.
Νὰ ἡ Ζωὴ καὶ ἡ Κατερίνα.
Νά ἡ τσάντα καὶ τὸ πορτοφόλι.
Νά ὁ φωτογράφος καὶ ἡ παρέα μας.

3   Answer the following questions using the personal pronouns.

Ποῦ εἶναι τὰ γυαλιὰ μου;   Νὰ τὰ
Ποῦ εἶναι οἱ καμπίνες;
Ποῦ εἶναι ἡ πλάζ;
Ποῦ εἶναι τὸ μαγιὸ μου;
Ποῦ εἶναι ἡ φωτογραφικὴ μου μηχανή;
Ποῦ εἶναι ὁ σταθμὸς Πελοποννήσου;
Ποῦ εἶναι ἡ Κατερίνα μὲ τὰ παιδιά;
Ποῦ εἶναι οἱ βαλίτσες μας;
Ποῦ εἶναι τὰ παλτά μας;

Grammar: Personal pronouns (subject)

The nominative of the personal pronouns is used only for emphasis as follows.

1   When the subject of the verb is to be emphasised. Ἐγὼ εἶμαι, I am (it is me).

2   To express contrast: Ἐγὼ πίνω πολὺ νερό. Ἐσὺ πίνεις; I drink a lot of water.   Do you ?

3   When the person is in isolation: Ποιὸς διάβασε τὴν ἐφημερίδα σήμερα;   Ἐμεῖς. Who read the paper today?   We (did).

Nominative case

Person	Singular	Meaning	Plural	Meaning
1st	ἐγὼ	I	ἐμεῖς	we
2nd	ἐσὺ	you	ἐσεῖς	you
3rd	αὐτὸς, τος	he	αὐτοὶ, τοι	them
	αὐτὴ, τη	she	αὐτὲς, τες	them
	αὐτὸ, το	it	αὐτὰ, τα	them

The shortened forms τος, τη, το, τοι, τες, τα, are used as follows:

Ποῦ εἶναι ὁ Γιῶργος; Where is George? Νὰ τος. There he is.
Ποῦ εἶναι ἡ ἀγορά; Where is the market? Νὰ τη. There it is.
Ποῦ εἶναι τὸ λιμάνι; Where is the port? Νὰ το. There it is.
Ποῦ εἶναι τὰ παιδιά; Where are the children ?   Νὰ τα.   There they are.

26 ΕΙΚΟΣΤΟ ΕΚΤΟ ΜΑΘΗΜΑ

Λεξιλόγιο

ἡ	ἀναψυχή	pleasure
	βοηθός	assistant (*m. and f.*)
ὁ	γάμος	wedding
τὸ	γραφεῖο	office; desk
ὁ	διευθυντής	director
ἡ	Ἐμπορικὴ Σχολή	School of Commerce
ἡ	ἐπιστήμη	science; faculty
	ἐπιστήμονας	professionally qualified person (*m. and f.*)
	ἐργάζουμαι, ἐργάστηκα	I work
ἡ	ἐργασία	work
τὸ	ἐργοστάσιο	factory
ἡ	εὐχή	wish
	εὔχουμαι, εὐχήθηκα	I wish
ἡ	Θεσσαλονίκη	Salonica
ἡ	Νέα Ὑόρκη	New York
	ξανά	again, back
	ξαναγυρίζω, ξαναγύρισα	I return (again)
	ξαναπηγαίνω, ξαναπῆγα	I go back
	παντρεύουμαι, παντρέφτηκα	I get, got married
τὸ	Πολυτεχνεῖο	Polytechnic
	σπουδαστής, σπουδάστρια	student (*m. and f.*)
ἡ	σπουδή	study
	συγχαίρω, συγχάρηκα	I congratulate
τὰ	συγχαρητήρια	congratulations
τὰ	χαιρετίσματα	greetings
οἱ	χαιρετισμοί	greetings

Συνδιάλεξη

Πέτ. Τὶ ὄμορφη ποὺ εἶναι ἡ θάλασσα!

Ζωὴ Τὶ ὡραῖο ποὺ εἶναι τὸ χρῶμα της!

Ἀλ. Γειὰ σου, Γιάννη μου, τὶ κάνεις; Ἔχω πολὺ καιρὸ νὰ σὲ δῶ.

Γιάννης Γειὰ σου, Ἀλέξαντρε, εἶμαι πολὺ καλά, εὐχαριστῶ.

'Αλ.   Νὰ σοῦ συστήσω τοὺς φίλους μου, ὁ κύριος καὶ ἡ κυρία Beck, ὁ κύριος Δήμου.

Γιάν.   Χαίρω πολύ.

Ζωή   Κι'ἐγὼ ἐπίσης.

Πέτ.   Χαίρω πολύ.

'Αλ.   Γνωρίζεις τὴν Κατερίνα, τὴν ἐξαδέρφη μου;

Γιάν.   Καὶ βέβαια, τὴ γνωρίζω.   Τὶ κάνεις; Εἶσαι καλά; Ἔχω πολὺ καιρὸ νὰ σὲ δῶ.

Κατ.   Εἶμαι πολὺ καλά.   Ἐσὺ τὶ ἔγινες;   Χάθηκες!

'Αλ.   Ποῦ εἴσουνα τόσο καιρό;   Ἄκουσα ὅτι δὲν εἴσουνα ἐδῶ.

Γιάν.   Εἴμουνα στὴν Ἀμερική.   Σπούδαζα Ἐμπορικὲς Ἐπιστῆμες στὴ Νέα Ὑόρκη.

'Αλ.   Τὶ κάνεις τώρα;   Θὰ μείνεις πιὰ στὴν Ἀθήνα ἢ θὰ φύγεις πάλι;

Γιάν.   Αὔριο τὸ πρωῒ φεύγω γιὰ ἕνα ταξίδι ἀναψυχῆς καὶ μετὰ ἀμέσως θὰ πάω στὴ Θεσσαλονίκη.   Ὁ ἀδερφός μου, ὅπως ξέρεις, εἶναι διευθυντὴς σ'ἕνα ἐργοστάσιο, κι' ἐγὼ θὰ πάω νὰ δουλέψω ἐκεῖ σὰν βοηθὸς του.

'Αλ.   Πότε θὰ ξαναγυρίσεις στὴν Ἀθήνα;   Θέλω πολὺ νὰ σὲ δῶ καὶ νὰ τὰ ποῦμε.

Γιάν.   Θὰ εἶμαι πάλι ἐδῶ, γιὰ λίγες ὅμως μέρες, τὸ Σεπτέμβριο.   Παντρεύεται ἡ ἀδερφή μου.

'Αλ.   Ἀλήθεια;   Ποιόνε παίρνει;   Τόν ξέρω ἐγώ;

Γιάν.   Τὸν ξέρεις.   Παίρνει τὸ φίλο μου, τὸ Ζερβό.

'Αλ.   Τὸ γιατρό;

Γιάν.   Ὄχι, τὸν ἀρχιτέχτονα.

'Αλ.   Δῶσε της τὰ συγχαρητήριά μου καὶ τὶς εὐχές μου.

Γιάν.   Εὐχαριστῶ πολύ, Ἀλέξαντρέ μου.   Μὲ συγχωρεῖτε, πρέπει νὰ πηγαίνω.   Χαίρετε καὶ χάρηκα πολύ.

Ζωή   Κι'ἐμεῖς ἐπίσης.

'Αλ.   Χαιρετισμοὺς στὸ σπίτι σου.

Γιάν.   Γειά σας, κι'εὐχαριστῶ πολύ.

Πραχτικὴ ἐξάσκηση

1 Θέλεις ν'ἀγοράσουμε μπίρα ἢ κρασί;	Δὲ θέλω οὔτε μπίρα οὔτε κρασί.
Θέλεις νὰ φᾶμε ἐδῶ ἢ στὸ ἐστιατόριο;	Δὲ θέλω νὰ φάω καθόλου.
Θέλεις νὰ πᾶμε στὸ θέατρο ἢ στὸ σινεμά;	Δὲ θέλω νὰ πάω οὔτε στὸ θέατρο οὔτε στὸ σινεμά.

Θέλεις νὰ καθίσουμε
ἐδῶ;

Δὲ θέλω νὰ καθίσουμε που-
θενά.

2 Πρέπει νὰ πληρώσω;

Εἶναι ἀνάγκη νὰ πληρώ-
σεις ἀμέσως.

Πρέπει νὰ τοῦ τὸ δώσω;

Εἶναι ἀνάγκη νὰ τοῦ τὸ δώ-
σεις ἀμέσως.

Πρέπει νὰ τοῦ τὸ φέρω;

Εἶναι ἀνάγκη νὰ τοῦ τὸ φέ-
ρεις ἀμέσως.

Πρέπει νὰ τοῦ τὸ πῶ;

Εἶναι ἀνάγκη νὰ τοῦ τὸ πεῖς
ἀμέσως.

Πρέπει νὰ τοῦ τηλεφω-
νήσω;

Εἶναι ἀνάγκη νὰ τοῦ τηλε-
φωνήσεις ἀμέσως.

3 Μπορεῖτε νὰ μοῦ γρά-
ψετε ἄν θέλετε.

Δὲν εἶναι ἀπαραίτητο νὰ
σᾶς γράψω.

Μπορεῖτε νὰ μοῦ τὸ
στείλετε, ἄν θέλετε.

Δὲν εἶναι ἀπαραίτητο νὰ
σᾶς τὸ στείλω.

Μπορεῖτε νὰ μὲ βοηθή-
σετε, ἄν θέλετε.

Δὲν εἶναι ἀπαραίτητο νὰ
σὲ βοηθήσω.

Μπορεῖτε νὰ ξαναγυρί-
σετε, ἄν θέλετε.

Δὲν εἶναι ἀπαραίτητο νὰ
ξαναγυρίσω.

Μπορεῖτε νὰ κλειδώσε-
τε, ἄν θέλετε.

Δὲν εἶναι ἀπαραίτητο νὰ
κλειδώσω.

4 Εἶναι δικά μου αὐτὰ
τὰ λεφτά;

Ναί, πρέπει νὰ εἶναι δικὰ
σας.

Εἶναι δικές μου αὐτὲς
οἱ βαλίτσες;

Ναί, πρέπει νὰ εἶναι δικές
σας.

Εἶναι αὐτὸ τὸ σπίτι
τοῦ Γιώργου;

Ναί, πρέπει νὰ εἶναι.

Εἶναι μαῦρα τὰ παπού-
τσια;

Ναί, πρέπει νὰ εἶναι μαῦρα.

Εἶναι δικὸς σου ὁ καφές;

Ναί, πρέπει νὰ εἶναι
δικός μου.

5 Νὰ τοῦ γράψω ἤ νά τοῦ
τηλεφωνήσω;

Δὲν ξέρω.   Κάνε ὅτι θέ-
λεις.

Νὰ ξαναπάω ἤ νὰ μὴν
ξαναπάω;

Δὲν ξέρω.   Κάνε ὅτι νο-
μίζεις.

Νὰ γιορτάσω ἤ νὰ μὴ γιορτάσω;	Δὲν ξέρω. Κάνε ὅτι πρέπει.
Νὰ τὸ σβήσω τὸ φῶς ἤ νὰ μὴν τὸ σβήσω;	Δὲν ξέρω. Κάνε ὅτι σοῦ ἀρέσει.
Νὰ φύγω ἤ νὰ μὴ φύγω;	Δὲν ξέρω. Κάνε τὸ γοῦστο σου.

Fluency practice

1   Put the verbs in brackets in the subjunctive.

Μπορεῖ νὰ μὴ(ν)
{
(βγαίνω) ἔξω.
(φεύγω) αὔριο.
(περνῶ) νὰ σὲ δεῖ.
(πηγαίνω) περίπατο.
(γράφω) στὸν Πέτρο.
}

Πρέπει νὰ
{
(βάζω) τὸ παλτὸ μου.
(κατεβαίνω) κάτω.
(βγάζω) τὸ παλτό μου.
(ἀνεβαίνω) ἀπάνω.
(φεύγω) τώρα.
}

Ἴσως νὰ μὴ(ν)
{
(δουλεύω) αὔριο.
(τελειώνω) αὔριο.
(ἀγοράζω) σταφύλια.
(πληρώνω) τὸ λογαριασμό.
(ταξιδεύω) τὴ Δευτέρα.
}

Θέλει νὰ
{
(γράφω) κάθε μέρα.
(ἀκούω) τὸ ράδιο κάθε μέρα.
(πηγαίνω) περίπατο κάθε μέρα.
(διαβάζω) ὧρες πολλὲς.
(καπνίζω) κάθε πέντε λεπτά.
}

Μοῦ ἀρέσει νὰ
{
(διαβάζω).
(καπνίζω).
(πίνω) κρασί.
(βλέπω) τηλεόραση.
(τρώγω) πολὺ τὰ βράδια.
}

Θέλω νὰ
{
(γράφω) ἕνα γράμμα αὔριο.
(ἀνοίγω) τὸ παράθυρο.
(πηγαίνω) περίπατο.
(διαβάζω) τὴν ἐφημερίδα.
(καπνίζω) ἕνα τσιγάρο.
}

2 Translate into Greek:

Mrs Dassis:	Can I speak to Mrs Demou?
Maria:	Just a moment, please.
Mrs Demou:	Hello !
Mrs Dassis:	Hello, Antigone. It is Maria speaking. Is your cold a bad one?
Mrs Demou:	No, not too bad. It is very cold and windy today and I think it is better to stay in.
Mrs Dassis:	You are quite right. Shall I come and see you?
Mrs Demou:	Wonderful. I shall look forward to seeing you.

Grammar: The subjunctive mood

The present subjunctive is formed with νὰ followed by the **present indicative:**

νὰ πιάνω	νὰ μιλῶ
νὰ πιάνεις	νὰ μιλᾶς
νὰ πιάνει	νὰ μιλᾶ
νὰ πιάνουμε	νὰ μιλᾶμε
νὰ πιάνετε	νὰ μιλᾶτε
νὰ πιάνουν(ε)	νὰ μιλᾶν(ε)

The present subjunctive is used only when we wish to express a continuous action, e.g.

Θέλω νὰ ψαρεύω κάθε μέρα.   I want to fish every day.

The aorist subjunctive is formed with νὰ followed by the Indefinite (see page 170).

νὰ πιάσω	νὰ μιλήσω
νὰ πιάσεις	νὰ μιλήσεις
νὰ πιάσει	νὰ μιλήσει
νὰ πιάσουμε	νὰ μιλήσουμε
νὰ πιάσετε	νὰ μιλήσετε
νὰ πιάσουν(ε)	νὰ μιλήσουν(ε)

The aorist subjunctive is used when we wish to express a complete action, e.g.

Θέλω νὰ ψαρέψω.   I want to fish.

Both subjunctives are timeless, they can refer to the present, past or future time and are used as follows.

1   After such verbs as θέλω I wish, μπορῶ I can, πρέπει it is necessary, ἀρχίζω I begin, μοῦ ἀρέσει it pleases me or I like it, e.g. Θέλω νὰ σοῦ μιλήσω I want to speak to you; μπορεῖς νὰ καπνίσεις you may smoke.

2   After the words πρὶν before, ὡς until, ἕτοιμος, η, ο ready ἀρκετὸς, ἡ, ὁ sufficient, ἴσως perhaps. Ἔμαθα Ἑλληνικὰ πρὶν νὰ πάω στὴν Ἑλλάδα. I learned Greek before I went to Greece. Εἶμαι ἕτοιμος νὰ φύγω I am ready to go. Ἴσως νὰ πάω στὴν Ἑλλάδα ἐφέτος   I may go to Greece this year.

3   For deliberate questions: . Νὰ πάω ἢ νὰ μὴν πάω; Should I go or not?

4   Other meanings: the subjunctive is used sometimes by itself, e.g. πᾶμε let us go, but is usually preceded by νὰ or ἄς e.g.

νὰ πᾶμε αὔριο	Let us go tomorrow.
ποιὸς νὰ εἶναι:	Who can it be?
τί νὰ κάνω;	What am I to do?
νὰ πᾶς χωρὶς ἄλλο	Go without fail.
ἄς πᾶμε.	Let us go.
ἄς μὴν πᾶμε.	Let us not go.

Note The negative used with the subjunctive is μή, μὴν not: νὰ μὴν πᾶς do not go.

There is no infinitive in Greek, its place being taken by the subjunctive. Θέλω νὰ πάω. I want to go.

27   ΕΙΚΟΣΤΟ ΕΒΔΟΜΟ ΜΑΘΗΜΑ

Λεξιλόγιο

ἀπαραίτητος, η, ο	indispensable
ἀριστερὰ	on the left
ἀριστερὸς, ἡ, ὁ	left
γίνουμαι, ἔγινα, γίνηκα	I become
τὸ γοῦστο	taste
δεξιὰ	on the right
δεξιὸς, ἀ, ὁ	right
ἐντάξει	all right

τὸ	ἐπεῖγον γράμμα	express letter
	ἐρχόμενος, η, ο	coming; next
τὸ	μεσημεριανὸ φαγητὸ	midday meal
	περασμένος, η, ο	last
	περνῶ, πέρασα	I pass; spend
	πετάξου, πεταχτεῖτε	run (*imperative*)
	πετῶ, πέταξα	I fly ; drop
τὸ	Σαββατοκύριακο	week-end
ἡ	σύσταση or -ις	address
τὸ	συστημένο γράμμα	registered letter
τὸ	ταχυδρομεῖο	post office
τὸ	τηλεγραφεῖο	telegraph office
τὸ	τηλεγράφημα	telegram
τὸ	τηλεφώνημα	telephone call
	χαίρω, χάρηκα	be glad, enjoy
	χάνουμαι, χάθηκα	I get lost; bother

Συνδιάλεξη

Κυρία Μαρία   Καλησπέρα, Ζωή μου.   Τὶ μοῦ κάνεις;

Ζωὴ   Καλησπέρα σας, κυρία Μαρία.   Εἶμαι πολὺ καλά.
        Ἐσεῖς τὶ κάνετε;

Κα. Μ.   Πῶς τὰ περνᾶς στὴν Ἑλλάδα μας;

Ζωὴ   Θαυμάσια.

Κα. Μ.   Σοῦ ἀρέσει ἡ ζέστη μας;

Ζωὴ   Δὲ μὲ πειράζει καθόλου.

Κα. Μ.   Ποῦ πηγαίνεις τώρα, Ζωή;

Ζωὴ   Πηγαίνω στὸ ξενοδοχεῖο μου.

Κα. Μ.   Σὲ ποιὸ ξενοδοχεῖο μένεις;   Μπορῶ νὰ σὲ πετάξω
        μὲ τὸ αὐτοκίνητό μου;

Ζωὴ   Μένω στὸ ξενοδοχεῖο ''Ἥρα'' στὴν ὁδὸ Σταδίου.

Κα. Μ.   Εἶναι δεξιὰ ἢ ἀριστερὰ ὅπως πηγαίνουμε πρὸς τὸ
        Σύνταγμα;

Ζωὴ   Ἀριστερά.

Κα. Μ.   Τὸ ξέρω, τὸ ξέρω.   Μπὲς μέσα νὰ σὲ πάω ὡς ἐκεῖ.
        Εἶναι καὶ ὁ Πέτρος ἐδῶ;

Ζωὴ   Ναί, μαζὶ εἴμαστε.

Κα. Μ.   Νὰ βγοῦμε μαζὶ ἔξω κανένα βραδάκι, νὰ πᾶμε σὲ
        καμμιὰ ταβέρνα.   Ποιὸ βράδι θὰ εἶσαστε ἐλεύτεροι;

Ζωὴ   Τὸ ἐρχόμενο Σαββατοκύριακο θὰ τὸ περάσουμε
        στὴν Ἀθήνα.

Κα. Μ. Ὡραῖα! Λοιπὸν τὸ ἐρχόμενο Σαββάτο τὸ βράδι θὰ θέλατε νὰ βγοῦμε μαζί;
Ζωή Δὲ μᾶς πειράζει, εἴτε Σαββάτο εἴτε Κυριακή.
Κα. Μ. Σαββάτο εἶναι καλύτερα. Οἱ ταβέρνες ἔχουνε πιὸ χρῶμα.
Ζωή Φτάσαμε. Ἐδῶ εἶναι, στὴ γωνία.
Κα. Μ. Περίμενε νὰ σταματήσω ἀπ'ἔξω.
Ζωή Εὐχαριστῶ πάρα πολύ.
Κα. Μ. Τίποτα, Ζωή μου. Λοιπὸν τὸ Σαββάτο τὸ βράδι στὶς ὀχτὼ ἡ ὥρα θὰ περάσουμε νὰ σᾶς πάρουμε. Ἐντάξει;
Ζωή Σύμφωνοι. Εὐχαριστῶ καὶ πάλι.
Κα. Μ. Παρακαλῶ.

Πραχτικὴ ἐξάσκηση

1 Νὰ βγάλω τὸ παλτό μου;   Νὰ τὸ βγάλεις.
Νὰ σβήσω τὸ φῶς;   Νὰ τὸ σβήσεις.
Ν'ἀνοίξω τὸ παράθυρο;   Νὰ τὸ ἀνοίξεις.
Νὰ τὸ δῶ;   Νὰ τὸ δεῖς.
Νὰ μπῶ μέσα;   Νὰ μπεῖς μέσα.

2 Ζητῆστε τὸ λογαριασμό.   Μὴν τὸν ζητήσετε.
Πετάξτε το ἔξω.   Μὴν τὸ πετάξετε ἔξω.
Περάστε νὰ μᾶς πάρετε.   Μὴν περάσετε νὰ μᾶς πάρετε.
Στεῖλτε του το.   Μὴν τοῦ τὸ στείλετε.
Τηλεγραφῆστε του.   Μὴν τοῦ τηλεγραφήσετε.
Τηλεφωνῆστε του.   Μὴν τοῦ τηλεφωνᾶτε.
                          Μὴν τοῦ τηλεφωνήσετε.
Γράψτε της.   Μὴν τῆς γράφετε.
                          Μὴν τῆς γράψετε.
Δῶστε τους το.   Μὴν τοὺς τὸ δίνετε.
                          Μὴν τοὺς τὸ δώσετε.
Φορέστε το.   Μὴν τὸ φορᾶτε.
                          Μὴν τὸ φορέσετε.
Συναντῆστε μας.   Μὴ μᾶς συναντᾶτε.
                          Μὴ μᾶς συναντήσετε.
Μπεῖτε μέσα.   Μὴν μπαίνετε μέσα.
                          Μὴν μπεῖτε μέσα

Βγεῖτε ἔξω.   Μὴ βγαίνετε ἔξω.
                            Μὴ βγεῖτε ἔξω.
Δέστε το.   Μὴν τὸ βλέπετε.
                            Μὴν τὸ δεῖτε.
Βρέστε το.   Μὴν τὸ βρίσκετε.
                            Μὴν τὸ βρεῖτε.
Πέστε μου το.   Μὴ μοῦ τὸ λέτε.
                            Μὴ μοῦ τὸ πεῖτε.

3 Τὸ ἔχετε ἤδη ἀγοράσει;   Ὄχι, θὰ τὸ ἀγοράσω αὔριο.
  Τὸ ἔχετε ἤδη πάρει;   Ὄχι, θὰ τὸ πάρω αὔριο.
  Τὸ ἔχετε ἤδη ἀρχίσει;   Ὄχι, θὰ τὸ ἀρχίσω αὔριο.
  Τὸν ἔχετε ἤδη γνωρίσει;   Ὄχι, θὰ τὸν γνωρίσω αὔριο.
  Τὴν ἔχετε ἤδη συναντή-   Ὄχι, θὰ τὴ συναντήσω
  σει;   αὔριο.
  Τοὺς τὸ ἔχετε ἤδη πεῖ;   Ὄχι, θὰ τοὺς τὸ πῶ αὔριο.

Fluency practice

1 Write the following sentences putting the verbs in their correct form:

β´ πρόσωπο (2nd person)

(μιλῶ) καθαρά. Νὰ (μιλῶ) καθαρά. (τηλεφωνῶ) μας κάθε μέρα. Νὰ μᾶς (τηλεφωνῶ) κάθε μέρα. (γράφω) του συχνά. Νὰ τοῦ (γράφω) συχνά, (μιλῶ) του ἐσύ. Νὰ τοῦ (μιλῶ) ἐσύ. (τηλεφωνῶ) μας αὔριο τὸ πρωΐ. Νὰ μᾶς (τηλεφωνῶ) αὔριο τὸ πρωΐ, (γράφω) του αὔριο. Νὰ τοῦ (γράφω) αὔριο.

γ´ πρόσωπο (3rd person)

Νὰ μᾶς (στέλνω) αὐγὰ κάθε μέρα. Νὰ μᾶς (στέλνω) λίγα αὐγά. Νὰ μοῦ (φέρνω) ἐφημερίδα κάθε μέρα. Νὰ μοῦ (φέρνω) μιὰ ἐφημερίδα. Νὰ (πηγαίνω) περίπατο κάθε πρωΐ. Νὰ (πηγαίνω) περίπατο.

2 Make the following sentences negative.

Πληρῶστε τὸ γκαρσόνι. Διαβάστε τὶς σημερινὲς ἐφημερίδες. Δοκιμάστε αὐτὸ τὸ κρασί. Φτειάξτε μου μιὰ πορτοκαλάδα. Καπνίστε ἕνα τσιγάρο. Δεῖξε της τὸ φόρεμά σου. Ἀκοῦστε τὸ ραδιόφωνο. Πάρε τὸ παλτό σου.

3 Περιγράψτε ἕνα Σαββατοκύριακο.

4 Translate into English:

Μοῦ δίνετε ἕνα ποτήρι νερό, σᾶς παρακαλῶ;

Μοῦ λέτε ποῦ εἶναι τὸ γραφεῖο τουρισμοῦ, παρακαλῶ;

Ὅταν πᾶτε στὰ μαγαζιὰ μοῦ φέρνετε μιὰ ἐφημερίδα;

Ρωτᾶτε τὴν κυρία τὶ ὥρα εἶναι;

Δὲ φωνάζεις τὴ Ζωή, σὲ παρακαλῶ;

Δὲν περιμένεις μιὰ στιγμή, σὲ παρακαλῶ;

5 Γράψτε σὲ μιὰ φίλη σας νὰ τὴν καλέσετε τραπέζι.

Grammar: The imperative mood

The present and aorist imperative are formed as follows:

Present imperative, 1st conjugation: add ε (singular) ετε (plural) to the present stem.

φέρν-ω	φέρνε	φέρνετε	bring
πιάν-ω	πιάνε	πιάνετε	take

2nd conjugation: add α (singular) ᾶτε (plural) to the present stem.

μιλ-ῶ	μίλα	μιλᾶτε	talk
ρωτ-ῶ	ρῶτα	ρωτᾶτε	ask

The present imperative is used when we wish to indicate a continuous action, e.g. Φέρνετέ μου ἕνα φλυτζάνι τσάϊ κάθε πρωΐ, bring me a cup of tea every morning.

Aorist imperative 1st and 2nd conjugation: add ε (singular) ετε (plural) to the indefinite stem (see page 170).

φέρ-ω	φέρε	φέρετε	or φέρτε	bring
πιάσ-ω	πιάσε	πιάσετε	or πιάστε	take
μιλήσ-ω	μίλησε	μιλήσετε	or μιλῆστε	talk

The aorist imperative is used when we wish to indicate a complete action. Φέρτε μου ἕνα φλυτζάνι τσάϊ, παρακαλῶ bring me a cup of tea, please.

The imperative is expressed in three ways as follows.

1 For a clear command to the second person use the imperative forms. Φέρνετέ μου ἕνα φλυτζάνι τσάϊ κάθε πρωΐ, σᾶς παρακαλῶ, bring me a cup of tea every morning, please. Φέρτε μου ἕνα φλυτζάνι τσάϊ, σᾶς παρακαλῶ, bring me a cup of tea, please.

The above forms of the imperative mood cannot be used

for a negative command. For negative command, use the
subjunctive (see page 127).

2   For a more moderate command or request, use the sub-
junctive preceded by ἄς, νά, γιά νά.
For negative command use μή, μήν not.

ἄς τό φέρει	let her (him) bring it
ἄς πηγαίνουμε συχνά	let us go often
ἄς πᾶμε	let us go
νά πᾶμε	let us go
ἄς μήν πᾶμε	let us not go
νά μήν πᾶμε	let us not go
νά μήν πᾶς	don't go

3   To make a request very politely use the present indicative.
Μοῦ φέρνετε ἕνα φλυτζάνι τσάϊ, σᾶς παρακαλῶ; Will you
bring me a cup of tea, please? Χορεύουμε; Shall we dance?

28 ΕΙΚΟΣΤΟ ΟΓΔΟΟ ΜΑΘΗΜΑ

Λεξιλόγιο

	διάφορος, η, ο	various
τό	εἰκοστετράωρο	24 hours
	ἐπαρχιώτης, ισσα	provincial (m. and f.)
	ζεσταίνουμαι	I feel hot
	ζεστάθηκα	I felt hot
	θά ἔρθει	he, she, will come
	Καλαματιανός, ή	from Kalamata (m. and f.)
	καλλιτέχνης, ης	artist (m. and f.)
	κοιμᾶμαι, κοιμήθηκα	I sleep, slept; I go to bed
	κοινωνικός, ή, ό	social
τό	Κολωνάκι	Kolonaki
	Κρητικός, ιά	Cretan (m. and f.)
	κυρίως	chiefly
ὁ	λόγος	reason
ὁ	μικροχτηματίας	small farmer
τά	νέα	news

τὰ ξημερώματα	daybreak
περιορίζουμαι	I confine myself
περιορίστηκα	I confined myself
πλύνουμαι or πλένουμαι πλύθηκα	I wash (myself)
π.χ. = παραδείγματος χάριν	for instance, for example
συναντιέμαι,-θηκα	I meet, met
σύντομα	quickly; soon
συχνάζω, σύχνασα	I frequent
τουρίστας, ὁ	tourist
ὑπόλοιπος, η, ο	rest (of)
ὁ χαραχτήρας, or χαρακτήρας	character
τὸ χτῆμα or κτῆμα	(landed) property
χτυπῶ or κτυπῶ, χτύπησα	I hit; knock
τὸ χωράφι	field

Συνδιάλεξη

Μιχάλης. Πέτρο!

Πέτρος. Γειὰ σου, Μιχάλη μου.

Μιχ. Τί μοῦ κάνεις;

Πέτ. Εἶμαι πολὺ καλά. Ἐσὺ τί κάνεις;

Μιχ. Δὲ σὲ εἴδαμε καθόλου. Εἶναι καὶ ἡ γυναίκα σου ἐδῶ;

Πέτ. Ναί, μαζὶ εἴμαστε.

Μιχ. Γιατί δὲν περάσατε ἀπὸ τὸ σπίτι νὰ μᾶς δεῖτε; Ποῦ πᾶς τώρα; Ἔλα νὰ πιοῦμε ἕνα καφεδάκι καὶ νὰ μοῦ πεῖς τὰ νέα σου. Πῶς τὰ περνᾶτε;

Πέτ. Πολὺ ὡραῖα.

Μιχ. Μένετε στὸ ξενοδοχεῖο ἢ μὲ τὸν Ἀλέξαντρο;

Πέτ. Μένουμε στὸ ξενοδοχεῖο, ἀλλὰ βλεπόμαστε μὲ τὸν Ἀλέξαντρο κάθε μέρα. (Κάθουνται σ'ἕνα καφενεῖο στὴν Ὁμόγοια.)

Πέτ. Πὲς μου κάτι, Μιχάλη μου. Δὲν μπορῶ νὰ καταλάβω γιατί αὐτὸς ὁ κόσμος κάθεται στὰ καφενεῖα; Πότε δουλεύει; Μερικοὶ κάθουνται ἐδῶ ὅλη τὴν ἡμέρα.

Μιχ. Οἱ πιὸ πολλοὶ ἀπ'αὐτοὺς ποὺ βλέπεις στὰ καφενεῖα τῆς Ὁμόνοιας, εἶναι ἐπαρχιῶτες.

Πέτ. Καὶ τί κάνουνε ἐδῶ;

Μιχ. Έρχουνται στὴν Ἀθήνα γιὰ διάφορους λόγους καὶ σ'αὐτὰ ἐδῶ τὰ καφενεῖα συναντιοῦνται μὲ τοὺς φίλους τους. Πρόσεξε! Σ'αὐτὸ ἐδῶ τὸ καφενεῖο συχνάζουνε οἱ Καλαματιανοί, σ'ἐκεῖνο οἱ Κρητικοί. Στὰ καφενεῖα στὸ Κολωνάκι συχνάζουνε οἱ καλλιτέχνες καὶ οἱ ποιητὲς Ἕλληνες καὶ ξένοι. Στὰ καφενεῖα τοῦ Συντάγματος συχνάζουνε τουρίστες. Κάθε καφενεῖο ἔχει καὶ τοὺς δικούς του πελάτες.

Πέτ. Καὶ τὸ καφενεῖο τοῦ χωριοῦ;

Μιχ. Τὸ καφενεῖο τοῦ χωριοῦ εἶναι κάτι τὸ διαφορετικό. Ἡ ὅλη κοινωνικὴ ζωὴ τοῦ χωριοῦ, εἶναι τὸ καφενεῖο του. Ἐκεῖ ὁ χωριάτης ἀκούει τὸ ραδιόφωνο, διαβάζει τὴν ἐφημερίδα, λαβαίνει τὰ γράμματά του.

Πέτ. Καὶ πότε δουλεύει ὁ χωριάτης; Βλέπω τοὺς ἄντρες τοῦ χωριοῦ νὰ κάθουνται ὅλη τὴν ἡμέρα στὸ καφενεῖο.

Μιχ. Κάνεις λάθος. Ὅλοι οἱ χωριάτες τῆς Ἑλλάδας, ὅπως ξέρεις, εἶναι μικροχτηματίες. Ὁ χωριάτης σηκώνεται πολὺ πρωΐ, τὰ ξημερώματα, καὶ πάει στὸ χωράφι του. Κατὰ τὶς ὀχτὼ γυρίζει στὸ σπίτι του, πλένεται, τρώει, καὶ πάει στὸ καφενεῖο νὰ διαβάσει τὴν ἐφημερίδα ἢ ἂν δὲν ξέρει γράμματα νὰ μάθει τὰ νέα ἀπὸ τοὺς ἄλλους. Ἡ σκληρὴ δουλειὰ τοῦ χωριάτη περιορίζεται σὲ δυὸ-τρεῖς μῆνες τὸ χρόνο. Τὸν ὑπόλοιπο καιρὸ ἔχει πολὺ λίγη δουλειὰ νὰ κάνει στὰ χτήματά του.

Πέτ. Πολὺ ἐνδιαφέρον. Εἶναι δύσκολο γιὰ μᾶς τοὺς ξένους νὰ καταλάβουμε τὴ ζωὴ τοῦ Ἕλληνα, γιατὶ ἐμεῖς ζοῦμε πολὺ διαφορετικά.

Μιχ. Σωστά. Πόσο καιρὸ θὰ μείνετε ἀκόμα;

Πέτ. Ἄλλες δυὸ βδομάδες.

Μιχ. Νὰ σᾶς δοῦμε καμμιὰ μέρα!

Πέτ. Σύμφωνοι.

Πρακτικὴ ἐξάσκηση

1 Ἐπισκέφτεσαι τὴν Ἑλλάδα συχνά;

Τὴν ἐπισκέφτουμαι κάθε χρόνο.

Κοιμᾶσαι ἀργὰ κάθε Κυριακή;

Ὄχι, κοιμᾶμαι πολὺ νωρίς.

Ζεσταίνεσαι μήπως ;

Ὄχι, δὲ ζεσταίνουμαι καθόλου.

Σηκώνεσαι συνήθως
πολὺ πρωΐ;

Ναί, σηκώνουμαι πάρα πο-
λὺ πρωΐ.

2 Χρειάζεστε αὐτὰ τὰ
λεφτά;
Χρειάζεστε αὐτὰ τὰ
φάρμακα;
Χρειάζουνται ὅλες τὶς
πετσέτες;
Χρειάζουνται τὶς βαλί-
τσες τους;

Χρειάζουμαι μόνον μερικά.

Χρειαζόμαστε μόνον αὐτὸ
ἐδῶ.
Χρειάζουνται μόνον δυὸ-
τρεῖς.
Ναί, τὶς χρειάζουνται.

3 Πάντα τὸ κάνεις αὐτό;
Καπνίζεις πολύ;
Θέλεις τίποτα;
Κάλεσες κανένανε;
Διάβασες καμμιὰ ἐφημε-
ρίδα;

Ὄχι, δὲν τὸ κάνω ποτέ μου·
Ὄχι, δὲν καπνίζω καθόλου·
Ὄχι, δὲ θέλω τίποτα.
Ὄχι, δὲν κάλεσα κανένανε.
Ὄχι, δὲ διάβασα καμμιά.

4 Πόσο καιρὸ ἔχετε νὰ
τὴν δεῖτε;
Πόσο καιρὸ ἔχετε νὰ
τῆς γράψετε;
Πόσο καιρὸ ἔχετε νὰ
τοῦ τηλεφωνήσετε;
Πόσο καιρὸ ἔχετε νὰ
τὸν συναντήσετε;

Ἔχω πολὺ καιρὸ νὰ τὴν
ἰδῶ or τὴ δῶ.
Ἔχω πολὺ καιρὸ νὰ τῆς
γράψω.
Ἔχω πολὺ καιρὸ νὰ τοῦ
τηλεφωνήσω.
Ἔχω πολὺ καιρὸ νὰ τὸν συ-
ναντήσω.

5 Πρέπει νὰ πᾶμε;

Πρέπει νὰ φᾶμε;

Πρέπει νὰ τὸ πιοῦμε;

Πρέπει νὰ βγοῦμε;

Πρέπει νὰ τὸν ἀκούσου-
με;
Πρέπει νὰ τοὺς συνα-
ντήσουμε;

Ναί, θὰ εἶναι πιὸ καλὰ νὰ
πᾶμε.
Ναί, θὰ εἶναι πιὸ καλὰ νὰ
φᾶμε.
Ναί, θὰ εἶναι πιὸ καλὰ νὰ τὸ
πιοῦμε.
Ναί, θὰ εἶναι πιὸ καλὰ νὰ
βγοῦμε.
Ναί, θὰ εἶναι πιὸ καλὰ νὰ
τὸν ἀκούσουμε.
Ναί, θὰ εἶναι πιὸ καλὰ νὰ
τοὺς συναντήσουμε.

Fluency practice

1 Translate into Greek:

I wash myself, they hit each other, he dresses himself, they love each other, she is getting married, he combs his hair.

2 Write the following sentences, putting the verbs in all persons.

(Ζεσταίνουμαι) πολύ σήμερα. (Κοιμᾶμαι) πάντα πολύ νωρίς τὸ βράδι. (Πλένουμαι) πάντα μὲ κρύο νερό. Σὲ (θυμᾶμαι) πολύ καλά. (Βαριέμαι) νὰ πάω. (Συναντιέμαι) μὲ τὸν Πέτρο κάθε πρωΐ.

3 Write sentences using the following verb forms.

Βλεπόμαστε, ἀγαπιόμαστε, γνωρίζουνται, συναντιοῦνται, παντρευόμαστε.

4 Write sentences using the following expressions.

Πρὶν νά, ἴσως νά, μακάρι νά, ἀκόμα νά, χωρὶς νά.

5 Put the verbs in brackets in the future.

Ἐλπίζω ὅτι θὰ μοῦ (γράφω). Ἐλπίζω πὼς θὰ μοῦ (φέρω) τὸ παλτό μου. Ἐλπίζω ὅτι θὰ μὲ (ρωτῶ). Ἐλπίζω πὼς θὰ σοῦ (δίνω) τὰ λεφτά. Ἐλπίζω ὅτι θὰ (περνῶ) νὰ μὲ δεῖ. Ἐλπίζω ὅτι θὰ τὴν (συναντήσω). Ἐλπίζω πῶς θὰ τὴν (βλέπω) αὔ-ριο. Ἐλπίζω ὅτι θὰ (πηγαίνω). Ἐλπίζω πὼς θὰ (τρώγω) πρὶν ἔρθει.

6 Περιγράψτε ἕνα εἰκοστετράωρο τῆς ζωῆς σας.

7 Translate into English:

Παντρεύεται τὴν Κυριακή. Λυπᾶμαι ποὺ δὲ μπορῶ νὰ ἔρθω. Αἰστάνουμαι πολύ καλύτερα. Βλεπόμαστε πολύ συχνά. Φοβᾶμαι ὅτι δὲ θὰ ἔρθει. Φαίνεσαι πολύ κουρασμένος. Ἑτοιμαζόμαστε νὰ φύγουμε. Πῶς σοῦ φαίνεται αὐτὸ τὸ φό-ρεμα; Μοῦ φαίνεται ὅτι θέλει νὰ πάει. Τί γίνεσαι; Φαίνε-ται πολύ καλὸς ἄνθρωπος. Μοιραζόμαστε αὐτὰ τὰ μῆλα; Φαίνεται ὅτι δὲν ἤξερε τίποτα. Κάθουμαι στὴν ὁδὸ Σταδίου.

Grammar: Verbs ending in ουμαι, ιέμαι, ᾶμαι

All verbs ending in ουμαι, ιέμαι, ᾶμαι are not necessarily passive, e.g. ρωτιέμαι I ask myself, (reflexive) φοβᾶμαι I fear (passive in form active in meaning).

The present indicative is formed as follows.

Group 1

1 Add the following endings to the stem of the active verb.

πιάν—ω   I catch   πιάν-ουμαι, ομαι   I am caught
                             πιάν-εσαι
                             πιάν-εται
                             πιαν-όμαστε
                             πιαν-όσαστε, εστε
                             πιάν-ουνται, ονται

Group 2

2 Add the following endings to the stem of the active verb.

ρωτ—ῶ I ask ρωτ-ιέμαι I ask myself   φοβ-ᾶμαι   I fear
            ρωτ-ιέσαι   φοβ-ᾶσαι
            ρωτ-ιέται   φοβ-ᾶται
            ρωτ-ιόμαστε   φοβ-όμαστε
            ρωτ-ιόσαστε, ιέστε   φοβ-όσαστε, ἀστε
            ρωτ-ιοῦνται, or ιόνται   φοβ-οῦνται, or όνται

Some verbs conjugate like φοβᾶμαι.

29 ΕΙΚΟΣΤΟ ΕΝΑΤΟ ΜΑΘΗΜΑ

Λεξιλόγιο

Ἀθηναϊκὸς, ἠ, ὁ	Athenian
ἀκατάλληλος, η, ο	unsuitable
ἀναγκάζουμαι, στηκα	I am obliged
ἀπλῶς or ἀπλὰ	simply
γελοῖος, α, ο	ridiculous
γνωστός, ἠ, ὁ	known
γράφουμαι, φτηκα	I enrol
δείχνουμαι, χτηκα	I appear
δεύτερος, η, ο	second
δέχουμαι, χτηκα	I receive, accept
δημοσιογράφος	journalist (*m. and f.*)
ἔχω δίκαιο or δίκιο	I am right
ἔχω ἄδικο	I am wrong
κατάλληλος, η, ο	suitable, right
ὁ λαὸς	people
τὸ λεξικὸ	dictionary
περιγράφω, περιέγραψα	I describe

ἡ	σελίδα	page
	στενοχωριέμαι, θηκα	I worry
ἡ	τσατσάρα	comb
τὸ	χιοῦμορ	humour
ἡ	χτένα	comb
	χτενίζουμαι, στηκα	I comb my hair

Συνδιάλεξη

Ζωὴ   Γιατὶ γελᾶς, 'Αλέξαντρε;

'Αλ.   Γιατὶ διάβασα ἕνα ἀστεῖο.

Ζωὴ   Πὲς μου το κι'ἐμένα γιὰ νὰ γελάσω. Ξέρεις πόσο μοῦ ἀρέσουνε τὰ ἀστεῖα.

'Αλ.   Δὲ θὰ γελάσεις.

Ζωὴ   Γιατὶ δὲ θὰ γελάσω;

'Αλ.   Γιατὶ δὲ θὰ τὸ καταλάβεις.

Ζωὴ   Δὲ θὰ τὸ καταλάβω; Γιατί;

'Αλ.   Γιατὶ τὸ χιοῦμορ του εἶναι ἑλληνικό.

Ζωὴ   Δὲ σὲ καταλαβαίνω τὶ θέλεις νὰ πεῖς. Τὸ χιοῦμορ μοῦ φαίνεται ὅτι εἶναι παντοῦ τὸ ἴδιο.

'Αλ.   Δὲν ἔχεις δίκαιο. Κάθε λαὸς ἔχει καὶ τὸ ἰδιαίτερό του χιοῦμορ.

Ζωὴ   Πὲς μου τὸ ἀστεῖο, σὲ παρακαλῶ καὶ θὰ δεῖς ὅτι θὰ τὸ καταλάβω καὶ θὰ γελάσω πολύ.

'Αλ.   Πολὺ καλά. Ἄκουσε. Ἕνας δημοσιογράφος μιᾶς μεγάλης 'Αθηναϊκῆς ἐφημερίδας, ρώτησε ἕναν ἄλλο δημοσιογράφο, ποὺ εἴτανε γνωστὸς γιὰ τὸ χιοῦμορ του "Γιῶργο, πῶς εἶναι ἡ λέξη ἐντάξει στὰ 'Αγγλικά;" Ὁ Γιῶργος δὲν ἀπάντησε. "'Ε, Γιῶργο, ἐσένα μιλάω. Ξέρεις πῶς λένε ἐντάξει στὰ 'Αγγλικά;" Καὶ πάλιν ὁ Γιῶργος δὲν ἀπάντησε. "Γιῶργο, ἔχεις ἕνα λεξικὸ τῆς 'Αγγλικῆς, σὲ παρακαλῶ;" "'Ὄχι, δὲν ἔχω γιατὶ ἐγὼ ὁ ἴδιος εἶμαι λεξικό," εἶπε ὁ Γιῶργος. "Τότε γιατὶ δὲ μοῦ λὲς πῶς εἶναι ἡ λέξη ἐντάξει στὰ 'Αγγλικά;" "Γιατὶ ἁπλούστατα δὲ μὲ γύρισες στὴν κατάλληλη σελίδα."

'Αλ.   Γιατὶ δὲ γελᾶς, Ζωή;

Ζωὴ   Τελείωσε τὸ ἀστεῖο;

'Αλ.   Ναί.

Ζωὴ   Δὲν τὸ βρίσκω πολὺ ἀστεῖο.

'Αλ.   Τὶ σοῦ ἔλεγα; Βλέπεις;

Πραχτική ἐξάσκηση

1 Ὁ Γιῶργος συνάντησε   Ναί, συναντηθήκανε χτές.
  τὴ Μαρία;
  Ἡ Ζωὴ ἀγαπάει τὸν   Ναί, ἀγαπιοῦνται.
  Ἀλέξαντρο;
  Ἡ Ἀντιγόνη γνωρίζει   Ναί, γνωρίζουνται.
  τὸν Πέτρο;
  Ὁ Πέτρος εἶδε τὸ   Ναί, εἰδωθήκανε χτὲς τὸ
  Γιῶργο;   βράδι.

2 Ἐπισκέφτηκες τὴν Ἑλ-   Τὴν ἐπισκέφτηκα γιὰ πο-
  λάδα πέρυσι;   λὺ λίγο.
  Ἀναγκάστηκες νὰ πᾶς   Ἀναγκάστηκα νὰ πάω γιὰ
  νὰ τὴν δεῖς;   λίγο.
  Γράφτηκε στὸ πανεπι-   Ναί, γράφτηκε.
  στήμιο ὁ Γιῶργος;
  Στενοχωρήθηκε πολὺ ἡ   Στενοχωρήθηκε λίγο.
  Μαρία;

3 Ἐπισκεφτότανε τὴν Ἑλ-   Τὴν ἐπισκεφτότανε κάθε
  λάδα συχνά;   καλοκαίρι.
  Στενοχωριότανε μόνη της   Ὄχι, γιατὶ εἶχε πολλὰ πρά-
  στὴν Ἑλλάδα;   γματα νὰ κάνει.
  Ἀναγκαζόσουνα νὰ πη-   Πήγαινα ὅποτε ἤθελα.
  γαίνεις νὰ τὴν βλέπεις;
  Ζεσταινόσουνα χτὲς τὸ   Ζεστάθηκα γιὰ λίγο.
  βράδι;

4 Εἶναι πολὺ δύσκολο;   Ναί, ἀλλὰ τὸ ἄλλο εἶναι
                            πιὸ δύσκολο.
  Εἶναι πολὺ σπουδαῖο;   Ναί, ἀλλὰ τὸ ἄλλο εἶναι
                            πιὸ σπουδαῖο.
  Εἶναι πολὺ ἐνδιαφέρον;   Ναί, ἀλλὰ τὸ ἄλλο εἶναι
                            πιὸ ἐνδιαφέρον.
  Εἶναι πολὺ μεγάλο;   Ναί, ἀλλὰ τὸ ἄλλο εἶναι
                            πιὸ μεγάλο.
  Εἶναι πολὺ ἀκριβό;   Ναί, ἀλλὰ τὸ ἄλλο εἶναι
                            πιὸ ἀκριβό.

5 Ποιὸ περιοδικὸ χρεια-   Ὅποιο καὶ νᾶναι. Δὲν
  ζόσαστε;   πειράζει.

Ποιά ἐφημερίδα χρεια-   Ὅποια καὶ νἄναι. Δὲν
ζόσαστε;   πειράζει.
Ποιὸ φόρεμα χρειαζόσα-   Ὅποιο καὶ νἄναι. Δὲ μὲ
στε;   πειράζει.

6 Ποιὸ αὐτοκίνητο εἶναι   Εἶναι τὸ δεύτερο ἀριστερά.
δικὸ σας;
Ποιὸς εἶναι ὁ δρόμος σας;   Εἶναι ὁ τρίτος δεξιά.
Ποιὸ εἶναι τὸ σπίτι σας;   Εἶναι τὸ πέμπτο ἀριστερά.

Fluency practice

1   Rewrite the sentences putting the verbs in the aorist.

(Παντρεύουμαι) πέρυσι.   (Χτενίζουμαι) στὸ κουρεῖο.
(Γράφουμαι) στὸ σχολεῖο. (Ἑτοιμάζουμαι) πολὺ γρήγορα.
(Κρύβουμαι) νὰ μὴ μὲ δεῖ. (Κλείνουμαι) ἔξω χτές.
(Στενοχωριέμαι) ποὺ δὲν ἦρθες. (Δέχουμαι) νὰ ἔρθει νὰ μὲ δεῖ.
(Φοβᾶμαι) μήπως δὲν ἔρθει. (Δείχνουμαι) ἀχάριστος.
(Σηκώνουμαι) στὶς ὀχτὼ ἡ ὥρα. (Κοιταζόμαστε) καὶ δὲ μιλή-
σαμε.   (Ἔρχουμαι) γιὰ νὰ σᾶς δῶ. (Γίνουμαι) γιατρός.

2   Rewrite the sentences putting the verbs in the past contin-
uous.

Ὅταν (ἔρχουμαι) εἶδα τὸ Γιῶργο.
Ἔφτασε ὅταν (ἑτοιμάζουμαι) νὰ φύγουμε.
(Σηκώνουμαι) κάθε μέρα στὶς δέκα ἡ ὥρα.
Ὁ Πέτρος ὅταν (εἶμαι) στὴν Ἑλλάδα (ἀναγκάζουμαι) νὰ
σηκώνεται πρωΐ.
Ἡ Μαρία (δέχουμαι) τὶς φίλες της κάθε Κυριακὴ πρωΐ.
(Στενοχωριέμαι) ὅταν ὁ καιρὸς δὲν (εἶμαι) καλός.

3   Rewrite the following sentences putting the verbs in
brackets in their appropriate form.

Ἄκουσα ὅτι (πώς)   ⎧ (βρίσκουμαι) ἀκόμα στὴν Ἑλλάδα.
ὁ Πέτρος   ⎪ (πηγαίνω) στὴν Ἑλλάδα πέρυσι.
                 ⎨ (γυρίζω) ἀπ᾽ τὴν Ἑλλάδα αὔριο.
                 ⎪ (φτάνω) πιὰ στὴν Ἑλλάδα.
                 ⎪ (μένω) στὸ Χίλτον.
                 ⎩ (μένω) στὴν Ἑλλάδα ὅλο τὸν Αὔγουστο.

Εἶναι ἀλήθεια
ὅτι (πῶς) ἡ Ζωή
{
(ἑτοιμάζουμαι) νὰ πάει στὴν Ἑλλάδα;
(γυρίζω) ἀπ'τὴν Ἑλλάδα χτές;
(ἀγοράζω) ἕνα αὐτοκίνητο;
(μένω) στὸ Χίλτον πέρυσι;
(φοβᾶμαι) τὴ θάλασσα;
}

4   Put the verbs in brackets in the conditional.

Θὰ (ἔρχουμαι) αὔριο τὸ πρωΐ ἄν εἴσουνα μέσα.

Θὰ (γίνουμαι) γιατρὸς ἄν εἶχα λεφτά.

Θὰ (παντρεύουμαι) τὴν Κυριακὴ ἄν ἐρχότανε ὁ πατέρας μου.

Grammar: Past continuous and aorist of verbs ending in ουμαι, ιέμαι, ᾶμαι

The past continuous is formed by changing the present indicative as follows.

Group 1 πιαν-όμουν(α) *Group 2* ρωτ-ιόμουν(α) φοβ-όμουν(α)
πιαν-όσουν(α)   ρωτ-ιόσουν(α) φοβ-όσουν(α)
πιαν-όταν(ε)   ρωτ-ιόταν(ε)   φοβ-όταν(ε)
πιαν-όμαστε   ρωτ-ιόμαστε   φοβ-όμαστε
πιαν-όσαστε .   ρωτ-ιόσαστε   φοβ-όσαστε
πιαν-όνταν(ε)   ρωτ-ιόνταν(ε) φοβ-όνταν(ε)

The past continuous is used to denote a past action incomplete or repetitive, e.g. Σηκωνόμουνα πάντα πολὺ πρωΐ, I used always to get up very early.

The aorist generally is formed by changing the active aorist as follows.

Active aorist ending in σα   changes into θηκα or στηκα
ψα   φτηκα
ξα   χτηκα
α   θηκα

The aorist is used to denote an instantaneous past action. Χτὲς σηκώθηκα πολὺ πρωΐ, Yesterday I got up very early.

The endings of the aorist are as follows:

πιάστ-ηκα   ρωτήθ-ηκα   φοβήθ-ηκα
πιάστ-ηκες   ρωτήθ-ηκες   φοβήθ-ηκες
πιάστ-ηκε   ρωτήθ-ηκε   φοβήθ-ηκε
πιαστ-ήκαμε   ρωτηθ-ήκαμε   φοβηθ-ήκαμε
πιαστ-ήκατε   ρωτηθ-ήκατε   φοβηθ-ήκατε
πιαστ-ήκαν(ε)   ρωτηθ-ήκαν(ε)   φοβηθ-ήκαν(ε)

Formation of the aorist

Aorist active	*Aorist passive*
σα	**στηκα-θηκα**
ἄκουσα	ἀκούστηκα
ἔπιασα	πιάστηκα
ἔχασα	χάθηκα
ἀγάπησα	ἀγαπήθηκα
ψα	**φτηκα**
ἔγραψα	γράφτηκα
πάντρεψα	παντρέφτηκα, or παντρεύτηκα
ξα	**χτηκα**
ἄνοιξα	ἀνοίχτηκα
ἔβρεξα	βρέχτηκα, or βράχηκα
ἔψαξα	ψάχτηκα
α	**θηκα**
ἔφερα	φέρθηκα
ἔσυρα	σύρθηκα
ἔστειλα	στάλθηκα

Other verbs

θυμᾶμαι	θυμήθηκα
λυπᾶμαι	λυπήθηκα
ἐργάζουμαι	ἐργάστηκα
κοιμᾶμαι	κοιμήθηκα

There are some verbs which form their aorist irregularly, and some which have no active form.   For irregular verbs see pages 175-7.

30 ΤΡΙΑΚΟΣΤΟ ΜΑΘΗΜΑ

Λεξιλόγιο

τὸ	βάρος	weight
ἡ	βενζίνη	petrol
τὸ	γκαράζ or γκαράζι	garage
	ἐπὶ πλέον	in addition
	ἐπιστρέφω, ἐπέστρεψα	I return

τὸ	ἐργόχειρο	needlework
τὸ	κέντημα	needlework
τὸ	κεράσι	cherry
ἡ	κούραση or ις	fatigue
τὰ	λάστιχα	tyres
	ξεκουράζουμα, στηκα	I rest
	παντοῦ	everywhere
ὁ	παπούς, or παππούς	grandfather
ἡ	παραγγελία	order, message
	παραγγέλνω,	I order
	παράγγειλα	
	πιθανός, ή, ὁ	probable
τὸ	ροδάκινο	peach
ἡ	τέχνη	art
ἡ	τιμή	price
	τσεκάρω, τσεκάρησα	I check
	φέρνουμαι, θηκα	I behave
τὸ	φέρσιμο	behaviour
τὰ	ψώνια	shopping
	ψωνίζω, ψώνισα	I shop

Συνδιάλεξη

Ζωή   Ἀλέξαντρε, θὰ ἤθελα νὰ ἀγοράσω ἕνα μικρὸ δῶρο γιὰ τὴ γιαγιὰ μου.

Ἀλ.   Σὰν τὶ θέλεις νὰ τῆς ἀγοράσεις;

Ζωή   Κάτι πολὺ μικρὸ γιατὶ δὲν ἔχω χῶρο στὶς βαλίτσες μου καὶ κάτι ποὺ νὰ μὴν εἶναι βαρὺ γιὰ νὰ μὴν πληρώσω ἐπὶ πλέον βάρος.

Ἀλ.   Θὰ σοῦ ἄρεσε ἕνα ἑλληνικὸ ἐργόχειρο;

Ζωή   Δὲν εἶναι ἄσκημη ἰδέα.   Ποῦ πουλᾶνε κεντήματα;

Ἀλ.   Στὰ πιὸ πολλὰ μαγαζιὰ ἐκεῖ κοντὰ στὸ Σύνταγμα ποὺ πουλᾶνε ἔργα τέχνης.

Ζωή   Ὁ Πέτρος ἐπίσης θὰ ἤθελε νὰ πᾶμε σ'ἕνα γκαρὰζ γιὰ νὰ ἀγοράσει βενζίνη καὶ νὰ τσεκάρει τὰ λάστιχα τοῦ αὐτοκινήτου καὶ τὸ λάδι.

Ἀλ.   Μποροῦμε νὰ περάσουμε ἀπὸ ἕνα γκαρὰζ πηγαίνοντας στὰ μαγαζιά.

Ζωή   Πολὺ ὡραῖα.   Πᾶμε. Ξέχασα, θὰ ἤθελα καὶ κάτι ἄλλο.

Ἀλ.   Λέγε.   Τὶ ἄλλο θέλεις;

Ζωή   Θὰ ἤθελα ν'ἀγοράσω καὶ λίγα φροῦτα γιὰ μιὰ φίλη μου Ἑλληνίδα καὶ κανένα ἑλληνικὸ βιβλίο γιὰ μένα.

'Αλ.   Πᾶμε πρῶτα γιὰ τὸ δῶρο τῆς γιαγιᾶς σου στὸ Σύνταγμα. Ἐκεῖ ὑπάρχουνε πολλὰ βιβλιοπωλεῖα καὶ θὰ βροῦμε βιβλία ποὺ θὰ σοῦ ἀρέσουνε. Ὅσο γιὰ φροῦτα θὰ τὰ ἀγοράσουμε ἐδῶ κοντὰ στὴ γειτονιά μου.

Πέτ.   'Αλέξαντρε, θὰ ἤθελα νὰ χαλάσω καὶ λεφτά. Δὲ θὰ ἔχω ἀρκετὰ γιὰ ὅλα αὐτὰ τὰ ψώνια.

'Αλ.   Μπορῶ νὰ σοῦ δώσω ἐγώ. Πόσα θέλεις;

Πέτ.   Οὔτε κι'ἐγὼ δὲν ξέρω. Ἄς ποῦμε πεντακόσιες δραχμές. Ἔχεις ἀρκετά; Δὲ θέλω νὰ μείνεις χωρὶς ψιλά.

'Αλ.   Πᾶμε καὶ θὰ τὰ καταφέρουμε μ'ὅτι ἔχω, κι'αὔριο τὸ πρωῒ πηγαίνουμε στὴν τράπεζα. Ἕτοιμοι;

Ζωή   Ἕτοιμοι.

Πραχτικὴ ἐξάσκηση

1   Θὰ κοιμηθεῖτε νωρὶς ἀπόψε;   Θὰ κοιμηθῶ σὲ μισὴ ὥρα.
Θὰ σηκωθεῖτε ἀργὰ αὔριο τὸ πρωΐ;   Θὰ σηκωθοῦμε στὶς δέκα ἡ ὥρα.
Θὰ ξεκουραστεῖτε πρῶτα;   Θὰ ξεκουραστῶ γιὰ λίγο.
Θὰ ἔρθετε νωρίς;   Θά ἔρθουμε τώρα.

2   Σᾶς φαίνεται πιθανὸν ὅτι θὰ ἔρθει;   Δὲ νομίζω ὅτι θὰ ἔρθει.
Σᾶς φαίνεται πιθανὸν ὅτι θὰ τὸ δεχτεῖ;   Δὲ νομίζω ὅτι θὰ τὸ δεχτεῖ.
Σᾶς φαίνεται πιθανὸν ὅτι θὰ τὸ θυμηθεῖ;   Δὲ νομίζω ὅτι θὰ τὸ θυμηθεῖ.
Σᾶς φαίνεται πιθανὸν ὅτι θὰ τὴν παντρεφτεῖ;   Δὲ νομίζω ὅτι θὰ τὴν παντρεφτεῖ.

3   Θὰ πληρωθοῦμε αὔριο;   Δὲν ξέρω ἄν θὰ πληρωθοῦμε.
Θὰ τὸν ἐπισκεφτοῦμε αὔριο;   Δὲν ξέρω ἄν θὰ τὸν ἐπισκεφτοῦμε.
Θὰ ἐργαστοῦμε;   Δὲν ξέρω ἄν θὰ ἐργαστοῦμε.
Θὰ βαφτοῦμε;   Δὲν ξέρω. Κάνε ὅτι θέλεις, ἐγὼ δὲ βάφουμαι.

4   Δὲ νομίζω ὅτι θὰ κουραστεῖ.   Εἶναι πιθανὸν ὅτι δὲ θὰ κουραστεῖ.

Δὲ νομίζω ὅτι θὰ φερθεῖ ἄσκημα.

Εἶναι πιθανὸν ὅτι δὲ θὰ φερθεῖ ἄσκημα.

Δέ νομίζω ὅτι θὰ τὸ θυμηθεῖ.

Εἶναι πιθανὸν νὰ μὴν τὸ θυμηθεῖ.

Δὲ νομίζω ὅτι θὰ λυπηθεῖ.

Εἶναι πιθανὸν νὰ μὴ λυπηθεῖ.

5 Δὲ νομίζεις ὅτι θὰ κουραστεῖς;

Εἶμαι βέβαιος ὅτι δὲ θὰ κουραστῶ.

Δὲ νομίζεις ὅτι θὰ βαρεθεῖς;

Εἶμαι βέβαιη ὅτι δὲ θὰ βαρεθῶ.

Δὲ νομίζεις ὅτι θὰ στενοχωρηθεῖς;

Εἶμαι βέβαιη ὅτι δὲ θὰ στενοχωρηθῶ.

Δέ νομίζεις ὅτι θὰ φοβηθεῖς;

Εἶμαι βέβαιος ὅτι δὲ θὰ φοβηθῶ.

6 Θέλεις νὰ ἔρθεις μαζὶ μου;

Θὰ ἤθελα νὰ ἔρθω μαζὶ σου.

Θὲλεις νὰ φᾶμε μαζί;

Θὰ ἤθελα νὰ φᾶμε μαζί.

Θέλεις νὰ περπατήσεις μαζὶ μου;

Θὰ ἤθελα νὰ περπατήσω μαζὶ σου.

Θέλεις νὰ κατεβοῦμε μαζί ;

Θὰ ἤθελα νὰ κατεβοῦμε μαζί.

Fluency practice

1 Put the verbs in the appropriate future:

Θὰ (φέρνουμαι) πιὸ καλὰ στὸ ἐξῆς.
Θὰ (ἐτοιμάζουμαι) πιὸ γρήγορα στὸ μέλλον.
Θὰ (δέχουμαι) κάθε πρωῒ στὶς δέκα ἡ ὥρα.
Θὰ (φέρνουμαι) πολὺ εὐγενικὰ, μὴν ἀνησυχεῖς.
Θὰ (ἐτοιμάζουμαι) πολὺ γρήγορα. Περίμενέ με.
Θὰ (δέχουμαι) αὔριο τὸ πρωῒ στὶς δέκα ἡ ὥρα.

2 Write the two futures of the following verbs:

Σηκώνουμαι, κοιμᾶμαι, ρωτιέμαι, ἐργάζουμαι, θυμᾶμαι, λυπᾶμαι, βαριέμαι, κρύβουμαι, ζεσταίνουμαι, παντρεύουμαι, κουράζουμαι, ξεκουράζουμαι.

3 Put the verbs in brackets in the appropriate tense.

Τὸ ξενοδοχεῖο ποὺ (μένω) εἶναι πολὺ καλό.
Τὸ ξενοδοχεῖο ποὺ (μένω) εἶτανε πολὺ καλό.

Τὸ ξενοδοχεῖο ποὺ (μένω) εἶναι στὴν ὁδὸ 'Αμερικῆς.
Τό ξενοδοχεῖο ποὺ (μένω) εἴτανε στὴν ὁδὸ 'Αμερικῆς.

4 Write ten sentences using γιὰ νά, in order to.

5 Γράψτε μιὰ ἔκθεση, "Μιὰ μέρα στὰ μαγαζιά."

6 Translate into Greek:

Mrs H. Can I speak to Mrs Demou, please?
Maria   I am sorry she is not in.
Mrs H. Do you know when she will return?
Maria   She has gone out shopping. She said she will be back at half past twelve.
Mrs H. Can I leave a message?   I shan't meet her this afternoon.   I have had a cold and I shall stay indoors. Will you ask her to ring me when she gets in ?   It is Mrs Harris speaking.   My number is 452-639.
Maria   Certainly, Mrs Harris.   I hope you will soon be better.

Grammar :   Future of verbs ending in ουμαι, ιέμαι, ᾶμαι
The future continuous of verbs ending in ουμαι, ιέμαι, ᾶμαι
is formed with θὰ followed by the present indicative.

θὰ πιάνουμαι	θὰ ρωτιέμαι	θὰ φοβᾶμαι
θὰ πιάνεσαι	θὰ ρωτιέσαι	θὰ φοβᾶσαι
θὰ πιάνεται	θὰ ρωτιέται	θὰ φοφᾶται
θὰ πιανόμαστε	θὰ ρωτιόμαστε	θὰ φοβόμαστε
θὰ πιανόσαστε	θὰ ρωτιόσαστε	θὰ φοβόσαστε
θὰ πιάνουνται	θὰ ρωτιοῦνται	θὰ φοβοῦνται

The future continuous is used when the future action is incomplete or repetitive.
Θὰ σηκώνουμαι νωρίς κάθε πρωΐ, I shall get up early every morning.   Θὰ πλύνουμαι πάντα μὲ κρύο νερό.   I shall always wash (myself) with cold water.

The future simple is formed with θὰ followed by the indefinite (see pp. 173-4).

θὰ πιαστῶ	θὰ ρωτηθῶ	θὰ φοβηθῶ
θὰ πιαστεῖς	θὰ ρωτηθεῖς	θὰ φοβηθεῖς
θὰ πιαστεῖ	θὰ ρωτηθεῖ	θὰ φοβηθεῖ
θὰ πιαστοῦμε	θὰ ρωτηθοῦμε	θὰ φοβηθοῦμε

θὰ πιαστεῖτε	θὰ ρωτηθεῖτε	θὰ φοβηθεῖτε
θὰ πιαστοῦν(ε)	θὰ ρωτηθοῦν(ε)	θὰ φοβηθοῦν(ε)

The future simple is used when the future action is complete. Θὰ σηκωθῶ νωρὶς αὔριο τὸ πρωΐ, I shall get up early tomorrow morning. Θὰ πλυθεῖ μὲ κρύο νερό, he will wash with cold water.

31 ΤΡΙΑΚΟΣΤΟ ΠΡΩΤΟ ΜΑΘΗΜΑ

Λεξιλόγιο

	ἀρρωσταίνω, ἀρρώστησα	I fall ill
ἡ	ἀρρώστια	illness
	ἄρρωστος, η, ο	ill
τὸ	δόντι	tooth
	ἐν τῷ μεταξὺ	in the meantime
ἡ	ἔνεση or -ις	injection
τὸ	ἰατρεῖο	surgery
ἡ	κουφάλα	cavity
ἡ	κρέμα	cream
ὁ	μανάβης	greengrocer
ἡ	μεριὰ	place; side
ὁ	μπακάλης	grocer
τὸ	μπαμπάκι	cotton wool
ὁ	ὀδοντιατρὸς	dentist
ἡ	ὀδοντόκρεμα	toothpaste
τὸ	πακέτο	packet
ἡ	πλύση or -ις	wash(ing)
ἡ	πολυτέλεια	luxury
	πονῶ, πόνεσα	I am, was in pain
ὁ	πυρετὸς	fever
	σφραγίζω, σφράγισα	I fill (tooth)
τὸ	σφράγισμα	filling
τὸ	ὑποδηματοποιεῖο	shoemaker's
τὸ	φαρμακεῖο	chemist's
τὸ	φάρμακο	medicine

ὁ φαρμακοποιός   chemist
ὁ φούρναρης   baker

Συνδιάλεξη

Πέτρος   Ἀλέξαντρε, μὲ πονάει τὸ δόντι μου, ἔχεις ἕνα καλὸ
          ὀδοντιατρὸ νὰ μοῦ συστήσεις;
Ἀλ.   Ναί, ἔχω. Νὰ τοῦ τηλεφωνήσουμε νὰ κλείσουμε
          ἕνα ραντεβοῦ γιὰ αὔριο τὸ πρωΐ.
Πέτ.   Δὲν μποροῦμε νὰ πᾶμε σήμερα;
Ἀλ.   Μποροῦμε. Πᾶμε τώρα ἀμέσως. Δὲ σὲ πειράζει
          νὰ περιμένουμε, ὡς νὰ τελειώσει τὰ ραντεβοῦ του;
Πέτ.   Ὄχι, δὲ μὲ πειράζει.
          (Στὸν ὀδοντιατρὸ)
Ἀλ.   Καλημέρα σας.
Γραμματέας Καλημέρα, κύριε Παπαγιαννόπουλε.
Ἀλ.   Θὰ μποροῦσε ὁ γιατρὸς νὰ σφραγίσει τὸ δόντι τοῦ
          φίλου μου; Τοῦ ἔφυγε τὸ σφράγισμα καὶ τὸν
          πονάει πολύ.
Γραμ.   Θὰ πρέπει νὰ περιμένετε λίγο. Θὰ σᾶς πείραζε;
Ἀλ.   Ὄχι, νὰ περιμένουμε.
Γραμ.   Ὁ γιατρὸς εἶναι τώρα ἐλεύτερος. Θέλετε νὰ περά-
          σετε;
Πέτ.   Εὐχαριστῶ πολύ.
Ὀδοντ.   Καθίστε, σᾶς παρακαλῶ. Ἀνοῖξτε τὸ στόμα σας.
          Ποιὸ δόντι νομίζετε ὅτι σᾶς πονάει;
Πέτ.   Νομίζω ὅτι εἶναι στὴν ἀριστερὴ μεριὰ, ἕνα ἀπ'τὰ
          πίσω κάτω δόντια.
Ὀδοντ.   Γιὰ νὰ δῶ. Ὄχι, δὲν εἶναι στὴν κάτω μεριά.
          Εἶναι ἕνα ἀπ' τὰ πάνω. Ἔχει μιὰ μεγάλη κουφάλα
          καὶ φοβᾶμαι ὅτι θὰ χρειαστεῖ νὰ τὸ βγάλουμε.
Πέτ.   Θὰ πονέσει πολὺ, γιατρὲ μου;
Ὀδοντ.   Θὰ σᾶς κάνω μιὰ ἔνεση καὶ δὲ θὰ τὸ νοιώσετε κα-
          θόλου. Αὐτὸ εἶναι ὅλο. Σᾶς πόνεσα;
Πέτ.   Καθόλου.
Ὀδοντ.   Θὰ σᾶς δώσω ἕνα φάρμακο γιὰ νὰ κάνετε λίγες
          πλύσεις.
Πέτ.   Εὐχαριστῶ πολύ. Καλημέρα σας.
Ὀδοντ.   Καλημέρα σας. Γειὰ σου Ἀλέξαντρε.
Ἀλ.   Γειὰ σου, γιατρέ.
Πέτ.   Πρέπει νὰ πάω τώρα στὸ φαρμακεῖο νὰ πάρω αὐτὸ

τὸ φάρμακο.

'Αλ.   Πᾶμε.
        (Στὸ φαρμακεῖο).
Πέτ.   Μπορεῖτε νὰ μοῦ φτειάξετε αὐτὸ τὸ φάρμακο, σᾶς παρακαλῶ;
Φαρμ.   Μάλιστα.
Πέτ.   Ἐν τῷ μεταξὺ μοῦ δίνετε, σᾶς παρακαλῶ, ἕνα πακέτο μπαμπάκι, καὶ μία ὀδοντόκρεμα;
Φαρμ.   Εὐχαρίστως.
Πέτ.   Πόσο κάνουνε ὅλα μαζί;
Φαρμ.   Ὀγδόντα δραχμές. Νὰ σᾶς τὰ κάνω ὅλα ἕνα πακέτο;
Πέτ.   Σᾶς εὐχαριστῶ πολύ.
Φαρμ.   Ὁρίστε, κύριε, τὸ πακέτο σας καὶ τὰ ρέστα ἀπὸ τὸ ἑκατοστάρικο.
Πέτ.   Εὐχαριστῶ. Χαίρετε.
Φαρμ.   Χαίρετε καὶ περαστικὰ σας.

Πραχτικὴ ἐξάσκηση

1 Γιατὶ νὰ μὴν κοιμηθῶ;   Γιατὶ δὲν πρέπει νὰ κοιμηθεῖτε.

  Γιατὶ νὰ μὴν ξεκουραστῶ;   Γιατὶ δὲν πρέπει νὰ ξεκουραστεῖτε.

  Γιατὶ νὰ μὴν παντρεφτῶ;   Γιατὶ δὲν πρέπει νὰ παντρεφτεῖτε.

  Γιατὶ νὰ μὴν τὸν ἐπισκεφτῶ;   Γιατὶ δὲν πρέπει νὰ τὸν ἐπισκεφτεῖτε.

  Γιατὶ νὰ μὴν κρυφτῶ;   Γιατὶ δὲν πρέπει νὰ κρυφτεῖτε.

2 Δὲ θὰ ἤθελες νὰ ἔρθεις;   Ναί, ἀλλὰ δὲν ἔχω καιρὸ νὰ ἔρθω.

  Δὲ θὰ ἤθελες νὰ ξεκουραστεῖς; Ναί, ἀλλὰ δὲν ἔχω καιρὸ νὰ ξεκουραστῶ.

  Δὲ θὰ ἤθελες νὰ χτενιστεῖς λίγο; Ναί, ἀλλὰ δὲν ἔχω καιρὸ νὰ χτενιστῶ.

  Δὲ θὰ ἤθελες νὰ κοιμηθεῖς λίγο;   Ναί, ἀλλὰ δὲν ἔχω καιρὸ νὰ κοιμηθῶ.

  Δὲ θὰ ἤθελες νὰ πλυθεῖς λίγο;   Ναί, ἀλλὰ δὲν ἔχω καιρὸ νὰ πλυθῶ.

3 Λὲς νὰ χρειαστεῖ χρήματα;   Ἴσως χρειαστεῖ λίγα.
                                Ἴσως νὰ χρειαστεῖ λίγα.

  Λὲς νὰ ζεσταθεῖ πολύ;   Ἴσως ζεσταθεῖ λίγο.
                                Ἴσως νὰ ζεσταθεῖ λίγο.

  Λέτε νὰ τὸ θυμηθεῖ;   Ἴσως τὸ θυμηθεῖ.
                                Ἴσως νὰ τὸ θυμηθεῖ.

  Λέτε νὰ σηκωθεῖ νωρίς;   Ἴσως σηκωθεῖ νωρίς.
                                Ἴσως νὰ σηκωθεῖ νωρίς.

  Λὲς νὰ κοιμηθεῖ νωρίς;   Ἴσως κοιμηθεῖ νωρίς.
                                Ἴσως νὰ κοιμηθεῖ νωρίς.

4 Πόση ὥρα θὰ κάνετε νὰ τὸ   Μιὰ ὥρα πάνω κάτω.
  διορθώσετε;
  Πόση ὥρα θὰ κάνετε νὰ τὸ   Περίπου μιὰ ὥρα.
  φτειάξετε;
  Πόση ὥρα θὰ κάνετε νὰ   Σχεδὸν μιὰ ὥρα.
  ἔρθετε;
  Πόση ὥρα θὰ κάνετε νὰ   Τὸ πιὸ πολὺ μιὰ ὥρα.
  φᾶτε;

5 Κάτι ἔχουνε τὰ φρένα.   Πολὺ καλά, θὰ τὰ διορ-
                                θώσω ἀμέσως.
  Κάτι ἔχουνε τὰ λάστιχα.   Πολὺ καλά, θὰ τὰ φτειάξω
                                ἀμέσως.
  Κάτι ἔχουνε τὰ φῶτα.   Πολὺ καλά, θὰ τὰ κοιτάξω
                                ἀμέσως.
  Κάτι ἔχει τὸ μοτέρ.   Πολὺ καλά, θὰ τὸ διορ-
                                θώσω ἀμέσως.
  Κάτι ἔχει τὸ τιμόνι.   Πολὺ καλά, θὰ τὸ κοιτάξω
                                ἀμέσως.

Fluency practice

1   Put the verbs in brackets in the subjunctive mood.

Πρέπει νὰ (χτενίζουμαι) στὸ κουρεῖο γιὰ νὰ εἶσαι πάντα
καλὰ χτενισμένη.

Πρέπει νὰ (σηκώνουμαι) πιὸ πρωῒ γιὰ νὰ πηγαίνουμε περί-
πατο.

Πρέπει νὰ (κοιμᾶμαι) πιὸ νωρὶς ἀφοῦ κουράζεσαι τόσο πολύ.

Πρέπει νὰ (χτενίζουμαι) στὸ κουρεῖο γιὰ νὰ εἶσαι καλὰ χτε-
νισμένη.

Πρέπει νὰ (σηκώνουμαι) πολὺ πρωῒ γιὰ νὰ πᾶμε περίπατο.

Πρέπει νὰ (κοιμᾶμαι) πολὺ νωρὶς ἀφοῦ εἶσαι τόσο κουρασ-
μένη.

2   Put the verbs in brackets in the imperative mood.

(Ντύνουμαι) γρήγορα κι᾿ἔλα.   (Ντύνουμαι) γρήγορα κι᾿ἐλᾶτε.

(Πιάνουμαι) μήπως πέσεις.   (Πιάνουμαι) μήπως πέσετε.

(Ἑτοιμάζουμαι) ἀμέσως κι᾿ἔλα.   (Ἑτοιμάζουμαι) ἀμέσως κι᾿
ἐλᾶτε.

(Πλύνουμαι) ἐδῶ.   (Πλύνουμαι) ἐδῶ.

(Ξεκουράζουμαι) λίγο.   (Ξεκουράζουμαι) λίγο.

3   Γράψτε μιὰ τηλεφωνικὴ συνδιάλεξη γιὰ νὰ κλεῖστε ἕνα
ραντεβοῦ μὲ τὸ γιατρὸ σας.

4   Translate into English.

Ἔφαγε τόσο πολὺ ὥστε ἀρρώστησε.   Μιλοῦσε τόσο σιγὰ
ποὺ δὲν τὸν ἄκουγα.   Τὴν ἀγαπάει τόσο πολὺ ποὺ τῆς τὰ συγ-
χωρεῖ ὅλα.   Τὴν ἀγαπάει τόσο πολὺ ποὺ νὰ ξεχνᾶ τὰ
ὅσα τοῦ ἔκανε.   Ἔχω τόσο καιρὸ νὰ τὴν δῶ ὥστε δὲ θὰ τὴν
θυμηθῶ.   Μιλοῦσε τόσο σιγὰ ὥστε νὰ μὴ μπορῶ νὰ τὸν
ἀκούω.   Σὲ γέλασα τόσες φορὲς ὥστε νὰ μὴ μὲ πιστεύεις
πιά.

5   Write ten sentences similar to the above using ὥστε and
ὥστε νὰ.

6   Put the verbs in brackets in the imperative mood.

(Σηκώνουμαι) πολὺ πρωῒ.   (Σηκώνουμαι) πολὺ πρωῒ.

(Ἔρχουμαι) νὰ μὲ δεῖς αὔριο.   (Ἔρχουμαι) νὰ μὲ δεῖτε αὔριο.

(Κάθουμαι) ἐδῶ.   (Κάθουμαι) ἐδῶ.

(Φέρνουμαι) καλά.   (Φέρνουμαι) καλά.

**Grammar: Subjunctive mood of verbs ending in ουμαι, ιέμαι,
ᾶμαι**

The present subjunctive of verbs ending in ουμαι, ιέμαι, ᾶμαι
is formed with **νὰ** followed by the present indicative.

νὰ πιάνουμαι   νὰ κοιμᾶμαι
νὰ πιάνεσαι   νὰ κοιμᾶσαι
νὰ πιάνεται   νὰ κοιμᾶται
νὰ πιανόμαστε   νὰ κοιμόμαστε
νὰ πιανόσαστε   νὰ κοιμόσαστε
νὰ πιάνουνται   νὰ κοιμοῦνται

Θέλω νὰ σηκώνουμαι νωρὶς κάθε πρωΐ, I want to get up early
every morning. Θέλει νὰ πλένεται μὲ κρύο νερό, he wants
to wash with cold water.

The aorist subjunctive is formed with νὰ and the indefinite
(see pp. 173-4).

νὰ πιαστῶ   νὰ κοιμηθῶ
νὰ πιαστεῖς   νὰ κοιμηθεῖς
νὰ πιαστεῖ   νὰ κοιμηθεῖ
νὰ πιαστοῦμε   νὰ κοιμηθοῦμε
νὰ πιαστεῖτε   νὰ κοιμηθεῖτε
νὰ πιαστοῦν(ε)   νὰ κοιμηθοῦν(ε)

Πρέπει νὰ σηκωθεῖ τώρα ἀμέσως, he must get up immediately.
Πρέπει νὰ σηκωθῶ πολὺ νωρὶς αὔριο τὸ πρωΐ, I must get up
early tomorrow morning.

The imperative mood is as a general rule formed as follows.
(a) Add ου to the stem of the aorist active to form the
second person singular.

              πιάσου   hold on
              κοιμήσου   sleep
(b) For the second person plural use the aorist subjunctive.
              πιαστεῖτε   hold on
              κοιμηθεῖτε   sleep

32 ΤΡΙΑΚΟΣΤΟ
ΔΕΥΤΕΡΟ ΜΑΘΗΜΑ

Λεξιλόγιο

ἡ   ἀγάπη   love
     ἀγαπημένος, η, ο   dearest

	ἀγαπητός, ἡ, ὀ	dear
	ἀνυπόμονος, η, ο	impatient
	ἀξέχαστος, η, ο	unforgettable
	βυζαντινός, ἡ, ὀ	Byzantine
	ἐπηρεάζω, ἐπηρέασα	I influence
ἡ	ἱστορία	history
	μακροχρόνιος, α, ο	long
ὀ	πολιτισμός	civilisation
	πολυαγαπημένος, η, ο	beloved
τὸ	σημάδι	sign
ἡ	στέρηση or -ις	deprivation
	στεροῦμαι, θηκα	I lack, go short of
	συγχωρῶ, συγχώρησα	I forgive
	ὑπερηφανεύουμαι,	I am proud
	ὑπερηφανέφτηκα	
	ὑπερήφανος, η, ο	proud
	φαντάζουμαι, στηκα	I imagine, think
ἡ	φαντασία	imagination
ἡ	φιλία	friendship
	χάρις σὲ or χάρη σὲ	thanks to

Λονδίνο 20 Σεπτεμβρίου.

'Αγαπημένε μας 'Αλέξαντρε,

Δὲ φαντάζεσαι τὴ λύπη μας ποὺ φύγατε ἀπ'τὴν Ἑλλάδα. Θὰ στερηθοῦμε πολὺ τὸν ἥλιο, τὴ θάλασσα, τὰ ὄμορφα βουνὰ καὶ πολὺ περισσότερο τὴ συντροφιὰ σου.

Σ'εὐχαριστοῦμε πολὺ γιατὶ χάρη σὲ σένα περάσαμε ἀξέχαστες διακοπὲς στὴ χώρα σου.

Δὲ φανταστήκαμε ποτὲ ὄτι θὰ βρίσκαμε στὴ σημερινὴ Ἑλλάδα τόσα πολλὰ σημάδια τῆς μακροχρόνιας ἱστορίας της.

Ὁ βυζαντινὸς καὶ ἀρχαῖος πολιτισμὸς ἔχουνε ἐπηρεάσει πάρα πολὺ τὴ ζωή σας. Πρέπει νὰ εἴσαστε πολὺ ὑπερήφανοι ποὺ ζεῖτε σὲ μιὰ τέτοια χώρα γεμάτη μὲ παραδόσεις.

Κι'ἐμεῖς εἴμαστε πολὺ ὑπερήφανοι γιὰ τὴ δικὴ μας χώρα

καὶ θὰ περιμένουμε ἀνυπόμονα τὴν ἐπίσκεψή σου γιὰ νὰ σοῦ δείξουμε τὰ ἐδῶ ἐνδιαφέροντα.

Μὲ πολλὴ ἀγάπη
οἱ φίλοι σου
Πέτρος καὶ Ζωὴ

Πραχτικὴ ἐξάσκηση

1 Πηγαίνοντας στὴν πόλη εἶδα τὸν Πέτρο. — Τὸν εἶδα κι' ἐγώ.

Γυρίζοντας ἀπ'τὴν πόλη ἀγόρασα σταφύλια. — Ἀγόρασα κι' ἐγώ.

Ζώντας στὸ χωριὸ στερήθηκα τὸ θέατρο. — Τὸ στερήθηκα κι' ἐγώ.

Φωνάζοντας ἔχασε τὴ φωνή του. — Τὴν ἔχασα κι' ἐγώ.

2 Πότε παντρέφτηκε ὁ Γιῶργος; — Εἴτανε παντρεμμένος πέρυσι τὸ καλοκαίρι.

Πότε χάθηκε τὸ βιβλίο; — Εἶναι χαμένο ἀπὸ χτές.

Πότε κόπηκε τὸ φῶς ; — Εἶναι κομμένο ἀπ'τὸ μεσημέρι.

Πότε γράφτηκε στὸ σχολεῖο ; — Εἴτανε γραμμένος τὰ Χριστούγεννα.

3 Εἶναι ἀνοιχτὸ τὸ παράθυρο; — Εἴτανε ἀνοιγμένο τὸ πρωΐ.

Εἶναι κλειστὴ ἡ πόρτα; — Εἴτανε κλεισμένη τὸ μεσημέρι.

Εἶναι λυπημένος ὁ Πέτρος; — Εἴτανε λυπημένος.

Εἶναι στενοχωρημένη ἡ Ζωή; — Εἴτανε στενοχωρημένη χτές

4 Πρέπει ν'ἀνοιχτεῖ ἡ πόρτα ἀμέσως. — Ναί, πρέπει.

Πρέπει νὰ κλειστεῖ ἡ πόρτα ἀμέσως. — Ναί, πρέπει.

Πρέπει νὰ ντυθεῖς γρήγορα. — Ναί, πρέπει.

Πρέπει νὰ κοιμηθεῖς νωρίς. — Ναί, πρέπει.

5 Μπορεῖτε νὰ μοῦ τσεκάρετε τὰ λάστιχα; — Τὰ λάστιχα σας εἶναι ἐν τάξει.

Μπορεῖτε νὰ μοῦ τσεκάρετε τὸ λάδι;	Τὸ λάδι σας εἶναι ἐν τάξει.
Μπορεῖτε νὰ μοῦ τσεκάρετε τὰ φρένα;	Τὰ φρένα σας εἶναι ἐν τάξει.
Μπορεῖτε νὰ μοῦ τσεκάρετε τὴ βενζίνη;	Ἡ βενζίνη σας εἶναι ἐν τάξει.

6 Σοῦ τὸ ἔδωσε;   Ναί πρέπει νὰ μοῦ τὸ ἔδωσε.
  Τὸ πῆρε;   Ναί, πρέπει νὰ τὸ πῆρε.
  Τὸ βρῆκε;   Ναί, πρέπει νὰ τὸ βρῆκε.
  Τὸ εἶδε;   Ναί, πρέπει νὰ τὸ εἶδε.

Fluency practice

1 Put the verbs in brackets in the present participle.
Ὁ Γιῶργος ἦρθε ὅλο τὸ δρόμο (τρέχω).
Ἡ μικρὴ Μαρία κατέβαινε τὶς σκάλες (κλαίω).
(Πηγαίνω) στὸ σταθμὸ βρῆκα μιὰ λίρα.
(Φτάνω) ἐκεῖ ἔμαθα τὰ ἄσκημα νέα.
Ἔφυγα ἀπ'τὴν Ἑλλάδα (ξημερώνει) ἡ γιορτή τοῦ Ἁγίου Γεωργίου.

2 Put the verbs in brackets in the past participle.
Ὁ Πέτρος εἶναι πολὺ (κουράζουμαι).
Ἡ Μαρία εἶναι πολὺ (στενοχωριέμαι).
Ἡ θάλασσα εἶναι πολὺ (φουρτουνιάζει).
Τὸ σπίτι του εἴτανε (πουλῶ) πέρυσι τέτοιο καιρό.
Εἴμουνα (ντύνουμαι) ὅταν ἦρθε ὁ Γιῶργος νὰ μὲ πάρει.
Εἴτανε (σηκώνουμαι) σήμερα τὸ πρωῖ στὶς ἔξι.

3 Γράψτε ἕνα γράμμα νὰ εὐχαριστήσετε μιὰ φίλη σας γιὰ τὸ τραπέζι ποὺ σᾶς ἔκανε.

Grammar: Present and past participles
The active present participle is generally formed from the present indicative of active verbs by changing the ending ω into οντας and ῶ into ώντας

| πιάνω | πιάνοντας | holding |
| μιλῶ | μιλώντας | talking |

The active participle in Greek is used like an adverb in order to indicate time, manner, cause.

Γυρίζοντας στὸ ξενοδοχεῖο συνάντησα τὸ Γιῶργο, returning to the hotel I met George. Πηγαίνοντας στὸ σπίτι σου ἀπόψε πέρασε νὰ μὲ δεῖς, on your way home tonight come and see me. Ὁ Πέτρος παντρέφτηκε ζώντας ὁ πατέρας του. Peter married (while) his father (was still) living.

A few verbs ending in ουμαι, ιέμαι have active participles:

διηγιέμαι	(I relate)	διηγώντας
κάθουμαι	(I sit)	κάθοντας
ἔρχουμαι	(I come)	ἔρχοντας

Note The personal pronoun always follows the active participle, e.g. Βλέποντάς τον σταμάτησα τὸ αὐτοκίνητο, seeing him I stopped the car.

The passive past participle is generally formed from the aorist of the verbs ending in ουμαι, ιέμαι, ἄμαι as follows:

Change the ending	φτηκα	into	μμενος, η, ο
	θηκα		μένος, η, ο
	χτηκα		γμένος, η, ο
	στηκα		σμένος, η, ο,

Formation of the past participle

Passive aorist	Passive participle
στηκα-θηκα	**μένος-σμένος**
ἀκούστηκα	ἀκουσμένος, η, ο
πιάστηκα	πιασμένος, η, ο
χάθηκα	χαμένος, η, ο
κλείστηκα	κλεισμένος, η, ο
ἀγαπήθηκα	ἀγαπημένος, η, ο
φτηκα	**μμενος**
γράφτηκα	γραμμένος, η, ο
παντρεύτηκα or παντρέφτηκα	παντρεμμένος, η, ο
παύτηκα or πάφτηκα	παυμμένος, η, ο
χτηκα	**γμένος**
ἀνοίχτηκα	ἀνοιγμένος, η, ο
βρέχτηκα	βρεγμένος, η, ο
ψάχτηκα	ψαγμένος, η, ο

θηκα	μένος
φέρθηκα	φερμένος, η, ο
σύρθηκα	συρμένος, η, ο
στάλθηκα	σταλμένος, η, ο

Passive participles like adjectives have to agree in gender, number and case with the noun they qualify.

Ὁ συννεφιασμένος οὐρανός, the cloudy sky
ἡ φουρτουνιασμένη θάλασσα, the rough sea.

Past participles are sometimes used as nouns with or without an article: οἱ καλεσμένοι ἤρθανε,   the guests have arrived.

33 ΤΡΙΑΚΟΣΤΟ
ΤΡΙΤΟ ΜΑΘΗΘΑ

Λεξιλόγιο

ἡ ἀρχή	beginning
ἡ ἀστυνομία	police
ἡ ἀστυνομία ἀλλοδαπῶν	aliens' police
ἡ ἀστυνομία τουρισμοῦ	tourist police
τὸ ἀστυνομικὸ τμῆμα	police station
ὁ ἀστυνομικός	policeman (all ranks)
ὁ ἀστυφύλακας	police constable
τὸ γραφεῖο τουρισμοῦ	tourist office
ἔπειτα	after all, then
ἤ....ἤ	either...or
ὁποῖος, α, ο	who, which
τὸ παγωτὸ	ice-cream
ἡ παράδοση or -ις	tradition
τὸ ποτὸ	drink
σαστισμένος, η, ο	disconcerted
σίγουρα	certainly
σίγουρος, η, ο	certain, sure

τὸ τελωνεῖο	customs
ὁ τελωνιακὸς	customs officer
τόσο...ὅσο	as much as
ὁ τουρισμὸς	tourism
τουριστικὸς, ή, ό	tourist (adj.)
ἡ τροχαία	traffic police

Καλὰ τὰ κατάφερα

Θυμᾶμαι πολὺ καλὰ τὴν πρώτη εὐκαιρία ποὺ εἶχα νὰ μιλήσω Ἑλληνικά.

Ἄρχισα νὰ μαθαίνω Ἑλληνικὰ ἕνα χρόνο πρὶν νά πάω στὴν Ἑλλάδα, στὴ χώρα μου.

Κάθισα σ'ἕνα καφενεῖο κοντὰ στὴν Ὁμόνοια καὶ σίγουρος γιὰ τὴν πρόοδό μου στὰ Ἑλληνικά, φώναξα τὸ γκαρσόνι γιὰ νὰ παραγγείλω ἕνα παγωτό.

"Μοῦ φέρνετε ἕνα παγωτό, παρακαλῶ;"

"Εὐχαρίστως, κύριε," εἶπε τὸ γκαρσόνι καὶ ἐξαφανίστηκε γιὰ λίγη ὥρα.

Καλὰ τὰ κατάφερα, εἶπα μέσα μου. Ἔκανα καλὴ ἀρχή. Ἔπειτα πόσοι Ἄγγλοι θὰ μπορούσανε νὰ παραγγείλουνε ἕνα παγωτὸ στὰ Ἑλληνικά!

Λίγο ἀργότερα τὸ γκαρσόνι γύρισε μ'ἕναν ἀστυφύλακα.

"Αὐτὸς εἶναι ὁ κύριος", εἶπε τὸ γκαρσόνι, κι'ἔφυγε πάλιν.

Καλὸ κι'αὐτὸ, εἶπα μέσα μου. Τὶ νὰ συμβαίνει; Μήπως εἶπα κάτι ἄλλο κι'ὀχι παγωτό; Τώρα τὶ θὰ κάνω;

Ἐνῶ ἔκανα ὅλες αὐτὲς τὶς σκέψεις σαστισμένος, ὁ ἀστυφύλακας μοῦ λέει πολὺ εὐγενικά.

"Μὲ συγχωρεῖτε, κύριε, τὰ γκαρσόνια ἐδῶ δὲν καταλαβαίνουνε Γαλλικά. Πῶς μπορῶ νὰ σᾶς ἐξυπηρετήσω;"

Πραχτικὴ ἐξάσκηση

1 Πότε θὰ ἔρθουνε;	Ἔχουνε ἤδη ἔρθει.
Πότε θὰ εἴδωθοῦνε;	Ἔχουνε ἤδη εἴδωθεῖ.
Πότε θὰ γραφτοῦνε;	Ἔχουνε ἤδη γραφτεῖ.
Πότε θὰ παντρεφτοῦνε;	Ἔχουνε ἤδη παντρεφτεῖ.
2 Εἶχες ἐπισκεφτεῖ τότε τὴν Ἀθήνα;	Ὀχι, δὲν τὴν εἶχα ἐπισκεφτεῖ.

Εἶχες στενοχωρηθεῖ πολύ;

Ὄχι, δὲν εἶχα στενοχωρηθεῖ.

Τοῦ εἶχες φερθεῖ ἄσκημα;

Ὄχι, δὲν τοῦ εἶχα φερθεῖ ἄσκημα.

Εἴχατε εἰδωθεῖ;

Ὄχι, δὲν εἴχαμε εἰδωθεῖ.

3 Θέλεις νὰ ἔρθεις;

Θὰ ἤθελα ἀλλὰ δὲ μπορῶ νἄρθω.

Θέλεις νὰ μὲ βοηθήσεις;

Θὰ ἤθελα ἀλλὰ δὲ μπορῶ νὰ σὲ βοηθήσω.

Θέλεις νὰ καθίσεις;

Θὰ ἤθελα ἀλλὰ δὲ μπορῶ νὰ καθίσω.

Θέλεις νὰ πιαστεῖς;

Θὰ ἤθελα ἀλλὰ δὲ μπορῶ.

Θέλεις νὰ ξεκουραστεῖς;

Θὰ ἤθελα ἀλλὰ δὲ μπορῶ.

4 Πὲς του νὰ ἔρθει αὔριο τὸ πρωΐ.

Ὄχι, δὲν τὸν θέλω νἄρθει.

Πὲς μας τὶ θέλεις νὰ τοῦ γράψουμε.

Ὄχι, δὲ θέλω νὰ τοῦ γράψετε.

Πὲς τους νὰ πᾶνε στὸ σπίτι μου.

Ὄχι, δὲ θέλω νὰ πᾶνε στὸ σπίτι σου.

Πὲς της νὰ καθίσει.

Ὄχι, δὲν τὴν θέλω νὰ καθίσει.

5 Πότε θέλετε νὰ ἔρθουμε;

Ἐλᾶτε ὅσο πιὸ γρήγορα μπορεῖτε.

Πότε θέλετε νὰ τὴν ἐπισκεφτοῦμε;

Νὰ τὴν ἐπισκεφτοῦμε αὔριο τὸ βράδι.

Πότε θέλετε νὰ ἑτοιμαστοῦμε;

Νὰ ἑτοιμαστοῦμε τώρα ἀμέσως.

Πότε θέλετε νὰ σηκωθοῦμε;

Νὰ σηκωθοῦμε στὶς ἔξι τὸ πρωΐ.

Fluency practice

Translate into Greek:

Zoe   I hope that I have not kept you waiting for breakfast?

Alex   Not at all.   You must have got up early.

Zoe   I did.   I have been down to the harbour to see about hiring a boat.

Alex   How did you get on?

Zoe	I found a tourist policeman by the harbour and he showed me the office.
Alex	Were they open so early?
Zoe	They seem to have been open a long time. You would think that the people in Greece never go to bed.
Alex	Have you arranged anything?
Zoe	I only went to enquire about prices. The charges seem very reasonable.

Grammar: Perfect and pluperfect tenses of verbs ending in ουμαι, ιέμαι, ᾱμαι

The perfect is formed with ἔχω followed by an invariable form derived from the indefinite stem plus ending -ει.

ἔχω πιαστεῖ	ἔχω κοιμηθεῖ
ἔχεις πιαστεῖ	ἔχεις κοιμηθεῖ
ἔχει πιαστεῖ	ἔχει κοιμηθεῖ
ἔχουμε πιαστεῖ	ἔχουμε κοιμηθεῖ
ἔχετε πιαστεῖ	ἔχετε κοιμηθεῖ
ἔχὀυν(ε) πιαστεῖ	ἔχουν(ε) κοιμηθεῖ

The perfect is not used as much in Greek as in English, the aorist being used instead. Ἔχω σηκωθεῖ ἀπὸ τὶς ἕξι ἡ ὥρα, I have been up since six o'clock. Σηκώθηκα ἀπὸ τὶς ἕξι ἡ ὥρα, I have been up since six o'clock.

The pluperfect is formed with εἶχα followed by the same form as above.

εἶχα πιαστεῖ	εἶχα κοιμηθεῖ
εἶχες πιαστεῖ	εἶχες κοιμηθεῖ
εἶχε πιαστεῖ	εἶχε κοιμηθεῖ
εἴχαμε πιαστεῖ	εἴχαμε κοιμηθεῖ
εἴχατε πιαστεῖ	εἴχατε κοιμηθεῖ
εἶχαν(ε) πιαστεῖ	εἶχαν(ε) κοιμηθεῖ

Εἶχα σηκωθεῖ ἀπὸ τὶς ἕξι,   I had been up since six o'clock

The perfect and pluperfect may be expressed in the **passive** by εἶμαι, εἴμουνα followed by the passive participle.

Εἶμαι λυπημένος, η, ο	I am sad
Εἴμουνα λυπημένος, η, ο	I was sad, I have been sad.

PART THREE
MORE GRAMMAR

MORE ABOUT ARTICLES

The definite article is used as in English and also as follows.
1   Before nouns used in an abstract or general sense.
Τὰ ἄλογα εἶναι ὡραῖα ζῶα,   horses are beautiful animals.

2   Before proper nouns. ὁ Πέτρος Peter, ἡ Μαρία Mary, ἡ ᾿Αθήνα Athens.

3   In front of the words ὁ κύριος Mr, ἡ κυρία Mrs, ἡ δεσποινίδα Miss.

4   Before designation of seasons, days of the week and months. ἡ Τρίτη Tuesday, ἡ ἄνοιξη spring, ὁ Μάϊος May.

The indefinite article is used as in English but is omitted in the following instances.
1   Before predicate nouns qualified or unqualified by an adjective. Εἶναι φοιτητής, he is a student, εἶναι καλὸς φοιτητής, he is a good student.

2   Very often before nouns which function as the object of the verb. ῎Ελαβα γράμμα ἀπ' τὸ φίλο μου, I received a letter from my friend.

3   After σὰν, ὅπως. Χορεύει σὰν ἠθοποιὸς, he dances like an actor.

4   In exclamations after τὶ. Τὶ ὡραία μέρα ! What a beautiful day !

Definite article						Indefinite article		
Singular			*Plural*			*Singular*		
Nom.	*Acc.*	*Gen.*	*Nom.*	*Acc.*	*Gen.*	*Nom.*	*Acc.*	*Gen.*
M. ὁ	τὸ(ν)	τοῦ	οἱ	τοὺς	τῶν	ἕνας	ἕνα(ν)	ἑνὸς
F. ἡ	τὴ(ν)	τῆς	οἱ	τὶς	τῶν	μιὰ,	μιὰ	μιᾶς
N. τὸ	τὸ	τοῦ	τὰ	τὰ	τῶν	ἕνα	ἕνα	ἑνὸς

MORE NOUNS

Nouns ending in ες, ας, ούς, ής, ιά, οῦ, α, εας, ως, ιμο

Singular			*Plural*	
Nom.	*Voc./Acc.*	*Gen.*	*N./V./A.*	*Gen.*
M.				
καφὲς coffee	καφὲ	καφὲ	καφέδες	καφέδων
ψωμὰς baker	ψωμὰ	ψωμᾶ	ψωμάδες	ψωμάδων
παππούς grandfather	παππού	παππού	παππούδες	παππούδων
καφετζής cafe-owner	καφετζή	καφετζῆ	καφετζῆδες	καφετζήδων
F.				
γιαγιά grandmother	γιαγιά	γιαγιᾶς	γιαγιάδες	γιαγιάδων
ἀλεποῦ fox	ἀλεποῦ	ἀλεποῦς	ἀλεποῦδες	ἀλεπούδων
N.				
κύμα wave	κύμα	κύματος	κύματα	κυμάτων

Singular			Plural	
Nom.	Voc./Acc.	Gen.	N./V./A.	Gen.
κρὲας meat	κρὲας	κρέατος	κρέατα	κρεάτων
φῶς light	φῶς	φωτὸς	φῶτα	φώτων
γράψιμο writing	γράψιμο	γραψίματος	γραψίματα	γραψιμάτων

Irregular nouns ending in εας, ης, ον, αν, εν, ος, υ

Singular			Plural	
Nom.	Acc./Voc.	Gen.	N.V.A.	Gen.
M.				
συγγραφέας writer, author	συγγραφέα	συγγραφέα	συγγραφεῖς	συγγρα- φέων
συγγενὴς a relation	συγγενὴ	συγγενῆ	συγγενεῖς	συγγε- νῶν
N.				
μέλλον future	μέλλον	μέλλοντος	μέλλοντα	μελλό- ντων
πᾶν everything	πᾶν	παντὸς	πάντα	πάντων
φωνῆεν vowel	φωνῆεν	φωνήεντος	φωνήεντα	φωνηέ- ντων
γεγονὸς event, fact	γεγονὸς	γεγονότος	γεγονότα	γεγονό- των
ὀξὺ acid	ὀξὺ	ὀξέος	ὀξέα	ὀξέων
δόρυ spear	δόρυ	δόρατος	δόρατα	δοράτων
στάχυ corn	στάχυ		στάχυα	σταχυῶν

MORE ABOUT ADJECTIVES AND ADVERBS

Adjectives in ύς, ιά, ύ or ής, ιά, ί, or αρης, αρα, ικο decline as follows:

Singular			Plural		
Nom.	A/V	Gen.	Nom.	Acc./Voc.	Gen.
M.					
βαθύς	βαθύ	βαθιοῦ	βαθιοὶ	βαθιοὺς	βαθιῶν
οὐρανὴς	οὐρανὴ	οὐρανιοῦ	οὐρανοὶ	οὐρανιοὺς	οὐρανιῶν
ζηλιάρης	ζηλιάρη	ζηλιάρη	ζηλιάρη- δες	ζηλιάρη- δες	ζηλιά- ρηδων
F.					
βαθιὰ	βαθιὰ	βαθιᾶς	βαθιὲς	βαθιὲς	βαθιῶν
οὐρανιὰ	οὐρανιὰ	οὐρανιᾶς	οὐρανιὲς	οὐρανιὲς	οὐρανιῶν
ζηλιάρα	ζηλιάρα	ζηλιάρας	ζηλιάρες	ζηλιάρες	ζηλιά- ρηδων
N.					
βαθὺ	βαθὺ	βαθιοῦ	βαθιὰ	βαθιὰ	βαθιῶν
οὐρανὶ	οὐρανὶ	οὐρανιοῦ	οὐρανιὰ	οὐρανιὰ	οὐρανιῶν
ζηλιά- ρικο	ζηλιά- ρικο	ζηλιά- ρικου	ζηλιά- ρικα	ζηλιά- ρικα	ζηλιά- ρικων

Irregular adjective πολύς, πολλή, πολύ (many, much)

Singular			Plural		
Nom.	Acc.	Gen.	Nom.	Acc.	Gen.
πολὺς	πολὺ		πολλοὶ	πολλοὺς	πολλῶν
πολλὴ	πολλὴ	πολλῆς	πολλὲς	πολλὲς	πολλῶν
πολὺ	πολὺ		πολλὰ	πολλὰ	πολλῶν

Literary adjectives

There are a number of adjectives borrowed from the **Katharevousa** which decline as follows.

	Singular			*Plural*		
	Masc.	*Fem.*	*Neut.*	*Masc.*	*Fem.*	*Neut.*
Nom.	ἀκριβής	ἀκριβές	ἀκριβεῖς	ἀκριβή		(exact)
Acc.	ἀκριβή	ἀκριβές	ἀκριβεῖς	ἀκριβή		
Gen.	(ἀκριβοῦς)	(ἀκριβοῦς)	ἀκριβῶν	ἀκριβῶν		

Adverbs

Adverbs are often formed from adjectives as follows.

1 Adjectives ending in ος change the ending ος into α. καλός, καλά (well)

2 Adjectives ending in ύς change the ending ύς into ιά. βαθύς, βαθιά (deeply)

There are a number of adverbs ending in ῶς borrowed from the **Katharevousa**: ἀκριβῶς exactly, εὐτυχῶς fortunately.

The position of the adverb in the sentence is generally the same as in English. Εἶμαι καλά, I am well.

Adjectives

Another way of forming the comparative and superlative degrees is:

Positive	Comparative	Superlative Relative	Superlative Absolute
	Add οτερος, η, ο, to the adjectives ending in ος	Add the definite article to the comparative	Add οτατος, οτατη, οτατο to the adjectives ending in ος
M. ὡραῖος	ὡραιότερος	ὁ ὡραιότερος	ὡραιότατος
F. ὡραία	ὡραιότερη	ἡ ὡραιότερη	ὡραιότατη
N. ὡραῖο	ὡραιότερο	τὸ ὡραιότερο	ὡραιότατο
	Add υτερος, η, ο to the adjectives ending in ύς	Add the definite article to the comparative	Add υτατος, η, ο to the adjectives ending in υς
M. βαθὺς	βαθύτερος	ὁ βαθύτερος	βαθύτατος
F. βαθιὰ	βαθύτερη	ἡ βαθύτερη	βαθύτατη
N. βαθὺ	βαθύτερο	τὸ βαθύτερο	βαθύτατο

The spellings ωτερος, η, ο and ωτατος, η, ο are used when the vowel of the preceding syllable is ε or ο. νέος, α, ο, νεώτερος, η, ο, νεώτατος, η, ο.

Exceptions to the above are:

καλὸς, η, ο	καλύτερος, η, ο	ἄριστος, η, ο
κακὸς, ἡ, ὁ	χειρότερος, η, ο	κάκιστος, η, ο
μεγάλος, η, ο	μεγαλύτερος, η, ο	μέγιστος, η, ο
μικρὸς, ἡ, ὁ	μικρότερος, η, ο	ἐλάχιστος, η, ο
πολὺς, πολλὴ, πολύ	περισσότερος, η, ο	
ἁπλὸς, ἡ, ὁ	ἁπλούστερος, η, ο	ἁπλούστατος, η, ο
λίγος, η, ο	λιγότερος, η, ο	ἐλάχιστος, η, ο
γέρος	γεροντότερος, η, ο	

AUXILIARY VERBS

ἔχω   I have

Present	Subjunctive	Imperative	Past continuous (imperfect)
ἔχω	νὰ ἔχω		εἶχα
ἔχεις	νὰ ἔχεις	ἔχε	εἶχες
ἔχει	νὰ ἔχει		εἶχε
ἔχουμε, ομε	νὰ ἔχουμε		εἴχαμε
ἔχετε	νὰ ἔχετε	ἔχετε	εἴχατε
ἔχουνε, ουν	νὰ ἔχουν(ε)		εἴχανε or εἶχαν

Future   θὰ ἔχω κ.τ.λ.

Conditional: θὰ εἶχα κ.τ.λ.

Participle: ἔχοντας

εἶμαι   i am

Present	Subjunctive	Past continuous
εἶμαι	νὰ εἶμαι	εἴμουνα, or ἤμουν
εἶσαι	νὰ εἶσαι	εἴσουνα, or ἤσουν
εἶναι	νὰ εἶναι	εἴτανε, or ἦταν
εἴμαστε	νὰ εἴμαστε	εἴμαστε, or ἤμαστε
εἶσαστε (εἶστε)	νὰ εἴσαστε	εἴσαστε, or ἤσαστε
εἶναι	νὰ εἶναι	εἴτανε, or ἦταν

Future   θὰ εἶμαι κ.τ.λ.

Conditional: θὰ εἴμουνα κ.τ.λ.

VERBS: THE ACTIVE VOICE   GROUP I

κρύβω   I hide

Indicative Present	Subjunctive	Imperative	Past continuous
κρύβω	νὰ κρύβω		ἔκρυβα
κρύβεις	νὰ κρύβεις	κρύβε	ἔκρυβες
κρύβει	νὰ κρύβει		ἔκρυβε
κρύβουμε	νὰ κρύβουμε		κρύβαμε
κρύβετε	νὰ κρύβετε	κρύβετε	κρύβατε
κρύβουν(ε)	νὰ κρύβουν(ε)		κρύβανε or ἔκρυβαν

Aorist

ἔκρυψα	νὰ κρύψω
ἔκρυψες	νὰ κρύψεις κρύψε
ἔκρυψε	νὰ κρύψει
κρύψαμε	νὰ κρύψουμε
κρύψατε	νὰ κρύψετε κρύψετε or
κρύψανε or	νὰ κρύψουν(ε) κρύψτε
ἔκρυψαν	

Participle: κρύβοντας

Conditional: θὰ ἔκρυβα κ.τ.λ.

Future continuous: θὰ κρύβω, κ.τ.λ.

Future simple: θὰ κρύψω, κ.τ.λ.

Perfect: ἔχω κρύψει (or ἔχω κρυμμένο) κ.τ.λ.

Pluperfect: εἶχα κρύψει (or εἶχα κρυμμένο) κ.τ.λ.

Future perfect: θὰ ἔχω κρύψει (or θὰ ἔχω κρυμμένο) κ.τ.λ.

Perfect subjunctive: νὰ ἔχω κρύψει (or νὰ ἔχω κρυμμένο) κ.τ.λ.

VERBS: THE ACTIVE VOICE GROUP II

ἀγαπῶ I love

Indicative	Subjunctive	Imperative	Past continuous
Present			
ἀγαπῶ, άω	νὰ ἀγαπῶ, άω		ἀγαποῦσα
ἀγαπᾶς	νὰ ἀγαπᾶς	ἀγάπα	ἀγαποῦσες
ἀγαπᾶ, άει	νὰ ἀγαπᾶ, άει		ἀγαποῦσε
ἀγαπᾶμε	νὰ ἀγαπᾶμε		ἀγαπούσαμε
ἀγαπᾶτε	νὰ ἀγαπᾶτε	ἀγαπᾶτε	ἀγαπούσατε
ἀγαπᾶν(ε)	νὰ ἀγαπᾶν(ε)		ἀγαπούσαν(ε)

Aorist		
ἀγάπησα	νὰ ἀγαπήσω	
ἀγάπησες	νὰ ἀγαπήσεις	ἀγάπησε
ἀγάπησε	νὰ ἀγαπήσει	
ἀγαπήσαμε	νὰ ἀγαπήσουμε	
ἀγαπήσατε	νὰ ἀγαπήσετε	ἀγαπήσετε or
ἀγαπήσαν(ε)	νὰ ἀγαπήσουν(ε)	ἀγαπῆστε

Participle: ἀγαπώντας
Conditional: θὰ ἀγαποῦσα, κ.τ.λ.
Future continuous: θὰ ἀγαπῶ, κ.τ.λ.
Future simple: θὰ ἀγαπήσω, κ.τ.λ.
Perfect : ἔχω ἀγαπήσει or ἔχω ἀγαπημένο κ.τ.λ.
Pluperfect : εἶχα ἀγαπήσει or εἶχα ἀγαπημένο κ.τ.λ.
Future perfect: θὰ ἔχω ἀγαπήσει or θὰ ἔχω ἀγαπημένο, κ.τ.λ.
Perfect subjunctive: νὰ ἔχω ἀγαπήσει or νὰ ἔχω ἀγαπημένο

ζῶ I live

Indicative	Subjunctive	Imperative	Participle	Past continuous
Present				
ζῶ	νὰ ζῶ			ζοῦσα
ζεῖς	νὰ ζεῖς			ζοῦσες
ζεῖ	νὰ ζεῖ			ζοῦσε
ζοῦμε	νὰ ζοῦμε	ζεῖτε	ζώντας	ζούσαμε
ζεῖτε	νὰ ζεῖτε			ζούσατε
ζοῦν(ε)	νὰ ζοῦν(ε)			ζούσανε or ζοῦσαν

All other tenses are conjugated like ἀγαπῶ. Other verbs like ζῶ are: μπορῶ I can, ἀργῶ I am late, παρακαλῶ I request.

FORMATION OF THE INDEFINITE

The indefinite is formed from the aorist stem of the verb by the following.

1 Dropping the letter ε

2 Changing the endings of the aorist as follows:
ω, εις, ει, ουμε, ετε, ουνε

Aorist	*Indefinite*
ἔ-νοιωσ-α	νοιώσ-ω
ἔ-χασ-α	χὰσ-ω
ἔ-κοψ-α	κόψ-ω
ἔ-γραψ-α	γράψ-ω
ἔ-τρεξ-α	τρὲξ-ω
ἔ-φερ-α	φέρ-ω
ἔ-ψαξ-α	ψάξ-ω
ἄκουσ-α	ἀκούσ-ω
δούλεψ-α	δουλέψ-ω
μίλησ-α	μιλήσ-ω
ρώτησ-α	ρωτήσ-ω
γέλασ-α	γελάσ-ω

The indefinite is used to form

1 The future simple (see page 104)   θὰ πιάσω

2 The aorist subjunctive (see page 127) νὰ πιάσω

3 The imperative (see page 132)   πιάσε, πιάστε

TENSE SUMMARY

As you will see from the following table every tense expresses two things.

1 Time, viz. present, future, past.
2 The duration of the action (aspect), viz. continuous, instantaneous, completed.

Aspect	Present	Future	Past
Continuous	Present κρύβω I am hiding	Future continuous θὰ κρύβω I shall hide I shall be hiding	Past continuous ἔκρυβα I was hiding or I used to hide
Instantaneous	Present κρύβω I hide	Future simple θὰ κρύψω I shall hide	Aorist ἔκρυψα I hid
Completed	Perfect ἔχω κρύψει I have hidden	Future perfect θὰ ἔχω κρύψει I shall have hidden	Pluperfect εἶχα κρύψει I had hidden

PASSIVE VOICE   GROUP I

κρύβουμαι   I am hidden

Indicative Present	Subjunctive	Imperative	Past continuous
κρύβουμαι	νὰ κρύβουμαι		κρυβόμουν(α)
κρύβεσαι	νὰ κρύβεσαι	κρύβου	κρυβόσουν(α)
κρύβεται	νὰ κρύβεται		κρυβόταν(ε)
κρυβόμαστε	νὰ κρυβόμαστε		κρυβόμαστε
κρυβόσαστε	νὰ κρύβόσαστε	κρύβεστε	κρυβόσαστε
κρύβουνται	νὰ κρύβουνται		κρυβόνταν(ε)

Indicative	Subjunctive	Imperative
Aorist		
κρύφτηκα	νὰ κρυφτῶ	
κρύφτηκες	νὰ κρυφτεῖς	κρύψου
κρύφτηκε	νὰ κρυφτεῖ	
κρυφτήκαμε	νὰ κρυφτοῦμε	
κρυφτήκατε	νὰ κρυφτεῖτε	κρυφτεῖτε
κρυφτήκαν(ε)	νὰ κρυφτοῦν(ε)	

Participle: κρυμμένος
Conditional: θὰ κρυβόμουνα, κ.τ.λ.
Future continuous: θὰ κρύβουμαι, κ.τ.λ.
Future simple: θὰ κρυφτῶ, κ.τ.λ.
Perfect: ἔχω κρυφτεῖ or εἶμαι κρυμμένος, κ.τ.λ.
Pluperfect: εἶχα κρυφτεῖ or εἴμουνα κρυμμένος, κ.τ.λ.
Future perfect: θὰ ἔχω κρυφτεῖ or θὰ εἶμαι κρυμμένος, κ.τ.λ.
Perfect subjunctive: νὰ ἔχω κρυφτεῖ or νὰ εἶμαι κρυμμένος.

PASSIVE VOICE GROUP II

ἀγαπιέμαι I am loved

Indicative	Subjunctive	Imperative	Past continuous
Present			
ἀγαπιέμαι	νὰ ἀγαπιέμαι		ἀγαπιόμουν(α)
ἀγαπιέσαι	νὰ ἀγαπιέσαι		ἀγαπιόσουν(α)
ἀγαπιέται	νὰ ἀγαπιέται		ἀγαπιόταν(ε)
ἀγοπιόμαστε	νὰ ἀγαπιόμαστε		ἀγαπιόμαστε
ἀγαπιόσαστε	νὰ ἀγαπιόσαστε		ἀγαπιόσαστε
ἀγαπιοῦνται	νὰ ἀγαπιοῦνται		ἀγαπιόνταν(ε)

Aorist			
ἀγαπήθηκα	νὰ ἀγαπηθῶ		
ἀγαπήθηκες	νὰ ἀγαπηθεῖς	ἀγαπήσου	
ἀγαπήθηκε	νὰ ἀγαπηθεῖ		
ἀγαπηθήκαμε	νὰ ἀγαπηθοῦμε		
ἀγαπηθήκατε	νὰ ἀγαπηθεῖτε	ἀγαπηθεῖτε	
ἀγαπηθήκαν(ε)	νὰ ἀγαπηθοῦν(ε)		

Participle: ἀγαπημένος
Conditional: θὰ ἀγαπιόμουνα, κ.τ.λ.
Future continuous: θὰ ἀγαπιέμαι, κ.τ.λ.
Future simple: θὰ ἀγαπηθῶ, κ.τ.λ.
Perfect: ἔχω ἀγαπηθεῖ or (εἶμαι ἀγαπημένος) κ.τ.λ.
Pluperfect: εἶχα ἀγαπηθεῖ or (εἴμουνα ἀγαπημένος) κ.τ.λ.
Future perfect: θὰ ἔχω ἀγαπηθεῖ or (θὰ εἶμαι ἀγαπημένος)
Perfect subjunctive: νὰ ἔχω ἀγαπηθεῖ (νὰ εἶμαι ἀγαπημένος) κλ

θυμᾶμαι or **θυμοῦμαι I remember**

Indicative Present	*Subjunctive*	*Past continuous*
θυμᾶμαι, οῦμαι	νὰ θυμᾶμαι	θυμόμουν(α)
θυμᾶσαι	νὰ θυμᾶσαι	θυμόσουν(α)
θυμᾶται	νὰ θυμᾶται	θυμόταν(ε)
θυμόμαστε	νὰ θυμόμαστε	θυμόμαστε
θυμόσαστε, άστε	νὰ θυμόσαστε	θυμόσαστε
θυμοῦνται	νὰ θυμοῦνται	θυμόνταν(ε)

All other tenses are conjugated like ἀγαπιέμαι. Other verbs like θυμᾶμαι are: κοιμᾶμαι, I sleep. φοβᾶμαι, I am afraid, λυπᾶμαι I am sorry,

FORMATION OF THE INDEFINITE OF VERBS ENDING IN ουμαι, ιέμαι, ᾶμαι

The indefinite of passive verbs is formed from the aorist stem by changing the ending ηκα into ῶ, εῖς, εῖ, οῦμε, εῖτε, οῦνε.

Present	Aorist	Indefinite
πιάνουμαι	πιάστηκα	πιαστῶ
ἀκούγουμαι	ἀκούστηκα	ἀκουστῶ
γελιέμαι	γελάστηκα	γελαστῶ
ἀναγκάζουμαι	ἀναγκάστηκα	ἀναγκαστῶ
κουράζουμαι	κουράστηκα	κουραστῶ

Present	*Aorist*	*Indefinite*
χάνουμαι	χάθηκα	χαθῶ
ἀγαπιέμαι	ἀγαπήθηκα	ἀγαπηθῶ
ρωτιέμαι	ρωτήθηκα	ρωτηθῶ
σηκώνουμαι	σηκώθηκα	σηκωθῶ
βαριέμαι	βαρέθηκα	βαρεθῶ
θυμᾶμαι	θυμήθηκα	θυμηθῶ
ἐργάζουμαι	ἐργάστηκα	ἐργαστῶ
κοιμᾶμαι	κοιμήθηκα	κοιμηθῶ
παντρεύουμαι	παντρέφτηκα	παντρεφτῶ
κρύβουμαι	κρύφτηκα	κρυφτῶ
γράφουμαι	γράφτηκα	γραφτῶ
παύουμαι	πάφτηκα	παφτῶ
μαζεύουμαι	μαζέφτηκα	μαζεφτῶ
βάφουμαι	βάφτηκα	βαφτῶ
βρέχουμαι	βρέχτηκα	βρεχτῶ
κοιτάζουμαι	κοιτάχτηκα	κοιταχτῶ
ψάχνουμαι	ψάχτηκα	ψαχτῶ
ἀνοίγουμαι	ἀνοίχτηκα	ἀνοιχτῶ
δείχνουμαι	δείχτηκα	δειχτῶ
δέχουμαι	δέχτηκα	δεχτῶ
φέρνουμαι	φέρθηκα	φερθῶ
πλύνουμαι	πλύθηκα	πλυθῶ
σύρνουμαι	σύρθηκα	συρθῶ
ζεσταίνουμαι	ζεστάθηκα	ζεσταθῶ

The indefinite is used as with the active to form

1 The future simple (see page 147)   θὰ πιαστῶ
2 The aorist subjunctive (see page 153)   νὰ πιαστῶ
3 The imperative (see page 153)   πιαστεῖτε

IRREGULAR VERBS

Present	Aorist	Subjunctive	Imperative
ἀκούω, ἀκοῦς hear	ἄκουσα		
ἀνεβαίνω climb	ἀνέβηκα	ἀνεβῶ	ἀνέβα, ἀνεβεῖτε
ἀρέσω please	ἄρεσα		
ἀφήνω leave	ἄφησα		
βάζω put	ἔβαλα		
βγάζω take out	ἔβγαλα		
βγαίνω go out	βγῆκα	βγῶ, βγεῖς	.βγὲς, βγεῖτε
βλέπω see	εἶδα	(ἰ)δῶ, (ἰ)δεῖς	δὲς, δέστε
βρίσκω find	βρῆκα	βρῶ, βρεῖς	βρὲς, βρέστε
γίνουμαι become	ἔγινα	γίνω	
διαβαίνω cross	διάβηκα	διαβῶ, διαβεῖς	διάβα, διαβεῖτε
διδάσκω teach	δίδαξα		
δίνω give	ἔδωσα		δῶσε, δῶστε
ἔρχουμαι come	ἦρθα	ἔρθω, ρθῶ	ἔλα, ἐλᾶτε
εὔχουμαι pray	εὐχήθηκα		
θέλω want	ἤθελα, θέλησα		
κάθουμαι sit	κάθισα		

Present	Aorist	Subjunctive	Imperative
καίω, καῖς burn	ἔκαψα		
κάνω, κάμω do, make	ἔκανα, ἔκαμα		
καταλαβαίνω understand	κατάλαβα		
κατεβαίνω come down	κατέβηκα	κατεβῶ	κατέ-(βα)-βεῖτε
κλαίω, κλαῖς weep	ἔκλαψα		
λαβαίνω receive	ἔλαβα		
λέ(γ)ω, λὲς say	εἶπα	πῶ	πὲς, πέστε
λέγω say	εἶπα	πῶ	πὲς, πέστε
μαθαίνω learn	ἔμαθα		
μακραίνω lengthen	μάκρυνα		
μένω stay	ἔμεινα		
μπαίνω enter	μπῆκα	μπῶ, μπεῖς	μπὲς, μπεῖτε
ντρέπουμαι am ashamed	ντράπηκα		
παίρνω take	πῆρα	πάρω	πάρε, πάρτε
πάω, πᾶς, πάει go	πῆγα	πάω, πᾶς	
πέφτω fall	ἔπεσα		
πηγαίνω go	πῆγα	πάω	
πίνω drink	ἤπια	πιῶ, πιεῖς	πιὲς, πιέστε
πλένουμαι wash myself	πλύθηκα		

Present	Aorist	Subjunctive	Imperative
πλένω, πλύνω wash	ἔπλυνα		
σέβουμαι revere	σεβάστηκα		
σέρνουμαι drag myself	σύρθηκα		
σέρνω, σύρω drag	ἔσυρα		
σπέρνω sow	ἔσπειρα		
—στέκουμαι stand	στάθηκα		στάσου, σταθεῖτε
στέκω —stand	στάθηκα		
— στέλνω send	ἔστειλα		
σωπαίνω am silent	σώπασα		
—τρέχω run	ἔτρεξα		τρέχα, τρεχάτε
— τρώ(γ)ω, τρῶς eat	ἔφαγα	φάω, φᾶς	τρῶγε, τρῶτε
ὑπόσχουμαι promise	ὑποσχέθηκα		
—φαίνουμαι appear	φάνηκα		
— φεύγω depart	ἔφυγα		φεύγα, φεῦγε
φταίω, φταῖς err	ἔφταιξα		
φυλάω, φυλᾶς keep watch	φύλαξα		
χαίρουμαι am glad	χάρηκα		
χορταίνω satiate	χόρτασα		
ψέλνω sing hymns	ἔψαλα		

MORE PRONOUNS

Relative pronouns

The most common relative pronoun is πού, who, whom, which, that, which can be used as follows.

1 Τὸ παιδὶ ποὺ φώναζε, the child who was shouting (subject).

2 Τὶ εἶναι αὐτὸ ποὺ ἔχεις στὸ χέρι σου; What is this which you have in your hand? (direct object).

3 Αὐτὸ τὸ παιδὶ ποὺ μιλοῦσα χτὲς, the child to whom I was talking yesterday (indirect object).

ὁ ὁποῖος, ἡ ὁποία, τὸ ὁποῖο declines like an adjective.
It is used instead of ποὺ to avoid confusion and also after prepositions.

Τὸ παιδί στὸ ὁποῖο μιλοῦσα χτὲς. The child to whom I was talking yesterday.

ὅ,τι (indeclinable), whatever. Φέρε ὅ,τι θέλεις, bring whatever you like.

ὅποιος, ὅποια, ὅποιο, whoever, whichever. Ὅποιος θέλει ἂς ἔρθει whoever wants may come.

ὅσος, ὅση, ὅσο, as much as, as many, as great. Πάρε ὅσα σταφύλια θέλεις, take as many grapes as you like.

ὅ,τιδήποτε, whatsoever, anything at all !

ὁποιοσδήποτε, ὁποιαδήποτε, ὁποιοδήποτε, whosoever; any ... at all.

ὁσοσδήποτε, ὁσηδήποτε, ὁσοδήποτε,   as much as.

Reflexive pronouns

1st person Acc. sing. τὸν ἑαυτὸ μου
           Gen. sing. τοῦ ἑαυτοῦ μου
2nd person Acc. sing. τὸν ἑαυτὸ σου
           Gen. sing. τοῦ ἑαυτοῦ σου
3rd person Acc. sing. τὸν ἑαυτὸ του, τὸν ἑαυτὸ της
           Gen. sing. τοῦ ἑαυτοῦ του, τοῦ ἑαυτοῦ της

1st person Acc. plur. τὸν ἑαυτὸ μας, τοὺς ἑαυτοὺς μας
           Gen. plur. τοῦ ἑαυτοῦ μας, τῶν ἑαυτῶν μας
2nd person Acc. plur. τὸν ἑαυτὸ σας, τοὺς ἑαυτοὺς σας
           Gen. plur. τοῦ ἑαυτοῦ σας, τῶν ἑαυτῶν σας
3rd person Acc. plur. τὸν ἑαυτό τους, τοὺς ἑαυτοὺς τους
           Gen. plur. τοῦ ἑαυτοῦ τους, τῶν ἑαυτῶν τους

These are used as follows: εἶπα στὸν ἑαυτὸ μου, I said to myself. Κοίταξε τὸν ἑαυτὸ της στὸν καθρέφτη καὶ εἶπε... She looked (at) herself in the mirror and said......

Distributive pronouns

κανένας (κανεὶς) καμία (καμμία, καμιὰ) κανένα, anyone, anybody, no-one, nobody. Μὲ ζήτησε κανένας; Did anyone ask for me? Δὲ σὲ ζήτησε κανένας, no-one asked for you.

τίποτε (τίποτα, τίποτες), nothing, anything
Θέλεις τίποτα; Do you want anything ? Όχι, τίποτα, no, nothing.

κάθε, every. Τὸν βλέπω κάθε μέρα, I see him every day.

καθένας, καθεμία (καθεμιὰ) καθένα, everyone.
Ὁ καθένας ξέρει τὴ δουλειά του everyone knows his job.

κάθε τί, everything. Μοῦ ἀρέσει τὸ κάθε τὶ I like everything.

Qualitative pronouns

τέτοιος, τέτοια, τέτοιο, such. Δὲν πρέπει νὰ κάνεις τέτοια πράγματα you must not do such things.

Quantitative pronouns

τόσος, τόση, τόσο, so big, so much, so many. Είτανε τόσος κόσμος στὸ ἀσανσὲρ ποὺ δὲν μπορούσαμε νὰ κουνηθοῦμε. there were so many people in the lift that we were not able to move.

Indefinite pronouns

κάποιος, κάποια, κάποιο, someone, some. Ἦρθε κάποιος νὰ σὲ δεῖ, someone came to see you.

κάμποσος, κάμποση, κάμποσο, a certain amount, several. Εἴτανε κάμποσος κόσμος στὴν πλατεία, there were several people in the square.

μερικοί, μερικές, μερικὰ, some, several. Ἔμεινα μὲ τὴ Μαρία μερικὲς μέρες, I stayed several days with Maria.

κάτι (κατιτί), something, some. Σοῦ ἔφερα κάτι, I brought you something.

ἄλλος, ἄλλη, ἄλλο, other. Ἦρθανε ἄλλοι δύο, another two came.

NUMBERS

These are divided into cardinals (one, two, three) and ordinals (first, second, third).

Cardinals	Ordinals
1 ἔνας, μία or μιὰ, ἔνα	πρῶτος, η, ο
2 δύο	δεύτερος, η, ο
3 τρεῖς, τρεῖς, τρὶα	τρίτος, η, ο
4 τέσσερες, τέσσερες, τέσσερα	τέταρτος, η, ο
5 πέντε	πέμπτος, η, ο
6 ἔξι	ἔκτος, η, ο
7 ἐφτὰ or ἑπτὰ	ἔβδομος, η, ο
8 ὀχτὼ or ὀκτὼ	ὄγδοος, η, ο
9 ἐννέα or ἐννιὰ	ἔνατος, η, ο
10 δέκα	δέκατος, η, ο
11 ἔντεκα	ἐνδέκατος, η, ο
12 δώδεκα	δωδέκατος, η, ο
13 δεκατρεῖς, δεκατρεῖς, δεκατρία	δέκατος τρίτος
14 δεκατέσσερες, ες, α	δέκατος τέταρτος
15 δεκαπέντε	δέκατος πέμπτος
16 δεκαέξι or δεκάξι	δέκατος ἔκτος

17 δεκαεφτά or δεκαεπτά	δέκατος ἕβδομος
18 δεκαοχτώ or δεκαοκτώ	δέκατος ὄγδοος
19 δεκαεννέα or δεκαεννιά	δέκατος ἔνατος
20 εἴκοσι	εἰκοστός
21 εἴκοσι ἕνα	εἰκοστός πρῶτος
30 τριάντα	τριακοστός
40 σαράντα	τεσσαρακοστός
50 πενήντα	πεντηκοστός
60 ἑξήντα	ἑξηκοστός
70 ἑβδομήντα	ἑβδομηκοστός
80 ὀγδόντα	ὀγδοηκοστός
90 ἐνενήντα	ἐνενηκοστός
100 ἑκατό	ἑκατοστός
101 ἑκατὸν ἕνας, μία, ἕνα	ἑκατοστός πρῶτος
200 διακόσιοι, ες, α	διακοσιοστός

1,000	χίλιοι, ες, α	χιλιοστός, ἡ, ὁ
2,000	δύο χιλιάδες (f)	δισχιλιοστός, ἡ, ὁ
10,000	δέκα χιλιάδες (f)	δεκαχιλιοστός, ἡ, ὁ
100,000	ἑκατό χιλιάδες (f)	ἑκατοντακισχιλιοστός, ἡ, ὁ
1,000,000	ἕνα ἑκατομμύριο (n)	ἑκατομμυριοστός, ἡ, ὁ

The cardinal adjectives ἕνας, μία, ἕνα, τρεῖς, τρεῖς, τρία, τέσσερες, τέσσερες, τέσσερα are declined as follows:

	M.	F.	N.
Nom.	ἕνας	μία, μιὰ	ἕνα
Acc.	ἕνα(ν)	μία, μιὰ	ἕνα
Gen.	ἑνὸς	μιᾶς	ἑνὸς

	M.F.	N.	M.F.	N.
Nom.	τρεῖς	τρία	τέσσερες	τέσσερα
Acc.	τρεῖς	τρία	τέσσερες	τέσσερα
Gen.	τριῶν	τριῶν	τεσσάρων	τεσσάρων

The cardinal adjectives 1-199 remain unchanged except those numbers ending with 1, 3, 4 which are declined as above.

The hundreds 200-1000 are declined like nouns with the same ending. Χιλιάδες is plural of ἡ χιλιάδα therefore τρεῖς χιλιάδες, τέσσερες χιλιάδες.

Ἑκατομμύριο is a neuter noun, therefore τρία ἑκατομμύρια.

ADVERBS

Place

ποῦ;	where?
ἐδῶ	here
ἐκεῖ	there
πουθενὰ	anywhere, nowhere
πάνω, ἀπάνω	up, above
παντοῦ	everywhere
κάτω	down
ἀλλοῦ	elsewhere
κάπου	somewhere
μέσα	inside
ἔξω	outside
ἐμπρὸς, μπροστὰ	ahead, in front
δεξιὰ	to the right
ἀριστερὰ	to the left

Time

πότε;	when
ποτέ	never
πάντα, πάντοτε	always
τότε	then
τώρα	now
ἀμέσως	immediately
πιὰ	yet, any longer
μόλις	hardly
ἀκόμα, ἀκόμη	still, yet
χτές	yesterday
σήμερα	today
μαζὶ	together
συνήθως	usually

Manner

πῶς	how
ἔτσι	thus, so

καθὼς, ὅπως	as
μόλις	hardly
Ἑλληνικὰ	in Greek
Ἀγγλικὰ	in English
ξαφνικά, ἄξαφνα	suddenly
μόνο, μονάχα	alone
ἐπίσης	also

Quantity

πόσο	how much
ὅσο	as much as
τόσο	so much
πολὺ	very
λιγότερο	less
περισσότερο, πιὸ	more
σχεδὸν	almost
πάνω κάτω	more or less
ἐν μέρει	partly

Doubt

ἴσως	perhaps
ἄραγε	perhaps
πιθανὸν	probably

Affirmative

μάλιστα, ναὶ	yes
βέβαια, βεβαίως	surely, certainly
ὁρισμένως	definitely
ἀλήθεια, ἀληθινὰ	truly
σωστὰ	exactly

Negative

ὄχι	no
δὲν, μὴν	not
βέβαια ὄχι	certainly not

MORE PREPOSITIONS

ἀπάνω ἀπὸ	above
κάτω ἀπὸ	below
ἔξω ἀπὸ	outside (of)
μακριὰ ἀπὸ	(far) away from
πίσω ἀπὸ	behind
πρὶν ἀπὸ	before
ὕστερα ἀπὸ	after
μαζὶ μὲ	together with
ἴσα με	as far as
ἀπάνω σὲ	on
κάτω σὲ	down, by
μέσα σὲ	in, inside
κοντὰ σὲ	near
γύρω σὲ	around

CONJUNCTIONS

καὶ, κι	and
οὔτε, μήτε	neither, nor
ἢ, εἴτε	either, or
μὰ, ἀλλὰ, παρὰ, ὅμως	but, however
ὡστόσο, ἐνῶ	while
ἄν καὶ, μολονότι	although
πὼς, ὅτι, ποὺ	that
ὅταν, σὰν	when

πρὶν, πρὶν νὰ	before
καθὼς	as
μήπως	lest
ὅποτε	whenever
ἀφοῦ, ἀφότου	since
ὥσπου, ὡσότου	until
ἅμα	as soon as
γιατὶ, ἐπειδὴ, ἀφοῦ	because, since
ἄν	if
νὰ, γιὰ νὰ	to, in order to, that
ὥστε νὰ, ὥστε	with the result that
παρὰ	rather than

INTERJECTIONS

astonishment	ἄ! ὤ! ποπὸ! μπὰ!
hesitation, doubt	ἄ! ὂ! μπὰ!
pain, sorrow	ἄχ! ἄου! ὤ! ὄχ! ὄχου! ἀλί ἀλίμονο!
annoyance	ἒ! οὔ! οὔφ!
irony	ἒ! οὔ!
longing, desire	μακάρι! ἄμποτε! εἴθε!
praise, approval	γειὰ σου! μπράβο! εὖγε!
refusal	ἄ μπὰ!
uncertainty	χμ!
incitement, exhortation	ἄ! χά! μάρς! ἄλτ! στόπ! σοῦτ
invocation	ἒ! ὤ!

ABBREVIATIONS

π. χ.	πρὸ Χριστοῦ (πρὶν Χριστὸ)	before Christ, BC
μ. χ.	μετὰ Χριστὸ	Anno Domini, AD
π. χ.	παραδείγματος χάριν	for example
λ. χ.	λόγου χάρη	for instance
μ. μ.	μετὰ τὸ μεσημέρι	post meridiem, p. m.
π. μ.	πρὶν ἀπὸ τὸ μεσημέρι	ante meridiem, a. m.
δηλ.	δηλαδὴ	that is to say
κ. τ. λ.	καὶ τὰ λοιπὰ	etcetera
δρχ.	δραχμὲς	drachmas
κ.	κύριος,	gentleman
Κος, Κα	Κύριος, Κυρία	Mr, Mrs
Υ. Γ.	ὑστερόγραφο	postscript, PS
κ. ἄ.	καὶ ἄλλα	and others
κ. κ.	κύριοι καὶ κυρίες	gentlemen and ladies

PART FOUR

READING PASSAGES

Ὁ Διόνυσος

Ὅταν ὁ Διόνυσος εἴτανε ἀκόμα μικρός, ταξίδευε γιὰ νὰ πάει στὴν Νάξο. Ἐπειδὴ εἴτανε πολὺς δρόμος, κουράστηκε καὶ κάθισε σὲ μιὰ πέτρα γιὰ νὰ ξεκουραστεῖ. Ἐκεῖ ποὺ κοίταζε πέρα δῶθε, βλέπει μπρὸς στὰ πόδια του νὰ φυτρώνει ἕνα φυτὸ ποὺ τοῦ φάνηκε τόσο πολὺ ὅμορφο, ὥστε ἀποφάσισε νὰ τὸ πάρει μαζί του καὶ νὰ τὸ μεταφυτέψει. Τὸ ξερίζωσε λοιπὸν καὶ τὸ κουβαλοῦσε μαζί του. Ἀλλὰ ὁ ἥλιος ἔκαιγε πολὺ καὶ φοβήθηκε μήπως ξεραθεῖ πρὶν φτάσει στὴν Νάξο. Ἐκεῖ βρῆκε ἕνα κόκκαλο πουλιοῦ, τὸ ἔβαλε τὸ φυτὸ μέσα καὶ τράβηξε τὸ δρόμο του. Ἀλλὰ στὰ εὐλογημένα χέρια του τὸ βοτάνι τόσο γρήγορα μεγάλωσε, ποὺ ἔβγαινε κι'ἀποπάνω κι'ἀποκάτω ἀπὸ τὸ κόκκαλο. Φοβήθηκε πάλι μήπως ξεραθεῖ καὶ συλλογιζότανε τὶ νὰ κάνει. Τότε βρῆκε ἕνα κόκκαλο λιονταριοῦ ποὺ εἴτανε μεγαλύτερο ἀπὸ τοῦ πουλιοῦ τὸ κόκκαλο, καὶ σ' αὐτὸ ἔχωσε τὸ κόκκαλο τοῦ πουλιοῦ μὲ τὸ φυτό. Σὲ λίγο πάλι μεγάλωσε καὶ ἔβγαινε ἔξω καὶ ἀπὸ τοῦ λιονταριοῦ τὸ κόκκαλο. Βρῆκε μιὰ γαϊδουροκοκκάλα, ποὺ εἴτανε μεγαλύτερη καὶ ἀπὸ αὐτὸ κι' ἔχωσε μέσα τοῦ πουλιοῦ καὶ τοῦ λιονταριοῦ τὸ κόκκαλο, καὶ ἔφτασε στὴν Νάξο.

Ὅταν θέλησε νὰ φυτέψει τὸ φυτὸ εἶδε πὼς οἱ ρίζες του εἴτανε κολλημένες στὰ κόκκαλα, καὶ δὲ μποροῦσε νὰ τὸ βγάλει χωρὶς νὰ χαλάσει τὶς ρίζες· τὸ φύτεψε λοιπὸν ὅπως εἴτανε. Σὲ λίγο φύτρωσε καὶ μεγάλωσε καὶ γίνηκε ἀμπέλι κι' ἔβγαλε σταφύλια. Ἀπ' αὐτὰ ἔφτειαξε τὸ πρῶτο κρασί, καὶ ἔδωσε στοὺς ἀνθρώπους νὰ πιοῦνε.

Καὶ ὦ τοῦ θαύματος! Ὅταν οἱ ἄνθρωποι ἔπιναν, στὴν ἀρχὴ κελαϊδοῦσαν σὰν τὰ πουλιά· ὅταν ἔπιναν περισσότερο, γινόντανε δυνατοὶ σὰ λιοντάρια, κι ὅταν ἔπιναν ἀκόμα περισσότερο γινόντανε σὰν τὰ γαϊδούρια.

Λαϊκὴ ἱστορία

Τραγούδι τῆς ἀγάπης

'Κόρη, ὅταν ἐφιλιόμαστε, νύχτα εἶτανε, ποιὸς μᾶς εἶδε;'
'Μᾶς εἶδε τ' ἄστρο τῆς νυχτός, μᾶς εἶδε τὸ φεγγάρι,
καὶ τὸ φεγγάρι ἔσκυψε, τῆς θάλασσας τὸ λέει·
ἡ θάλασσα τὸ εἶπε τοῦ κουπιοῦ καὶ τὸ κουπὶ τοῦ ναύτη,
κι' ὁ ναύτης τὸ τραγούδησε στῆς λυγερῆς τὴν πόρτα.'

Λαϊκὸ τραγούδι

Νανάρισμα

Ὕπνε, ποὺ παίρνεις τὰ παιδιά, ἔλα πάρε καὶ τοῦτο.
μικρὸ μικρὸ σοῦ τ'όδωσα μεγάλο φέρε μου το,
μεγάλο σὰν ψηλὸ βουνὸ ἴσιο σὰν κυπαρίσσι,
κι κλῶνοι του ν' ἁπλώνονται σ' Ἀνατολὴ καὶ Δύση.

Λαϊκὸ τραγούδι

Ἀπόσπασμα ἀπὸ τὸ «Δαιμόνιο» τοῦ Γιώργου Θεοτοκᾶ

Ὁ γέρο-Χριστοφῆς εἶχε τρία παιδιά, ἀποχτημένα σὲ προχωρημένη ἡλικία. Ὁ Ρωμύλος εἶταν ὁ μεγάλος. Ὕστερα εἶταν ἡ Ἰφιγένεια, ἕνα χρόνο νεώτερή του, κι ὕστερα ὁ Θωμᾶς ποὺ μόλις εἶχε τελειώσει τὸ γυμνάσιο ἐκείνη τὴ χρονιά. Ἡ γυναίκα τοῦ καθηγητῆ, ἡ κυρία Ἀγλαΐα Χριστοφῆ, εἶχε φαίνεται, στὰ νιάτα της, πολλὲς σχέσεις μὲ τὴν καλὴ κοινωνία τοῦ νησιοῦ μας, μπαινόβγαινε στὰ μεγάλα σπίτια κι εἶταν, μάλιστα, περιζήτητη, ὅπως ἄκουσα συχνὰ νὰ λένε, γιατὶ εἶταν νόστιμη, εὐχάριστη καὶ τραγουδοῦσε ὡραῖα. Εἶταν κόρη ἑνὸς ἐμποροπλοιάρχου κι εἶχε κάμει ταξίδια μὲ τὸν πατέρα της, πρὶν παντρευτεῖ, σὲ χῶρες μακρινές, στὴ Σκανδιναυΐα, στὶς Ἰνδίες, καὶ δὲν ξέρω ποῦ ἄλλοῦ. Εἶχε γνωριμίες στὴν Ἀθήνα καὶ κάτι ἀκαθόριστες καλλιτεχνικὲς τάσεις

Ὅλα αὐτά, ὡστόσο, δὲν νομίζω νὰ τῆς χρησίμεψαν σὲ τίποτα· ὅταν παντρεύτηκε ἀπομονώθηκε τελείως. Τὴν περιτύλιξε ἀνεπανόρθωτα ἡ παραξενιὰ κι ἡ δυσάρεστη φήμη τοῦ σπιτιοῦ της - δυσάρεστη μὲ τὴν ἔννοια ποὺ ἔλεγα πρίν, γιατί, κατὰ τὰ ἄλλα, ἡ οἰκογένεια ἀπολύτως καθὼς - πρέπει κι ὁ καθηγητὴς εἶταν ἄνθρωπος μὲ ἀναμφισβήτητο κύρος. Κανεὶς ὅμως δὲν εἶχε ὄρεξη νὰ πάει νὰ τοὺς δεῖ.

Ἀπόσπασμα ἀπὸ τὴν «Αἰολικὴ Γῆ» τοῦ Ἠλία Βενέζη

Τὸ μάθατε, λοιπόν; Τὸ μάθατε;

Πεταχτήκαμε ἀπάνω , παρατώντας τὰ καράβια μας καὶ κρεμαστήκαμε μὲ ἀπελπισία, ἀπ' τὸ στόμα της.

— Τὶ εἶναι, Ἄρτεμη; Τὶ εἶναι;

Σὰν νὰ θέλε νὰ μᾶς τυραννήσει, ἔρριξε μιὰ περιφρονητικὴ ματιὰ στὰ πόδια μας, στὶς ψαρόβαρκες ποὺ μέναν ἔρημες.

— Ἐσεῖς παίζετε τὰ καράβια, ὅταν ἀπόψε.....

— Ἄχ, Ἄρτεμη, πὲς μας τὶ εἶναι ; Πὲς μας, τὴν ἱκετεύαμε. Ἔγινε ἀπότομα σοβαρή, μᾶς κοίταξε μιά, κι ἔπειτα.

— Δὲν εἴδατε τὰ δαδιὰ καὶ τὰ τούμπανα ποὺ ἑτοιμάζουνε;

— Ἑτοιμάζουνε δαδιὰ καὶ τούμπανα; Γιατὶ λοιπόν; Γιατί;

— Πόλεμος !.....λέει ἡ Ἄρτεμη κοιτάζοντάς με κατάματα.

«Πόλεμος.» Τὶ θὰ πεῖ αὐτό; Κανένας μας δὲν ἤξερε, ποτὲς δὲν εἴχαμε ἀκούσει παρόμοιο πλάσμα, ζῶο ἢ πουλὶ ἢ δέντρο.

— Ἀπόψε ἀρχίζει ὁ πόλεμος μὲ τὰ στακάλια! Λέει ἡ Ἄρτεμη. Μοῦ τὸ εἶπε ὁ Ἀλέξης.

Πηδήσαμε ἀπὸ τὴν χαρά μας, ἐπειδὴ κάτι νέο μαθαίναμε πὼς θὰ'μπαινε στὴ ζωή μας. Σίγουρα τίποτα παιχνίδι θὰ ἦταν, ὁ πόλεμος.....

— Ἀλήθεια ! Θὰ γίνει, λοιπὸν αὐτό ; Θὰ γίνει.....πόλεμος φωνάζαμε καὶ πηδούσαμε.

Ὅμως ἡ Ἄρτεμη δὲν πηδοῦσε, δὲ γελοῦσε μαζὶ μας. Εἶχε δεμένα σφιχτὰ τὰ χείλη της καὶ χτυποῦσε τὰ πόδια της νευρικά. Σὰ νὰ μάντευε κάτι σὰν νὰ προαισθανόταν.

Πρώτη ἡ Ἀγάπη - κοριτσάκι δέκα χρονῶν τότε - πρόσεξε τὴ σοβαρὴ ἔκφραση τῆς μικρότερης ἀδερφῆς μας, ποὺ τόσο παραφωνοῦσε μὲ τὴ δική μας χαρά.

— Τὶ ἔχεις, Ἄρτεμη, τῆς λέει.

Κι εὐθὺς ἀμέσως, συνδέοντας τὴν ἀπορία ποὺ ξαφνικὰ

πρόβαλε μέσα μας μὲ τὴν ἔκφραση ποὺ εἶχε τὸ πρόσωπο τῆς ˉΑρτεμης.

— ....Καὶ τὶ εἶναι αὐτὸ τὸ παιχνίδι, ˉΑρτεμη; Τὶ εἶναι πόλεμος; ρώτησε δειλά.

’Απόσπασμα ἀπὸ τὸ «Βίο καὶ πολιτεία τοῦ ’Αλέξη Ζορμπᾶ» τοῦ Νίκου Καζαντζάκη

Πόσες φορὲς παντρεύτηκες, Ζορμπᾶ; ρώτησα ὕστερα ἀπὸ λίγη ὥρα.

Εἴχαμε ἔρθει κι οἱ δυὸ στὸ κέφι, ὄχι τόσο ἀπὸ τὸ πολὺ κρασὶ ὅσο ἀπὸ τὴν πολλὴ μέσα μας ἀναμολόγητη εὐτυχία. Βαθιὰ τὸ καταλαβαίναμε κι οἱ δυὸ μας, μὲ τὸν τρόπο τὸν δικό του ὁ καθένας, πῶς εἴμαστε δυὸ μικρὰ λιγόζωα ἔντομα καλὰ γαντζωμένα ἀπάνω στὴ φλούδα τῆς γῆς, κ’ εἴχαμε βρεῖ μιὰ βολικὴ γωνιά, δίπλα σ’ἕνα ἀκρογιάλι, πίσω ἀπὸ καλάμια, σανίδια καὶ γκαζοτενεκέδες, καὶ στριμωχτήκαμε κοντὰ κοντὰ ὁ ἕνας στὸν ἄλλον, κ’εἴχαμε μπροστὰ μας πράγματα εὐχάριστα καὶ φαγώσιμα, καὶ μέσα μας τὴ γαλήνη, τὴν ἀγάπη καὶ τὴν ἀσφάλεια.

Ὁ Ζορμπᾶς δὲ μὲ ἄκουσε. ˉΕνας Θεὸς ξέρει σὲ τὶ πέλαγα ἀρμένιζε ὁ νοῦς του καὶ δὲν μποροῦσε νὰ τὸν φτάσει ἡ φωνή μου. ˉΑπλωσα τὸ χέρι, καὶ τὸν ἄγγιξα.

Πόσες φορὲς παντρεύτηκες, Ζορμπᾶ; ξαναρώτησα.

’Απόσπασμα ἀπὸ τὸν «’Αρχαιολόγο» τοῦ Α. Καρκαβίτσα

ˉΑ, νὰ ! εἶπε ξαφνικὰ μὲ χαρούμενη φωνὴ ὁ Περαχώρας. ἀκοῦστε κι ἂν μπορεῖτε μὴ θαυμάζετε.

— Τὶ εἶναι ; τὸν ρώτησε ὁ ’Αλαμᾶνος.

— Διαβάστε, παρακαλῶ, διαβάστε ! τοῦ εἶπε κι ὁ Γκενεβέζος ἀνυπόμονα.

Σηκώθηκαν καὶ πῆγαν κοντὰ στὸν καθηγητή, νὰ δοῦνε στὸ χειρόγραφο. Ὁ ’Αριστόδημος δὲν κινήθηκε ἀπὸ τὴ θέση του. Εἶχε μιὰν εὐαισθησία παράξενη. ˉΟταν ἄκουγε τοὺς σοφοὺς νὰ θαυμάζουνε τὰ βιβλία τῶν προγόνων του, γινότανε σὰν ζύμη. Κάθε λόγος τους, λὲς καὶ ἤτανε μορφίνη, τοῦ σκότιζε τὸ λογικό, τοῦ σκλάβωνε τὴ θέληση. ˉΗθελε κ'ἐκεῖνος νὰ παρακαλέσει, ἦταν ἀνυπόμονος ν'ἀκούσει τὸ νέο θησαυρὸ ποῦ ἀνακάλυψε ὁ καθηγητής. Μὰ δὲν εἶχε δύναμη νὰ βγάλει ἄχνα. Μόνο ἡ κιτρινάδα ποὺ ἔβαφε τὸ πρόσωπό του φανέρωναν τὴ μεγάλη του συγκίνηση.

Ἀπόσπασμα ἀπὸ τὸ «Φῶς ποὺ καίει» τοῦ Κ. Βάρναλη

Προμηθέας -στὸν Ἰησοῦ- Αὐτὰ δὲν εἶναι λογικὰ πράματα !

Ἰησοῦς Τὸ λογικὸ δὲν ὀφελᾶ σὲ τίποτα. Οὔτε τὸ πολὺ οὔτε τὸ λίγο. Μήπως οἱ φιλόσοφοι ξέρουνε περισσότερα ἀπ'τὰ πουλιὰ τ'οὐρανοῦ καὶ τὰ λουλούδια τῆς γῆς ; Μήπως εἶναι πιὸ καλοὶ ἀπὸ τοὺς ἀνθρώπους ;

Ὅσο πιὸ πολὺ ἀνοίγεται ἡ σκέψη, τόσο πιὸ πολὺ στενεύουν οἱ καρδιές. Κι ὁ ἄνθρωπος χάνεται.

Ἐγὼ προσπάθησα νὰ φωτίσω τὴν καρδιὰ τους. Νὰ τοὺς δώσω πιὸ μεγάλα ὅπλα καὶ πιὸ πολὺ βάθος.

Ἡ βασιλεία τῶν οὐρανῶν εἶναι βασιλεία τῆς καρδιᾶς. Ὅπως ἐγὼ θυσιάστηκα γιὰ ὅλους τοὺς ἀνθρώπους ἀπὸ καλωσύνη, ἐγὼ ὁ Βασιλιᾶς τῶν Οὐρανῶν, ἔτσι θὰ μάθουνε κ'οἱ βασιλιάδες τῆς γῆς νὰ θυσιάζονται γιὰ τοὺς σκλάβους τους καὶ νὰ τοὺς ἀγαπᾶνε.

Τότε δὲν θὰ ὑπάρχουνε ψευτιὰ καὶ ἀδικία.

Προμηθέας - ἀπότομα- Ἔτσι αἴ ! Νὰ ξοδεύουνε τὸ πνεῦμα τους καὶ τὴ δύναμή τους οἱ ἄξιοι γιὰ τοὺς τιποτένιους ! Αὐτὸ δὲν ξανακούστηκε. !

Εἶμαι πιὸ παλιὸς ἀπὸ σένα. Αὔριο μεθαύριο θὰ εἶμαι καὶ ὁ πρῶτος ἀπ'ὅλους. Μάθε, λοιπόν, ἀπὸ μένα. Εἶναι κανείς δυνατὸς γιατὶ ἀγαπᾶ τὸν ἑαυτὸ του μόνο καὶ θυσιάζει τοὺς ἄλλους. Ὁ δυνατὸς ἔχει χρέος νὰ τὴν αὐξάνει τὴν δύναμή του καὶ ὄχι νὰ τὴν λιγοστεύει. Ἡ δύναμη δὲν χαρίζεται παίρνεται. Παίρνεται μὲ τὴ βία ἀπὸ τοὺς δυνατούς. Αὐτὸ δὲν εἶναι νόμος ποὺ τὸν κάνανε οἱ θεοί. Ὑπάρχει πρὶν ἀπὸ μᾶς. Εἶναι Ἀνάγκη.

'Απόσπασμα ἀπὸ τὸ «Ποτὲ στὸν Πειραιᾶ»
τοῦ Φρέντυ Γερμανοῦ

Πρὸς τὸν Ἑλληνικόν Ὀργανισμὸν Τουρισμοῦ.
— 'Αξιότιμοι κύριοι,

Δὲν ἀνήκω στὴν κατηγορία τῶν ἀνθρώπων ποὺ
βομβαρδίζουν τὶς δημόσιες ὑπηρεσίες μὲ τὰ παράπονά τους,
ἀλλὰ νομίζω ὅτι ἡ περίπτωσίς μου σᾶς ἐνδιαφέρει. Εἶμαι
ἕνας ἀπὸ τοὺς 'Αμερικανοὺς ποὺ χειροκρότησαν τὴν ταινία
«Ποτὲ τὴν Κυριακὴ» ὅταν τὴν προέβαλαν στὴν πατρίδα μου.
Τὴν εἶδα συγκεκριμένα τρεῖς φορὲς, τὴν μία μὲ τὴν γυναῖκα
μου καὶ τὶς ἄλλες δυὸ μόνος. Ἡ Μπάρμπαρα μοῦ εἶπε ὅτι
δὲν τῆς ἄρεσε ἡ ταινία, γιατὶ ἐξευτέλιζε τὴν ἀμερικάνικη
διανόηση. Μοῦ εἶπε ὅτι κανεὶς 'Αμερικανὸς καθηγητὴς δὲν
θὰ φερόταν ὅπως φέρεται ὁ κ. Ντασσὲν στὴν ταινία, οὔτε θὰ
ἀνακατευόταν μὲ τὸν ὑπόκοσμο τοῦ λιμανιοῦ γιὰ νὰ σώσει
μιὰ κοινὴ γυναῖκα.

Δὲν συμφωνῶ καθόλου μὲ τὴν Μπάρμπαρα, ἀλλὰ
δὲν εἶναι ἀπαραίτητο νὰ συμφωνᾶ κανεὶς μὲ τὴ γυναῖκα του...

Τείχη

Χωρὶς περίσκεψιν, χωρὶς λύπην, χωρὶς αἰδῶ
μεγάλα κ'ὑψηλὰ τριγύρω μου ἔκτισαν τείχη.

Καὶ κάθομαι καὶ ἀπελπίζομαι τώρα ἐδῶ.
Ἄλλο δὲν σκέπτομαι : τὸν νοῦν μου τρώγει αὐτὴ ἡ τύχη

διότι πράγματα πολλὰ ἔξω νὰ κάμω εἶχον.
Ἄ ὅταν ἔκτιζαν τὰ τείχη πῶς νὰ μὴν προσέξω.

'Αλλὰ δὲν ἄκουσα ποτὲ κρότον κτιστῶν ἢ ἦχον.
'Ανεπαισθήτως μ'ἔκλεισαν ἀπὸ τὸν κόσμον ἔξω.

K. Π. Καβάφης

'Απόσπασμα ἀπὸ τὸν «Θάνατο τῶν 'Αρχαίων» Λόγος Ε΄
«Δωδεκάλογος τοῦ Γύφτου» τοῦ Κ. Παλλαμᾶ

Κι ὅποιος δοῦλος σας θὰ γίνη
καὶ σᾶς πάρει καταπόδι,
ἢ ἕνας μόνος, ἢ ὅλο γένος,
θὰ σβηστῆ μὲ σᾶς.

Καὶ μονάχα ὅποιος μαζὶ σας
δὲν θὰ χάση τὸν ἑαυτό του
καὶ θὰ κόψη μόνο ἀπ' τ' ἄνθια σας
γιὰ νὰ στεφανώση τὰ μαλλιὰ του,
μόνο ἐκεῖνος ἐδῶ κάτου
στολισμένος θὰ τραβήξη σὰ γαμπρός,
θὰ τραβήξη στολισμένος μὲ τὴ χάρη σας,
θὰ τραβήξη ἐμπρός !

Μάθε ἡ προκοπὴ δὲν εἶναι γιὰ τοὺς δούλους,
κι ὅσο θένε οἱ δοῦλοι ἀφέντη ἂς ἔχουν
τὸν ἀφέντη κάθε πλούτου κι ὀμορφιᾶς.

Μάθε ἡ προκοπὴ γιὰ τοὺς ἐλεύτερους,
για μᾶς !

Σὰν κ'ἐμᾶς τοὺς γύφτους θὰ διαβῆτε,
σπέρνοντας τὸν σπόρο τῶν ἐλεύτερων,
καὶ τὴν καταφρόνια τῆς σκλαβιᾶς,
ὅποιας, μ'ὅποιον ὄνομα σκλαβιᾶς
κ'ἔστι κι ἀπὸ σᾶς θὰ νἄρθη ὁ κόσμος
πιὸ κοντὰ σ'ἐμᾶς.

Ἄρνηση

Στὸ περιγιάλι τὸ κρυφὸ
κι ἄσπρο σὰν περιστέρι
διψάσαμε τὸ μεσημέρι
μὰ τὸ νερὸ γλυφό.

Πάνω στὴν ἄμμο τὴν ξανθή
γράψαμε τ'ὄνομά της
ὡραῖα ποὺ φύσηξεν ὁ μπάτης
καὶ σβήστηκε ἡ γραφή.

Μὲ τί καρδιά, μὲ τί πνοή,
τὶ πόθους καὶ τὶ πάθος
πήραμε τὴ ζωὴ μας· λάθος !
κι ἀλλάξαμε ζωή.

Γ. Σεφέρης

Τοῦ Αἰγαίου

Ὁ ἔρωτας
Τὸ ἀρχιπέλαγος
Κι' ἡ πρώρα τῶν ἀφρῶν σου
Κι' οἱ γλάροι τῶν ὀνείρων σου
Στὸ πιὸ ψηλὸ κατάρτι του ὁ ναύτης ἀνεμίζει
ἕνα τραγούδι
Ὁ ἔρωτας
Τὸ τραγούδι του
Κι' οἱ ὁρίζοντες τοῦ ταξιδιοῦ του
Κι' ἡ ἠχὼ τῆς νοσταλγίας του
Στὸν πιὸ βρεμένο βράχο της ἡ ἀρραβωνιαστικιὰ προσμένει
Ἕνα καράβι
Ὁ ἔρωτας
Τὸ καράβι του
Κι' ἡ ἀμεριμνησία τῶν μελτεμιῶν του
Κι' ὁ φλόκος τῆς ἐλπίδας του
Στὸν πιὸ ἐλαφρὸ κυματισμὸ ἕνα νησὶ λικνίζει
Τὸν ἐρχομό.

Ὀδυσσέας Ἐλύτης

Θαλασσινὸ ἀπόβροχο

....
Θυμᾶσαι τὸ βολτάρισμα πανιῶν γύρω ἀπ'τὴν ἄσπρη σημαδούρα τῆς ἄνοιξης,
θυμᾶσαι τοὺς ἀγῶνες τῶν ἱστιοφόρων πέρσι.   Τὰ θυμᾶσαι.
Ποιὸς νίκησε δὲν τὸ θυμᾶσαι. Ὅμως θυμᾶσαι τὸ μελαχρινὸ ναυτόπουλο
ποὺ σὲ κοίταζε στὰ μάτια πίσω ἀπ'τὸ ποτήρι του
κι'ἄνοιγε μιὰ πόρτα σκοτεινὴ στοῦ καπηλειοῦ τὸ βάθος-
τὸ κρεββάτι μὲ τὰ σανίδια κι' ἔξω οἱ φωνὲς τῶν μεθυσμένων καπετάνιων
ἔξω οἱ φωνὲς τῆς θαλασσινῆς γιορτῆς ἀνάμεσα ἀπ'τὴ χαραμάδα τοῦ φιλιοῦ σου
Θὰ 'χαν σημαῖες μὲς στὸν ἥλιο.   Μὰ ποιὸς νίκησε ;
....
Γιάννης Ρίτσος

Ἀπὸ τὴν «Ἀμοργὸ»
Στοῦ πικραμένου τὴν αὐλὴ βγαίνει χορτάρι μαῦρο.
Μόνο ἕνα βράδι τοῦ Μαγιοῦ πέρασε ἕνας ἀγέρας,
ἕνα περπάτημα ἐλαφρὺ σὰ σκίρτημα τοῦ κάμπου,
ἕνα φιλὶ τῆς θάλασσας τῆς ἀφροστολισμένης.
Κ' ἂν θὰ διψάσεις γιὰ νερὸ θὰ στίψουμε ἕνα σύννεφο,
κι ἂν θὰ πεινάσεις γιὰ ψωμὶ θὰ σφάξουμε ἕνα ἀηδόνι·
μόνο καρτέρει μιὰ στιγμὴ ν'ἀνοίξει ὁ πικραπήγανος,
ν'ἀστράψει ὁ μαῦρος οὐρανὸς, νὰ λουλουδίσει ὁ φλόμος !
Μὰ ἦταν ἀγέρας κ'ἔφυγε, κορυδαλλὸς κ'ἐχάθη,
ἦταν τοῦ Μάη τὸ πρόσωπο, τοῦ φεγγαριοῦ ἡ ἀσπράδα,
ἕνα περπάτημα ἐλαφρὺ σὰ σκίρτημα τοῦ κάμπου,
ἕνα φιλὶ τῆς θάλασσας τῆς ἀφροστολισμένης.

Νίκος Γκάτσος

Ἂν δὲ μοῦ 'δινες τὴν ποίση, Κύριε
Ἂν δὲ μοῦ 'δινες τὴν ποίηση, Κύριε,
δὲ θὰ 'χα τίποτα γιὰ νὰ ζήσω.
Αὐτὰ τὰ χωράφια δὲ θὰ'ταν δικὰ μου.
Ἐνῶ τώρα εὐτύχησα νὰ' χω μηλιές,
νὰ πετάξουνε κλώνους οἱ πέτρες μου,
νὰ γιομίσουν οἱ φοῦχτες μου ἥλιο,
ἡ ἔρημος μου λαό,
τὰ περιβόλια μου ἀηδόνια.
Λοιπόν, πῶς σοῦ φαίνονται ; Εἶδες
τὰ στάχυα μου, Κύριε ; Εἶδες τ'ἀμπέλια μου ;
Εἶδες τί ὄμορφα ποὺ πέφτει τὸ φῶς
στὶς γαλήνιες κοιλάδες μου ;
Κι' ἔχω ἀκόμα καιρό !
Δὲν ξεχέρσωσα ὅλο τὸ χῶρο μου, Κύριε.
Μ'ἀνασκάφτει ὁ πόνος μου καὶ ὁ κλῆρος μου μεγαλώνει.
Ἀσωτεύω τὸ γέλιο μου σὰν ψωμὶ ποὺ μοιράζεται.
Ὡστόσο,
δὲν ξοδεύω τὸν ἥλιο σου ἄδικα.
Δὲν πετῶ οὔτε ψίχουλο ἀπ' ὅ,τι μοῦ δίνεις.
Γιατὶ σκέφτομαι τὴν ἐρμιὰ καὶ τὶς κατεβασιὲς τοῦ χειμώνα.
Γιατὶ θὰ 'ρθη τὸ βράδυ μου. Γιατὶ φτάνει ὅπου νὰ'ναι
τὸ βράδυ μου. Κύριε, καὶ πρέπει
νὰ' χω κάνει πρὶν φύγω τὴν καλύβα μου ἐκκλησιὰ
γιὰ τοὺς τσοπάνηδες τῆς ἀγάπης.
Νικηφόρος Βρεττάκος

PART FIVE

VOCABULARY

A

ἄβραστος, η, ο	uncooked, under-cooked
ἄβυσσος, ἡ	abyss
ἀγαπάω, ἀγάπησα	love (*verb*)
ἀγάπη, ἡ	love
ἀγαπημένος, η, ο	dear, loved
ἀγαπητὸς, ἡ, ὁ	dear, loved
ἀγαπιοῦνται, ἀγαπηθήκανε	they love each other
ἀγγελία, ἡ	announcement, small advertisement
ἀγγέλλω, ἤγγειλα	announce
ἀγγίζω *or* ἐγγίζω, ἄγγιξα	touch
'Αγγλία, ἡ	England
'Αγγλίδα, ἡ	Englishwoman
'Αγγλικὰ, τὰ	English (language)
ἀγγλικὸς, ἡ, ὁ	English
'Αγγλόπαιδο, τὸ	English child
῍Αγγλος, ὁ	Englishman
ἀγγούρι, τὸ	cucumber
ἀγένεια, ἡ	rudeness
ἀγενὴς, ἡς, ἐς (*lit. adj.*)	ill-mannered
ἀγέρας *or* ἀέρας, ὁ	wind, air
ἀγίνωτος, η, ο	unripe
ἄγιος, ὁ *and* ἁγία, ἡ	saint (*m. and f.*)
ἀγνώριστος, η, ο	unrecognisable
ἄγνωστος, η, ο	unknown
ἀγορά, ἡ	market

ἀγοράζω, ἀγόρασα	buy
ἀγόρι, τὸ	boy, child
ἀγράμματος, η, ο	illiterate
ἀγριολούλουδο, τὸ	wild flower
ἀγώνας, ὁ	struggle, contest
ἀγωνία, ἡ	agony, anxiety
ἄδεια, ἡ	permission; leave (of absence)
ἄδειος, α, ο	empty, vacant
ἀδερφὴ or ἀδελφὴ, ἡ	sister
ἀδερφὸς or ἀδελφὸς, ὁ	brother
ἀδικιολόγητος, η, ο	unjustified, unjustifiable
ἀδικία, ἡ	injustice, wrong
ἄδικος, η, ο	unjust, wrong
ἀδικῶ, ἀδίκησα	do wrong
ἀδύνατος, η, ο	weak; lean
ἀέρας or ἀγέρας, ὁ	wind, air
ἀεροπλάνο, τὸ	aeroplane
ἀεροπορικὸς, ὴ, ὁ	by air
ἀεροπορικῶς (adv.)	by air
ἀηδόνι, τὸ	nightingale
᾿Αθήνα, ἡ	Athens
᾿Αθηνᾶ, ἡ	Athena
᾿Αθηναῖος, α	Athenian
ἀθηναϊκὸς, ὴ, ὁ	Athenian
Αἰγαῖο or Αἰγαῖον, τὸ	Aegean Sea
αἰδὼς, ἡ	shame, decency
αἷμα, τὸ	blood
Αἰολικὸς, ὴ, ὁ	Aeolian
αἴστηση or αἴσθησις, ἡ	sense
αἰστάνουμαι, αἰστάνθηκα	feel; sense
αἰτία, ἡ	cause, reason
αἰώνας, ὁ	century, era
᾿Ακαδημία, ἡ	Academy
ἀκάθαρτος, η, ο	dirty
ἀκαθόριστος, η, ο	undefined
ἀκατάλληλος, η, ο	unsuitable
ἀκόμα or ἀκόμη (adv.)	still, yet, more
ἀκούγουμαι, ἀκούστηκα	be well known
ἀκουσμένος, η, ο	famous

ἀκουστική, ἡ — acoustics
ἀκούω, ἄκουσα — hear, listen (*irregular*)
ἄκρη, ἡ — end; side
ἀκριβής, ής, ές (*lit. adj.*) — exact; punctual
ἀκριβὸς, ἡ, ὁ — dear, costly
ἀκριβῶς (*adv.*) — exactly, precisely
ἀκρογιάλι, τὸ — sea-shore
Ἀκρόπολη *or* Ἀκρόπολις, ἡ — Acropolis
ἀλάτι, τὸ — salt
Ἀλέξαντρος, ὁ — Alexander
ἀλήθεια, ἡ — truth
ἀλήθεια (*adv.*) — really, indeed
Ἀληθῶς ἀνέστη — He is risen indeed
ἀλλὰ (*conj.*) — but
ἀλλαγὴ, ἡ — change
ἀλλάζω, ἄλλαξα — change
ἀλληλογραφία, ἡ — correspondence
ἀλλοδαπὸς, ὁ, ἀλλοδα-πὴ, ἡ — a foreign subject (*m. and f.*)
ἄλλος, η, ο (*pron. and adj.*) — other; different
ἄλλοτε (*adv.*) — another time
ἀλλοῦ (*adv.*) — elsewhere
ἄλογο, τὸ — horse
ἅμα (*adv.*) — as soon as, when
Ἀμερικανίδα, ἡ — American (woman)
ἀμερικάνικος, η, ο — American (*adj.*)
Ἀμερικανόπαιδο, τὸ — American (child)
Ἀμερικανὸς, ὁ — American (man)
Ἀμερικὴ, ἡ — America
ἀμεριμνησία, ἡ — carelessness
ἀμέριμνος, η, ο — carefree
ἀμέσως (*adv.*) — at once
ἄμμος, ὁ, ἡ — sand
Ἀμοργὸς, ἡ — Amorgos
ἀμπέλι, τὸ — vine
ἀμφιβάλλω, ἀμφέβαλα — doubt
ἀμφιβολία, ἡ — doubt (*noun*)
ἄν (*conj.*) — if, whether
ἄν καὶ (*conj.*) — although
ἀνάβω, ἄναψα — light; turn on

ἀναγκάζουμαι, ἀναγκά-
στηκα

be obliged

ἀναγκάζω, ἀνάγκασα

compel; oblige

ἀναγκασμένος, η, ο

obliged

ἀνάγκη, ἡ

need, necessity

ἀνακαλύπτω, ἀνακάλυψα

discover, find out

ἀνακατεύουμαι, ἀνακατέ-
φτηκα

interfere

ἀναλόγως, (adv.)

accordingly

ἀνάμεσα (adv.)

in between

ἀναμφισβήτητος, η, ο

indisputable

ἀναπαύουμαι, ἀναπάφτηκα

rest

ἀνάπαυση or ἀνάπαυσις, ἡ

rest, repose

ἀναπαυτικός, ἡ, ὁ

comfortable

ἀνασκάφτω or ἀνασκάπτω,
ἀνάσκαψα

dig up, excavate

ἀναστατωμένος, η, ο

upset

ἀνατολή, ἡ

rising (of sun); east

ἀνάχτορα or ἀνάκτορα, τά

king's palace

ἀναχώρηση or ἀναχώρη-
σις, ἡ

departure

ἀναψυχὴ, ἡ

recreation

ἀνεβαίνω, ἀνέβηκα

go up (irregular)

ἀνεμίζω, ἀνέμισα

wave in the air, sail

ἀνεπαίσθητα or
ἀνεπαισθήτως (adv.)

imperceptibly

ἀνεπανόρθωτα (adv.)

irreparably

ἀνήκω, ἀνῆκα

belong

ἀνησυχία, ἡ

uneasiness

ἀνήσυχος, η, ο

uneasy, restless

ἀνησυχῶ, ἀνησύχησα

disquiet; be worried

ἄνθια, τά

flowers

ἀνθοπωλεῖο(ν), τὸ

flower-shop

ἄνθος, τὸ

flower

ἄνθρωπος, ὁ

man, person

ἀνοιγμένος, η, ο

open

ἀνοίγουμαι, ἀνοίχτηκα

open up; expand

ἀνοίγω, ἄνοιξα

open; cut

ἄνοιξη or ἄνοιξις, ἡ

spring

ἀνοιχτός, ἡ, ὁ

open

ἀνομολόγητος, η, ο	indescribable
ἀνταμώνω, ἀντάμωσα	meet
ἀντάμωση or ἀντάμωσις, ἡ	meeting
ἀντέχω, ἄντεξα	resist, endure
'Αντιγόνη, ἡ	Antigone
ἀντίο	good-bye
ἀντίο σας	good-bye to you
ἀντὶς or ἀντὶ (prep.)	instead of
ἄντρας, ὁ	man; husband
ἀντρόγυνο, τὸ	married couple
ἀνυπόμονα (adv.)	impatiently
ἀνυπόμονος, η, ο	impatient
ἀξέχαστος, η, ο	unforgettable
ἀξία, ἡ	value, worth
ἀξίζω, ἄξιζα	be worth, cost; deserve
ἄξιος, α, ο	capable
ἀξιότιμος, η, ο	estimable
ἀπαγοητευμένος, η, ο	disappointed
ἀπαγορεύεται	it is forbidden
ἀπάντηση or ἀπάντησις, ἡ	answer
ἀπαντῶ, ἀπάντησα	answer; meet
ἀπάνω or ἐπάνω or πάνω	up, above; upstairs
ἀπάνω ἀπὸ (prep.)	above, on top
ἀπάνω σὲ (prep.)	upon
ἀπαραίτητος, η, ο	indispensable
ἀπελπίζουμαι, ἀπελπίστηκα	give up hope
ἀπελπισία, ἡ	despair
ἀπέναντι (adv.)	opposite
ἁπλὰ (adv.)	simply
ἁπλὸς, ἡ, ὸ	simple, single
ἁπλούστατα (adv.)	quite simply
ἁπλώνουμαι, ἁπλώθηκα	extend one's activities
ἁπλώνω, ἅπλωσα	spread, stretch out
ἁπλῶς· (adv.)	simply
ἀπὸ (prep.)	from, by, of, than
ἀπόβροχο, τὸ	the last rain
ἀπόγευμα, τό or ἀπόγεμα	afternoon
ἀπογευματινὸς, ἡ, ὸ	afternoon (adj.)
ἀποκάτω (adv.)	below
ἀπολύτως (adv.)	absolutely

ἀπομονώνω, ἀπομόνωσα	isolate; insulate
ἀποπάνω (adv.)	above, on top
ἀπορία, ἡ	doubt, uncertainty
ἀπορῶ, ἀπόρησα	doubt; wonder
ἀπόσπασμα, τό	extract
ἀπότομα (adv.)	abruptly, suddenly; steeply
ἀπόφαση or ἀπόφασις, ἡ	decision
ἀποφασίζω, ἀποφάσισα	decide on
ἀποχτῶ, ἀπόχτησα	obtain, acquire
ἀπόψε (adv.)	tonight
ἀποψινός, ή, ὁ	tonight's, this evening's
Ἀπρίλιος or Ἀπρίλης, ὁ	April
ἀπρόοπτος, η, ο	unexpected, unforeseen
ἄραγε (particle)	I wonder if
ἀργά (adv.)	late, slowly
ἀργοπορία, ἡ	delay, slowness
ἀργός, ή, ὁ	slow
ἀργῶ, ἄργησα	be late
ἀρέσω, ἄρεσα	please, give pleasure (irreg.)
ἀριθμός, ὁ	number, figure
ἀριστερά (adv.)	on the left
ἀριστερός, ή, ὁ	left, left wing
Ἀριστοφάνης, ὁ	Aristophanes
ἀρκετά (adv.)	enough, rather
ἀρκετός, ή, ὁ	enough
ἀρμενίζω, ἀρμένισα	make sail, journey
ἀρνί, τό	lamb
ἀρραβωνιαστικιά, ἡ	fiancée
ἀρρωσταίνω, ἀρρώστησα	fall ill
ἀρρώστια, ἡ	illness
ἄρρωστος, η, ο	ill
ἀρτοποιεῖο(ν), τό	bakery
ἀρτοπωλεῖο(ν), τό	baker's shop
ἀρχαῖα, τά	antiquities
ἀρχαιολόγος, ὁ, ἡ	archaeologist
ἀρχαῖος, α, ο	ancient
ἀρχή, ἡ	beginning
ἀρχίζω, ἄρχισα	begin
ἀρχιπέλαγος, τό	archipelago

ἀρχιτέχτονας *or* ἀρχιτέ-
  κτων, ὁ, ἡ — architect (*m. and f.*)
ἅς (*particle*) — let, may
ἀσανσέρ, τὸ — lift
ἄσκημος, η, ο *or* ἄσχημος — bad, ugly
ἀσπιρίνη, ἡ — aspirin
ἀσπράδα, ἡ — whiteness
ἄσπρος, η, ο — white
ἀστειεύουμαι, ἀστειέφτηκα — joke (*verb*)
ἀστεῖο, τὸ — joke
ἀστεῖος, α, ο — funny
ἀστέρι, τὸ — star
ἀστράφτω, ἄστραψα — lighten; sparkle
ἄστρο, τὸ — star
ἀστυνομία, ἡ — police
ἀστυνομία ἀλλοδαπῶν, ἡ — aliens' police
ἀστυνομία τουρισμοῦ, ἡ — tourist police
ἀστυνομικὸ τμῆμα, τὸ — police station
ἀστυνομικὸς — of the police
ἀστυφύλακας, ὁ — police constable
ἀσφάλεια, ἡ — safety; insurance; police
ἀσφαλῶς (*adv.*) — certainly
ἀσωτεύω — dissipate
ἄσωτος, η, ο — prodigal
αὐγὴ, ἡ — dawn
αὐγό, τὸ — egg
Αὔγουστος, ὁ — August
αὐλὴ, ἡ — courtyard
αὐξάνω, αὔξησα — increase
αὔξηση *or* αὔξησις, ἡ — increase (*noun*)
αὐριανὸς, ἡ, ὸ — of tomorrow
αὔριο (*adv.*) — tomorrow
αὔριο τὸ πρωΐ (*adv.*) — tomorrow morning
αὐστηρὸς, ἡ, ὸ — strict
αὐτὶ, τὸ — ear
αὐτοκίνητο, τὸ — motor car, bus
αὐτὸς, ἡ, ὸ (*pron.*) — he, she, it; this
ἀφέντης, ὁ — lord ; proprietor
ἀφήνω, ἄφησα — let, allow; leave (*irregular*)
ἄφιξη *or* ἄφιξις *or* ἄφηξις, ἡ — arrival

ἀφόρητος, η, ο	unbearable
ἀφοῦ, ἀφότου (conj.)	since, when
ἀφρὸς, ὁ	foam; lather
ἀφροστολισμένος, η, ο	foam-adorned
ἄχνα, ἡ	mist; sound

B

βαγόνι, τὸ	coach (railway)
βαγόνι τοῦ ὕπνου, τὸ	wagon-lit
βάζο, τὸ	vase
βάζω, ἔβαλα	put on, apply (irregular)
βαθαίνω, βάθυνα	deepen
βάθος, τὸ	depth
βαθὺς, ιὰ, ὺ	deep
βαλίτσα, ἡ	suitcase
βαραίνω, βάρυνα	weigh down
βαριέμαι, βαρέθηκα	be bored (with)
βάρκα, ἡ	boat
βάρος, τὸ	weight
βαρὺς, ιὰ, ὺ (or ί)	heavy; strong
βασιλεία, ἡ	reign
βασιλιὰς, ὁ	king
βασίλισσα, ἡ	queen
βάφουμαι, βάφτηκα	make up
βάφω, ἔβαψα	dye
βγάζω, ἔβγαλα	take off, take out (irregular)
βγαίνω, βγῆκα	go or come out (irregular)
βδομάδα or ἑβδομάδα, ἡ	week
βέβαια or βεβαίως (adv.)	certainly
βέβαιος, α, ο	sure, certain
βεβαιώνω, βεβαίωσα	assure, confirm
Βέλγιο, τὸ	Belgium
βενζίνη or βενζίνα, ἡ	petrol, benzine
βία, ἡ	force, violence
βιβλίο, τὸ	book
βιβλιοθήκη, ἡ	library, bookcase
βιβλιοπωλεῖο(ν), τὸ	book-shop
βίος, ὁ	life
βλεπόμαστε, εἰδωθήκαμε	we see (saw) each other
βλέπω, εἶδα	see, look (irregular)

βοηθός, ὁ, ἡ	help, assistant (*m. and f.*)
βοηθῶ, βοήθησα	help
βολικός, ιά, ὁ	handy, convenient
βόλτα, ἡ	stroll, ride
βολτάρισμα, τό	walk, stroll
βομβαρδίζω, βομβάρδισα	bombard, bomb
βοτάνι, τό	herb
Βουλὴ Κοινοτήτων, ἡ	House of Commons
βουναλάκι, τό (*diminutive*)	hill
βουνό, τό	mountain
βούτυρο, τό	butter
βράδι *or* βράδυ, τό	evening
βραδιά, ἡ	evening, night
βραδιάζει, βράδιασε	evening falls
βραδινό, τό	evening meal
βραδινός, ή, ὁ	evening (*adj.*)
βράζω, ἔβρασα	boil
βραστός, ή, ὁ	boiled
βράχος, ὁ	rock
βρε(γ)μένος, η, ο	wet; damp
Βρεττανός, ἡ	British
βρέχει, ἔβρεξε	it rains
βρέχουμαι, βράχηκα *or* βρέχτηκα	get wet
βρίσκουμαι, βρέθηκα	be, find oneself
βρίσκω, βρῆκα·*or* ηὗρα	find (*irregular*)
βροχὴ, ἡ	rain
Βυζαντινός, ἡ, ὁ	Byzantine

Γ

γάϊδαρος, ὁ *or* γαϊδούρι, τό	ass, donkey
γαϊδουροκοκκάλα, ἡ	bone of a donkey
γάλα, τό	milk
γαλάζιος, α , ο	azure, blue
γαλακτοπωλεῖο(ν), τό	milk-bar, dairy
γαλανός, ή, ὁ	blue
γαλήνη, ἡ	calm (*noun*)
γαλήνιος, α, ο	calm
Γαλλία, ἡ	France
Γαλλίδα, ἡ	French woman

Γαλλικά, τὰ	French (language)
γαλλικὸς, ἡ, ὁ	French
γαλλοποῦλα, ἡ	turkey (f.)
γάλλος, ὁ	turkey (m.)
Γάλλος, ὁ	Frenchman
γαλόνι, τὸ	gallon
γάμος, ὁ	wedding, marriage
γαμπρὸς, ὁ	son-in-law, brother-in-law, bridegroom
γαντζωμένος, η, ο	hooked
γάτα, ἡ	cat (f.)
γατὶ, τὸ	cat (n.)
γάτος, ὁ	cat (m.)
γεγονὸς, τὸ	event, fact
γειὰ or ὑγεία, ἡ	health
γειὰ σου (sing.), σας (plur.)	hallo (to you); to your health
γειτονιὰ, η	neighbourhood
γέλιο, τὸ	laugh
γελιέμαι, γελάστηκα	be deceived or mistaken
γελοῖος, α, ο	ridiculous
γελῶ, γέλασα	laugh; cheat
γεμᾶτος, η, ο or γεμάτος	full
γεμίζω, γέμισα	fill, become full
γενέθλια, τὰ	birthday
γένος, τὸ	race, tribe
Γερμανία, ἡ	Germany
Γερμανίδα, ἡ	German woman
Γερμανικὰ, τὰ	German (language)
γερμανικὸς, ἡ, ὁ	German
Γερμανὸς, ὁ	German man
γέρος, ὁ	old man
γερὸς, ἡ, ὁ	strong, healthy
γῆ or γῆς, ἡ	earth, land
γιὰ (prep.)	for, because of
γιὰ νὰ (conj.)	in order to
γιαγιὰ, ἡ	grandmother
γιαούρτι, τὸ	yogurt
γιατὶ (adv.)	why
γιατὶ (conj.)	because

γιατρός, ὁ, ἡ *or* ἰατρός	doctor
γίνουμαι, ἔγινα *or* γίνηκα (*irr.*)	become, (study to) become
γιομίζω *or* γεμίζω, γιόμισα	fill
γιορτάζω, ἑορτάζω, γιόρτασα	celebrate
γιορτάζεται *or* ἑορτάζεται, γιορτάστηκε	it is celebrated
γιορτή, ἡ *or* ἑορτή	festival, name-day
γιὸς, ὁ *or* υἱὸς	son
Γιῶργος *or* Γεώργιος, ὁ	George
γκαζοτενεκὲς, ὁ	paraffin can
γκαρὰζ, γκαράζι, τὸ	garage
γκαρσόνι, τὸ	waiter
γκρεμὸς *or* γκρεμνὸς, ὁ	precipice, abyss
γκρὶ	grey
γκρίζος, α, ο	grey
γλάρος, ὁ	seagull
γλυκά, τὰ	pastries
γλυκὸς, ιὰ, ὁ *or* γλυκὺς	sweet
γλυφὸς, ὴ, ὁ	brackish
γλῶσσα, ἡ	tongue; language
γνώμη, ἡ	opinion, view
γνωριζόμαστε	we know each other
γνωρίζω, γνώρισα	know
γνωριμία, ἡ	acquaintance
γνωστός, ὴ, ὁ	known; an acquaintance
γονεῖς, οἱ	parents
γονιός, ὁ	father
γούνα, ἡ	fur
γοῦστο, τὸ	taste
γράμμα, τὸ	letter
γραμματόσημο, τὸ	postage-stamp
γραμμετέας, ὁ, ἡ	secretary *(m. and f.)*
γραμμένος, η, ο	written
γραμμόφωνο, τὸ	gramophone
γραφεῖο, τὸ	desk; study, office
Γραφεῖο Τουρισμοῦ, τὸ	Tourist Office
γραφὴ, ἡ	writing
γράφουμαι, γράφτηκα	enrol
γράφω, ἔγραψα	write

γρήγορα (*adv.*)	quickly
γρήγορος, η, ο	quick
γριά, ή	old woman
γυαλιά, τά	glasses, spectacles
γυμνάσιο, τό	secondary school
γυναίκα, ή	woman, wife
γυρίζω, γύρισα	return, turn
γύρω (*adv.*)	around
γύρω ἀπό (*prep.*)	around
γύρω σὲ (*prep.*)	around
γύφτισσα, ή	gipsy (*f.*)
γύφτος, ὸ	gipsy (*m.*)
γωνία, ή	corner

Δ

δαδί, τό	fire-wood
δαιμόνιο(ν), τό	genius, demon
δαπάνη, ή	expense, expenditure
δασκάλα, ή	teacher (*f.*)
δάσκαλος, ὸ	teacher (*m.*)
δάσος, τὸ	forest
δαχτυλογράφος *or* δακτυλογράφος, ὸ, ή	typist (*m. and f.*)
δὲ μοῦ ἀρέσει	I don't like it
δειλά (*adv.*)	cowardly
δείχνουμαι, δείχτηκα	appear
δείχνω, ἔδειξα	show
δέκα	ten
δέκατος, η, ο	tenth
Δεκέμβριος *or* Δεκέμβρης, ὸ	December
Δελφοὶ, οἱ (*plur.*)	Delphi
δεμένος, η, ο	bound
δὲν, δὲ	not (*before verb*)
δὲν πειράζει	it does not matter
δέντρο *or* δὲνδρον, τὸ	tree
δένω, ἔδεσα	tie (up) , bind
δεξιά (*adv.*)	to the right
δεξιὸς, ά, ὸ	right; right-wing
δεσποινίδα, ή	Miss; young woman
Δευτέρα, ή	Monday

δεύτερος, η, ο	second
δέχουμαι, δέχτηκα	receive, accept
δημοσιογράφος, ὁ, ἡ	journalist (*m. and f.*)
δημόσιος, α, ο	public
Δημοτική, ἡ	Demotic Greek
διαβάζω, διάβασα	read, study
διαβαίνω, διάβηκα	cross, pass (*irregular*)
διαβάτης, ὁ	passer-by (*m.*)
διαβάτισσα, ἡ	passer-by (*f.*)
διαβατήριο, τὸ	passport
διαδρομὴ, ἡ	run, course
διακοπές, οἱ	vacation, holidays
διακοπὴ, ἡ	interruption
διαλέγω, διάλεξα	choose, select
διάλεκτος, ἡ	dialect
διαμονὴ, ἡ	sojourn
διανόηση *or* διανόησις, ἡ	thought, intellectuals
διασκεδάζω, διασκέδασα	enjoy oneself, entertain
διασκέδαση διασκέδασις, ἡ	entertainment
διαφορὰ, ἡ	difference
διαφορετικὰ (*adv.*)	otherwise
διαφορετικὸς, ὴ, ὸ	different
διάφορος, η, ο	different, various
διδάσκω, δίδαξα	teach (*irregular*)
διεύθυνση *or* διεύθυνσις, ἡ	address
διευθυντὴς, ὁ	director
διηγιέμαι, διηγήθηκα	relate, tell
δικὸς, ὴ, ὸ	close, related
δικός μου	mine
δίνω, ἔδωσα	give (*irregular*)
Διόνυσος, ὁ	Dionysos
διορθώνω, διόρθωσα	correct
δίπλα (*adv.*)	near, by the side
διπλανὸς, ὴ, ὸ	near-by
διπλὸς, ὴ, ὸ	double
διψῶ, δίψασα	be thirsty
δίχως (*pron.*)	without
δόθηκε (*from* δίνουμαι)	it was given
δοκιμάζω, δοκίμασα	test; try; taste
δολλάριο, τὸ	dollar

δόντι, τὸ	tooth
Δόξα σοι ὁ Θεὸς	thank the Lord
δόρυ, τὸ	spear
δουλειά, ἡ	work
δουλεύω, δούλεψα	work
δοῦλος, ὁ	slave, servant
δράμα, τὸ	drama
δραχμὴ, ἡ	drachma
δρόμος, ὁ	road, street
δροσερὸς, ἡ, ὁ	cool, fresh
δροσιὰ, ἡ	freshness
δροσίζω, δρόσισα	cool, get cool
δύναμη or δύναμις, ἡ	strength, power
δυνατὰ (adv.)	hard, loudly
δυνατὸς, ἡ, ὁ	strong, powerful
δὺο	two
δυσάρεστος, η, ο	unpleasant
δύση or δύσις, ἡ	setting (of sun); west
δυσκολία, ἡ	difficulty
δύσκολος, η, ο	difficult
δυστυχία, ἡ	unhappiness
δυστυχῶς (adv.)	unfortunately
δώδεκα	twelve
δωδέκατος, η, ο	twelfth
δωμάτιο, τὸ	room
δῶρο, τὸ	gift, present

E

ἑαυτὸς μου, ὁ (pron.)	myself
ἑβδομάδα or βδομάδα, ἡ	week
ἕβδομος, η, ο	seventh
ἐγχείρηση or ἐγχείρησις, ἡ	operation
ἐγχειρίζω, ἐγχείρισα	operate
ἐγώ (pron.)	I
ἐδῶ (adv.)	here
ἐθνικὸς, ἡ, ὁ	national
ἔθνος, τὸ	nation
εἴκοσι	twenty
εἰκοσιτετράωρο, τὸ	twenty-four hours
εἰκοστὸς, ἡ, ὁ	twentieth

εἶμαι, εἴμουνα *or* ἤμουν	I am
εἶναι	he, she, it is
εἰσιτήριο, τό	ticket
εἴτε....εἴτε	either....or
ἑκατὸ	a hundred
ἑκατοστάρικο, τό	a hundred drachma note
ἐκεῖ (*adv.*)	there
ἐκεῖ ποὺ (*adv.*)	while, instead of
ἐκεῖνος, η, ο (*pron.*)	that
ἔκθεση *or* ἔκθεσις, ἡ	essay; exhibition
ἐκκλησία, ἡ	church
ἕκτος, η, ο	sixth
ἔκφραση *or* ἔκφρασις, ἡ	expression
ἐλαφρὸς, ιὰ, ὀ *or* ἐλαφρὺς	light
Ἑλένη, ἡ	Helen
ἐλευτερία *or* ἐλευθερία, ἡ	freedom, liberty
ἐλεύτερος, η, ο *or* ἐλεύθερος	free
ἐλιὲς, οἱ	olives
Ἐλισάβετ, ἡ	Elizabeth
Ἑλλάδα *or* Ἑλλὰς, ἡ	Greece
Ἕλληνας *or* Ἕλλην, ὁ	Greek (man)
Ἑλληνίδα *or* Ἑλληνὶς, ἡ	Greek (woman)
Ἑλληνικὰ, τὰ	Greek (language)
ἑλληνικὸς, ὴ, ὸ	Greek
ἑλληνόπαιδο, τό	Greek child
ἐλπίδα, ἡ	hope
ἐλπίζω, ἤλπισα	hope (*verb*)
ἐμεῖς	we
ἐμπόδιο, τὸ	obstacle
ἐμπορικὸς, ὴ, ὸ	commercial
ἐμποροπλοίαρχος, ὁ	captain in merchant navy
ἔμπορος, ὁ	merchant
ἐμπρὸς *or* μπρὸς (*adv.*)	forward(s); hello (on telephone)
ἐμπρὸς σὲ (*prep.*)	in front of
ἐν μέρει	partly
ἐντάξει	all right
ἐν τῷ μεταξὺ	in the meantime
ἕνας, μία *or* μιά, ἕνα	a, an; one
ἔνατος, η, ο	ninth

ἑνδέκατος, η, ο	eleventh
ἐνδιαφέρει (μὲ ἐνδιαφέρει)	it interests (me)
ἐνδιαφέρον, τὸ	interest
ἐνδιαφέρουμαι, ἐνδιαφέρ-θηκα	be interested
ἐνδιαφέρων, ουσα, ον	interesting
ἔνεση or ἔνεσις, ἡ	injection
ἐννέα or ἐννιά	nine
ἔννοια, ἡ	care, meaning
ἐννοῶ, ἐννόησα	mean; understand
ἔνοχος, η, ο	guilty
ἔντεκα or ἔνδεκα	eleven
ἔντομο, τὸ	insect
ἐνῶ (conj.)	while
ἐξάδερφος or ἐξάδελφος, ὁ	cousin (m.)
ἐξάσκηση or ἐξάσκησις, ἡ	exercise, practice
ἐξαφανίζουμαι, ἐξαφανί-στηκα	disappear
ἐξέδρα, ἡ	platform
ἐξευτελίζω, ἐξευτέλισα	cheapen, lower
ἔξι or ἔξ	six
ἐξοχὴ, ἡ	country(side)
ἐξοχικὸς, ἡ, ὁ	country (adj.), rural
ἐξυπηρέτηση or ἐξυπηρέ-τησις, ἡ	service, assistance
ἐξυπηρετῶ, ἐξυπηρέτησα	assist
ἔξυπνος, η, ο	intelligent
ἔξω (adv.)	out, outside
ἔξω ἀπὸ (prep.)	outside
ἐξωτερικὸ, τὸ	abroad
ἐξωτερικὸς, ἡ, ὁ	external, exterior
ἐπάνω or ἀπάνω or πάνω	up, above, on top
ἐπαρχιώτης, ὁ	provincial (noun)
ἐπείγων, ουσα, ον	urgent, express
ἐπειδὴ (conj.)	because, since
ἔπειτα (adv.)	then, next
ἐπηρεάζω, ἐπηρέασα	influence (verb)
ἐπὶ πλέον	in addition
ἐπιβάτης, ὁ	passenger (m.)
ἐπιβάτισσα, ἡ	passenger (f.)

ἐπίδειξη *or* ἐπίδειξις, ἡ — showing off
ἐπιδειχτικὰ (*adv.*) — ostensibly
ἐπίθετο, τὸ — surname; adjective
ἐπίσης — too, likewise
ἐπισκέφτουμαι *or* ἐπισκέ-
πτομαι, ἐπισκέφτηκα — visit
ἐπίσκεψη *or* ἐπίσκεψις, ἡ — visit
ἐπιστήμη, ἡ — science, branch of learning
ἐπιστήμονας *or* ἐπιστήμων — qualified person; scientist (*m. and f.*)
ἐπιστρέφω, ἐπέστρεψα — give back, come back
ἐπιστροφὴ, ἡ — return
ἐπιταγὴ, ἡ — cheque
ἐπιτέλους (*adv.*) — at last
ἐπιχείρηση *or* ἐπιχείρη-
σις, ἡ — business, enterprise
ἐποχὴ, ἡ — epoch; season
ἐργάζουμαι, ἐργάστηκα — work
ἐργασία, ἡ — work
ἐργάτης, ὁ, ἐργάτρια *or*
ἐργάτισσα, ἡ — worker (*m. and f.*)
ἔργο(ν), τὸ — thing done; play
ἐργοστάσιο, τὸ — factory
ἐργόχειρο, τὸ — needlework
ἔρημος, ἡ — desert
ἔρημος, η, ο — deserted
ἐρμιὰ *or* ἐρημία, ἡ — wildness, solitude
ἐρχόμενος, η, ο — coming, next
ἐρχομὸς, ὁ — arrival
ἔρχουμαι, ἦρθα *or* ἦλθα — come (*irregular*)
ἔρωτας, ὁ — love
ἐρώτηση *or* ἐρώτησις, ἡ — question, inquiry
ἐρωτῶ, ἐρώτησα — ask
Ἐρωφίλη, ἡ — Erofili
ἐσεῖς *or* σεῖς (*pron.*) — you *(pl.)*
ἐστιατόριο(ν), τὸ — restaurant
ἐσὺ *or* σὺ — you *(sing.)*
ἐσωτερικὸ, τὸ — interior, inland
ἐτοιμάζουμαι, ἑτοιμάστηκα — get ready
ἑτοιμάζω, ἑτοίμασα — prepare

ἕτοιμος, η, ο	ready
ἔτσι (*adv.*)	so, like this, thus
ἔτσι κι ἔτσι	so-so
εὐαγγέλιο(ν), τό	gospel
εὐαισθησία, ἡ	sensitiveness
εὐγένεια, ἡ	courtesy
εὐγενὴς, ὴς, ὲς (*lit. adj.*)	polite
εὐγενικὰ (*adv.*)	politely
εὐγενικὸς, ιὰ, ὸ	polite
εὔθυμος, η, ο	merry
εὐθὺς *or* εὐτύς	immediately
εὐθὺς, εία, ὺ	straight; honest
εὐκαιρία, ἡ	opportunity
εὐκολία, ἡ	ease, convenience
εὔκολος, η, ο	easy
εὐλογημένος, η, ο	blessed
εὐλογία, ἡ	blessing
εὔοσμος, η, ο	fragrant
εὐτύχημα, τό	good fortune
εὐτυχία, ἡ	happiness
εὐτυχισμένος, η, ο	happy
εὐτυχῶ, εὐτύχησα	am happy
εὐτυχῶς (*adv.*)	happily
εὐχάριστα (*adv.*)	pleasantly
εὐχαριστημένος, η, ο	pleased, satisfied
εὐχαρίστηση *or* εὐχαρίστη-σις, ἡ	pleasure
εὐχάριστος, η, ο	pleasant
εὐχαριστιέμαι, εὐχαρι-στήθηκα	be pleased
εὐχαριστῶ, εὐχαρίστησα	thank, please
εὐχαρίστως (*adv.*)	gladly
εὐχὴ, ἡ	wish
ἐφέτος *or* φέτος (*adv.*)	this year
ἐφημερίδα *or* ἐφημερὶς, ἡ	newspaper
ἐφημεριδοπώλης, ὁ	newspaper seller
ἑφτὰ *or* ἑπτὰ	seven
ἔχω, εἶχα	have
ἔχω δίκαιο	be right

ἔχω ἄδικο	be wrong
ἕως (*prep*.)	until; as far as

Z

ζάχαρη, ἡ	sugar
ζαχαροπλαστεῖο(ν), τό	confectioner's
ζεσταίνουμαι, ζεστάθηκα	feel hot
ζέστη, ἡ	heat
ζεστός, ἡ, ό	hot
ζευγάρι, τό	pair
ζηλεύω, ζήλεψα	be jealous
ζηλιάρης, α, ικο	jealous
ζήτημα, τό	question, problem
ζήτηση *or* ζήτησις, ἡ	demand
ζητῶ, ζήτησα	seek, ask for
ζύμη, ἡ	dough
ζῶ, ἔζησα	live
ζωὴ, ἡ	life
Ζωὴ, ἡ	Zoe
ζῶο(ν), τό	animal

H

ἡ *(art.)*	the *(f.)*
ἤ *(conj.)*	or
ἤ....ἤ	either...or
ἤδη *(adv.)*	already
ἠθοποιὸς, ό, ἡ	actor, actress
Ἠλέκτρα, ἡ	Electra
ἠλεκτρικὸς, ἡ, ό	electric
ἡλικία, ἡ	age
ἡλιοθεραπεία, ἡ	sunbathing
ἥλιος, ό	sun
ἡμέρα *or* μέρα, ἡ	day
ἡμερολόγιο(ν), τό	calendar, diary
ἡμερομηνία, ἡ	date
Ἥρα, ἡ	Hera
ἤρεμος, η, ο	calm, quiet
Ἡρώδης ὁ Ἀττικὸς, ό	Herodes Atticus
ἦχος, ό	sound
ἠχώ, ἡ	echo

Θ

θὰ (*particle*)	(*introducing future*)
θαλαμηγός, ἡ	yacht
θάλασσα, ἡ	sea
θαλασσινός, ἡ, ὁ	of or from the sea
θάνατος, ὁ	death
θάρρος, τὸ	courage
θαῦμα, τὸ	miracle, wonder
θαυμάζω, θαύμασα	admire
θαυμάσια (*adv.*)	fine
θαυμάσιος, α, ο	wonderful
θεατρικὸς, ἡ, ὁ	theatrical
θέατρο, τὸ	theatre
θεία *or* θειά, ἡ	aunt
θεῖος *or* θειός, ὁ	uncle
θέλω, ἤθελα *or* θέλησα	want (*irregular*)
θὲμα, τὸ	subject, theme
θεὸς, ὁ	god
θέση *or* θέσις, ἡ	seat, place
Θεσσαλονίκη, ἡ	Salonika
θησαυρὸς, ὁ	treasure
θόρυβος, ὁ	noise; fuss
θυμᾶμαι *or* θυμοῦμαι, θυμήθηκα	remember
θυμίζω, θύμισα	remind
θυμὸς, ὁ	anger
θυμωμένος, η, ο	angry
θυμώνω, θύμωσα	make or get angry
θυσιάζουμαι, θυσιάστηκα	sacrifice oneself
θυσιάζω, θυσίασα	sacrifice

I

Ἰανουάριος *or* Γενάρης, ὁ	Junuary
ἰατρεῖο(ν), τὸ	surgery
ἰδέα, ἡ	idea, opinion
ἰδιαίτερα (*adv.*)	especially
ἰδιαίτερος, η, ο	special, particular
ἴδιος, α, ο	one's own
ἰδιότροπος, η, ο	fussy
Ἰησοῦς, ὁ	Jesus

ἱκετεύω, ἱκέτευσα	entreat
'Ινδίες *or* 'Ινδίαι, οἱ	Indies
'Ιούλιος *or* 'Ιούλης, ὁ	July
'Ιούνιος, ὁ	June
ἴσαμε (*prep.*)	as far as, until
ἴσιος, α, ο	straight, upright
'Ισπανία, ἡ	Spain
'Ισπανίδα, ἡ	Spanish woman
'Ισπανικά, τά	Spanish (language)
ἱσπανικός, ἡ, ὁ	Spanish
'Ισπανός, ὁ	Spaniard
ἱστιοφόρο(ν), τό	sailing vessel
ἱστορία, ἡ	history; story
ἰσχυρογνώμων, ων, ον	obstinate
ἴσως (*adv.*)	perhaps
ἴσως νά	perhaps
'Ιταλία, ἡ	Italy
'Ιταλίδα, ἡ	Italian woman
'Ιταλικά, τά	Italian (language)
ἰταλικός, ἡ, ὁ	Italian
'Ιταλός, ὁ	Italian man

Κ

καθαρά (*adv.*)	properly, clearly
καθαρεύουσα, ἡ	the official (Purist) Greek language
καθαρός, ἡ, ὁ	clean
κάθε (*adj.*)	every, each
κάθε μέρα	every day
κάθε τι	everything
κάθε φορά πού	each time, whenever
καθένας, καθεμιά, καθένα (*pron.*)	each one, anyone
καθηγητής, ὁ	professor (*m.*) *or* schoolmaster
καθηγήτρια, ἡ	professor (*f.*) *or* schoolmistress
κάθισμα, τό	seat
καθόλου (*adv.*)	(not) at all
κάθουμαι, κάθισα	sit (down), live (*irregular*)

καθρέφτης *or* καθρέπτης, ὁ	mirror
καθὼς (*conj. or adv.*)	as, when; such as
καθὼς πρέπει	proper
καὶ *or* κι (*conj.*)	and, also, too
καινούργιος, α, ο	new
καιρὸς, ὁ	time; weather
καίω, ἔκαψα	burn; be hot (*irregular*)
κακὸς, ἠ *or* ιὰ, ὁ	bad, evil
καλὰ (*adv.*)	well, all right, properly
καλαμαράκια, τὰ	cuttlefish
Καλαματιανὸς, ἠ, ὁ	from Kalamata
καλάμι, τό	reed, cane
καλεσμένος, η, ο	invited, a guest
καλὴ ἰδέα	good idea
καλημέρα (σας)	good morning (to you)
καληνύχτα	good night
καλησπέρα	good evening
καλλιτέχνης, ὁ, ἡ	artist (*m. and f.*)
καλλιτεχνικὸς, ἠ, ὁ	artistic
καλοκαίρι, τὸ	summer
καλὸς, ἠ, ὁ	good
καλύβα, ἡ	hut
καλῶ, κάλεσα	invite, call
καλῶς ὁρίσατε	welcome
καλῶς σᾶς βρῆκα	happy to be here
κολωσορίζω, καλωσόρισα	welcome
καλωσύνη, ἡ	goodness
καμαριέρα. ἡ	chamber-maid
καμπίνα, ἡ	cabin
κάμπος, ὁ	plain
κάμποσος, η, ο (*pron.*)	some, several
κάμω, ἔκαμα *or* κάνω, ἔκανα	make, do
καναπὲς, ὁ	sofa, settee
κάνει δροσιὰ	it is cool
κάνει ζέστη	it is hot
κάνει κρύο	it is cold
κανένας, καμία *or* καμμιά, κανένα (*pron.*)	anyone, some, no-one
κανονίζω, κανόνισα	arrange
κάνω, ἔκανα	do, make (*irregular*)

κάνω μπάνιο	bathe
κάνω παζάρια	bargain
κάνω τὸν κόπο	take the trouble
καπέλλο, τὸ	hat
καπετάνιος, ὁ	captain
καπηλειὸ, τὸ	wine-shop
καπνίζω, κάπνισα	smoke
κάπνισμα, τὸ	smoking
κάποιος, α, ο (*pron.*)	some; somebody
κάπου (*adv.*)	somewhere
καράβι, τὸ	ship
κάρβουνα, τὰ	coal, charcoal
καρδιὰ, ἡ	heart
καρέκλα *or* καρέγλα, ἡ	chair
κάρτα, ἡ	postcard
καρτερῶ, καρτέρησα	wait (for)
κατὰ (*prep.*)	towards, according, about
καταλαβαίνω, κατάλαβα	understand (*irregular*)
κατάλληλος, η, ο	suitable
κατάλογος φαγητῶν, ὁ	menu
κατάματα (*adv.*)	straight in the eye
καταπόδι (*adv.*)	close behind
καταπράσινος, η, ο	very green
κατάρτι, τὸ	mast
κατὰστημα, τὸ	shop
καταστηματάρχης, ὁ	shop-keeper
καταφέρνω *or* καταφέρω, κατάφερα	manage, deal
καταφρονῶ, καταφρόνησα	disdain
κατεβαίνω, κατέβηκα	come down (*irregular*)
κατεβασιὰ, ἡ	flood, downpour
κατηγορία, ἡ	accusation
κάτι, κατιτὶ (*pron.*)	some, something
κατοστάρικο, τὸ	hundred drachma note
κάτου *or* κάτω (*adv.*)	down, below
κάτω ἀπὸ (*prep.*)	underneath
κάτω σὲ (*prep.*)	down, by
καφεδάκι, τὸ	coffee
καφενεῖο(ν), τὸ	café
καφὲς, ὁ	coffee

κὲκ, τὸ	cake
κελαϊδῶ, κελαΐδησα	warble
κέντημα, τὸ	needlework
κέντρο(ν), τό	centre; place of entertainment
κεράσι, τὸ	cherry
κερκίδα *or* κερκὶς, ἡ	wedge-shaped tier of seats
κέρμα, τὸ	small coin
κέφι, τὸ	good mood
Κηφισιὰ, ἡ	Kifissia
κι ἄλλο, κι ἄλλη	more
κι ἐσεῖς	and you (*pl.*)
κι ἐσὺ	and you (*sing.*)
κιλὸ, τὸ	kilo
κινημοτογράφος, ὁ	cinema
κινιέμαι *or* κινοῦμαι, κινήθηκα	move
κιόλας *or* κιόλα (*adv.*)	as well; already
κιτρινάδα, ἡ	yellowness
κίτρινος, η, ο	yellow; pale
κλαίω, ἔκλαψα	weep, lament (*irregular*)
κλάμα, τὸ	crying
κλειδὶ, τὸ	key
κλειδώνω, κλείδωσα	lock
κλείνουμαι, κλείστηκα	shut oneself in
κλείνω, ἔκλεισα	shut, close
κλειστὸς, ἡ, ὁ	shut, closed
κληματαριὰ, ἡ	climbing vine
κλῆρος, ὁ	lot; fate
κλίμα, τὸ	climate
κλῶνος, ὁ	branch
κόβουμαι, κόπηκα	cut oneself; take great care
κόβω, ἔκοψα	cut; carve
κοιλάδα, ἡ	valley
κοιμᾶμαι *or* κοιμοῦμαι, κοιμήθηκα	sleep; go to bed
κοινὸς, ἡ, ὁ	common
κοινωνία, ἡ	society
κοινωνικὸς, ἡ, ὁ	sociable
κοιτάζουμαι, κοιτάχτηκα	look at oneself

κοιτάζω, κοίταξα — look at
κόκκαλο, τὸ — bone
κόκκινος, η, ο — red
κοκορέτσι, τὸ — grilled sheep's entrails
κολλημένος, η, ο — stuck, attached
κολύμπι, τὸ — swimming
κολυμπῶ *or* κολυμβῶ, κολύμπησα — swim
Κολωνάκι, τὸ — Kolonaki
κομμένος, η, ο — cut; tired out
κοντὰ (*adv.*) — near
κοντὰ σὲ (*prep.*) — near
κοντινὸς, ἠ, ὀ — close, near by
κοντὸς, ἠ, ὀ — short
κόρη, ἠ — daughter, maiden
Κόρινθος, ἠ — Corinth
κορίτσι, τὸ — girl
κορυδαλλὸς, ὀ — skylark
κόσμος, ὀ — world; people
κουβαλῶ, κουβάλησα — carry; move house
κουβέρτα, ἠ — blanket
κουδούνι, τὸ — bell
κουζίνα, ἠ — kitchen
κουλούρια, τὰ — ring-shaped bread rolls or biscuits
κουνιέμαι, κουνήθηκα — move; rock
κουπὶ, τὸ — oar
κουράζουμαι, κουράστηκα — become tired
κουράζω, κούρασα — tire, weary
κούραση *or* κούρασις, ἠ — fatigue
κουρασμένος, η, ο — tired
κουρεῖο(ν) ἀντρῶν, τὸ — barber's shop
κουρεῖο(ν) κυριῶν, τὸ — ladies' hairdresser
κουταλάκι, τὸ — small spoon
κουτάλι, τὸ — spoon
κουτὶ, τὸ — box
κουτὸς, ἠ, ὀ — stupid, silly
κουφάλα, ἠ — cavity
κρασὶ, τὸ — wine
κρέας, τὸ — meat

κρεββάτι, τὸ — bed
κρεββατοκάμαρα, ἡ — bedroom
κρέμα, ἡ — cream
κρεμιέμαι, κρεμάστηκα — hang or lean
κρεμμύδι, τὸ — onion
κρίμα, τὸ — sin; a pity
Κρητικὸς, ὁ and Κρητικιά, ἡ — Cretan (m. and f.)
κρότος, ὁ — loud noise
κρύβουμαι, κρύφτηκα — hide (oneself)
κρύβω, ἔκρυψα — hide
κρύο, τὸ — cold (noun)
κρύος, α, ο — cold, chilly
κρυφός, ἡ, ὁ — secret (adj.)
κρυφτό, τὸ — hide and seek
κρυώνω, κρύωσα — get or feel cold
κτίζω or χτίζω, ἔχτισα — build
κτίστης or χτίστης, ὁ — bricklayer
κύμα, τὸ — wave
κυματισμὸς, ὁ — wave
κυπαρίσσι, τὸ — cypress
κυρία, ἡ — Mrs, lady
Κυριακὴ, ἡ — Sunday
κύριος, α, ο — main
κύριος, ὁ — Mr, lord, gentleman
κυρίως (adv.) — chiefly
κῦρος, τὸ — authority
κωμωδία, ἡ — comedy

Λ

λαβαίνω or λαμβάνω, ἔλαβα — receive, get (irregular)
λάδι, τὸ — oil
λάθος, τὸ — mistake, error
λαϊκὸς, ἡ, ὁ — popular; lay
λαιμὸς, ὁ — neck; throat
λάμπει, ἔλαμψε — it is shining
λαὸς, ὁ — nation, people
λάστιχα, τὰ — tyres
λέγω or λέω, εἶπα — say, tell (irregular)
λεμονάδα, ἡ — lemonade
λεμόνι, τὸ — lemon

λέξη *or* λέξις, ἡ — word
λεξικὸ, τὸ — dictionary
λεξιλόγιο(ν), τὸ — vocabulary
λεπτὰ *or* λεφτὰ, τὰ — minutes; money
λεπτομέρεια, ἡ — detail
λεφτὰ, τὰ — money
λέω *or* λέγω, εἶπα — say, tell (*irregular*)
λεωφορεῖο, τὸ — bus
λεωφόρος, ἡ — avenue
λιανὰ, τὰ — small change
λιγόζωος, η, ο — ephemeral
λίγος, η, ο — (a) little, (a) few
λιγοστεύω, λιγόστεψα — lessen, reduce
λιγότερος, η, ο — less, least
λικνίζω, λίκνισα — rock
λιμάνι, τὸ — port, harbour
λιοντάρι, τὸ — lion
λίρα, ἡ — pound
λογαριασμὸς, ὁ — bill
λογικὸ, τὸ — reason
λογικὸς, ἡ, ὸ — reasonable
λόγος, ὁ — word, speech
λοιπὸν — then, so, well
Λονδίνο, τὸ — London
λουλούδι, τὸ — flower
λουλουδίζει, λουλούδισε — it flowers, blossoms
λυγερὴ, ἡ — beautiful girl
λυπᾶμαι *or* λυποῦμαι, λυ-πήθηκα — be sorry
λύπη, ἡ — grief; pity
λυπημένος, ο, η — sad

Μ

μὰ (*conj.*) — but, by
μαγαζὶ, τὸ — shop
μαγιὸ, τὸ — swimming-suit
μαζεύουμαι, μαζέφτηκα *or* μαζεύτηκα — assemble, collect
μαζεύω, μάζεψα — gather
μαζὶ (*adv. and prep.*) — with, together

μαζὶ μὲ (*prep.*) — together with
μαζὶ του — with him
μαθαίνω, ἔμαθα — learn (*irregular*)
μάθημα, τὸ — lesson
μαθητὴς, ὁ — pupil (*m.*)
μαθήτρια, ἡ — pupil (*f.*)
Μάϊος or Μάης, ὁ — May
μακάρι νὰ (*adv.*) — would that
μακραίνω or μακρύνω — lengthen (*irregular*)
μάκρυνα — lengthened
μακριὰ (*adv.*) — afar
μακρινὸς, ἠ, ὀ — distant, far-off
μακροχρόνιος, α, ο — long-existing
μακρὺς, ιὰ, ὺ — long
μάλιστα (*adv.*) — yes, certainly, especially
μαλλιὰ, τὰ — hair
μανάβης, ὁ — greengrocer
μαντεύω, μάντεψα — guess
μαντήλι, τὸ — handkerchief
μαξιλλάρι, τὸ — pillow
Μαρασλῆ (*gen.*) — Marasli
Μαρία, ἡ — Mary
μάρκα, ἡ — brand
μαρμελάδα, ἡ — marmalade
Μάρτιος or Μάρτης, ὁ — March
μάτι, τὸ — eye
ματιὰ, ἡ — glance, look
μᾶς — us; to, for us
μας — our
μαῦρος, η, ο — black
μαχαίρι, τὸ — knife
μὲ (*prep.*) (*pron.*) — with , by; me
μὲ ἐνδιαφέρει — it interests me
μὲ μέλει — I mind it
μὲ πειράζει — it matters to me
μὲ τὰ πόδια — on foot
μὲ συγχωρεῖτε — excuse me
Μεγάλη Βρεττανία, ἡ — Great Britain
μεγαλοπρέπεια, ἡ — grandeur
μεγάλος, η, ο — large, big, long

μεγαλώνω, μεγάλωσα — enlarge
μεζέδες, οἱ — appetisers
μεθαύριο (*adv.*) — the day after tomorrow
μεθυσμένος, η, ο — drunk
μελαχρινός, ἠ, ὀ *or* μελαχροινός — dark-complexioned, brunette
μέλι, τὸ — honey
μέλλον, τὸ — future
μελτέμι, τὸ — north wind in summer
μένω, ἔμεινα — stay; live (*irregular*)
μέρα *or* ἡμέρα, ἡ — day
μεριὰ, ἡ — place; side
μερίδα, ἡ — portion; helping
μερικοί, ἐς, ὰ — some, certain
μερομηνία *or* ἡμερομηνία, ἡ — date
μέρος, τὸ — part; place; w.c.
μέσα (*adv.*) — inside, indoors
μέσα σὲ (*prep.*) — in, into, inside
μέσα του — to himself
μεσάνυχτα, τὰ — midnight
μέση, ἡ — middle; waist
μεσημέρι, τὸ — noon, midday, lunch time
μεσημεριανὸ φαγητὸ, τὸ — lunch
μεσημεριανὸς, ἠ, ὀ — midday (*adj.*)
Μεσόγειος, ἡ — Mediterranean
μετὰ (*adv.*) — afterwards
μετὰ (*prep.*) — after
μεταφυτεύω, μεταφύτεψα — transplant
μέτριος, α, ο — moderate; medium
μὴ(ν) (*adv.*) — not, don't
μηλιὰ, ἡ — apple tree
μῆλο, τὸ — apple
μήνας, ὁ — month
μήπως (*adv.*) — (I wonder) if; lest
μητέρα, ἡ — mother
μηχανικὸς, ὁ, ἡ — engineer (*m. and f.*)
μία *or* μιὰ — one, a, an
μιὰ φορὰ — once
μικρὸς, ἠ, ὁ — small, little; short
μικροχτηματίας, ὁ — small farmer

μιλῶ, μίλησα	speak
μισὸς, ἡ, ὁ	half
Μιχάλης, ὁ	Michael
μ.μ.	p.m.
μνημεῖο(ν), τὸ	monument
μόδα, ἡ	fashion
μοιράζουμαι, μοιράστηκα	share (as recipient)
μοιράζω, μοίρασα	share
μόλις (adv. or conj.)	hardly; as soon as
μολονότι (adv.)	although
μολύβι, τὸ	pencil
μοναστήρι, τὸ	monastery, convent
μονάχα or μοναχὰ (adv.)	alone, only
μόνον (adv.)	only
μονὸς, ἡ, ὁ	single
μόνος, η, ο	alone, only
μοντέρνος, α, ο	modern
μορφίνη, ἡ	morphine
μοτέρ, τὸ	motor
μου	my
μοῦ	to, for me
μοῦ ἀρέσει	I like it
μουσεῖο, τὸ	museum
μουσικὴ, ἡ	music
μπαίνω, μπῆκα	enter, go or come in (irreg.)
μπακάλης, ὁ	grocer
μπαμπάκι, τὸ	cotton-wool
μπάνιο, τὸ	bath, bathroom; bathe
μπάρ, τὸ	bar
μπάτης, ὁ	breeze from the sea
μπερδεύω, μπέρδεψα	entangle, be confused
μπίρα, ἡ	beer
μπλὲ	blue
μπόρα, ἡ	squall or rain
μπορῶ, μπόρεσα	be able, can
μπράβο	bravo
μπροστὰ σὲ (prep.)	in front
μπρὸς or ἐμπρὸς (adv.)	in front

N

νά	to, in order to; *or* there is, there are
ναί (*adv.*)	yes
νανάρισμα *or* νανούρισμα,τό	lullaby
Νάξος, ἡ	Naxos
ναυλώνω, ναύλωσα	charter (vessel)
ναύτης, ὁ	sailor
ναυτόπουλο, τό	ship-boy
νέα, τά	news
Νέα Ὑόρκη, ἡ	New York
νέος, α, ο	new
νερὸ, τό	water
νευριασμένος, η, ο	irritated
νευρικὰ (*adv.*)	irritably
νησάκι, τὸ (*diminutive*)	little island
νῆσος, ἡ *or* νησὶ, τὸ	island
νιάτα, τά	youth
νικῶ, νίκησα	conquer, defeat
Νοέμβριος *or* Νοέμβρης, ὁ	November
νοικιάζω, νοίκιασα	let, rent, hire
νοιώθω, ἔνοιωσα	feel, understand
νομίζω, νόμισα	think
νόμος, ὁ	law
Νορβηγία, ἡ	Norway
Νορβηγὸς, ὁ	Norwegian (*m.*)
Νορβηγίδα, ἡ	Norwegian (*f.*)
νοσοκομεῖο, τὸ	hospital
νοσταλγία, ἡ	nostalgia
νόστιμος, η, ο	tasty, nice
νοῦς, ὁ	mind; sense
ντιβάνι, τὸ	divan
ντολμᾶς, ὁ	stuffed vine leaf
ντομάτα, ἡ	tomato
ντοματοσαλάτα, ἡ	tomato salad
ντόπιος, α, ο	local, native
ντοὺς, τὸ	shower
ντρέπουμαι, ντράπηκα	be shy; be ashamed (*irreg.*)
ντροπὴ, ἡ	shame
ντυμένος, η, ο	dressed

ντύνουμαι, ντύθηκα — get dressed
νυστάζω, νύσταξα — feel sleepy
νύχτα *or* νύκτα, ἡ — night
νυχτερινός, ἠ, ὀ *or* νυκτε-
ρινός, ἠ, ὀ — night (*adj.*)
νυχτώνει, νύχτωσε — night falls
νωρὶς (*adv.*) — early

Ξ

ξάδερφος *or* ἐξάδερφος,
ὀ, ξαδέρφη, ἡ — cousin (*m. and f.*)
ξανὰ — again, back
ξαναγυρίζω, ξαναγύρισα — return again
ξανακούστηκε — was heard again
ξαναπέστε το — say it again
ξαναπηγαίνω, ξαναπῆγα — go again
ξαναρωτῶ, ξαναρώτησα — ask again
ξανθός, ιὰ, ὀ — blond
ξαπλώνω, ξάπλωσα — spread (out); lie down
ξαργυρώνω, ξαργύρωσα — change money
ξαφνικὰ *or* ἄξαφνα (*adv.*) — suddenly
ξεκινῶ, ξεκίνησα — start off, set out
ξεκουράζουμαι, ξεκουρά-
στηκα — rest
ξεναγὸς, ὀ, ἡ — guide (*m. and f.*)
ξένη, ἡ — foreigner, guest (*f.*)
ξενοδοχεῖο, τὸ — hotel
ξενοδόχος, ὀ — hotel-keeper
ξένος, ὀ — foreigner, guest (*m.*)
ξεραίνουμαι, ξεράθηκα — dry up; die (plants)
ξεριζώνω, ξερίζωσα — uproot, pull off
ξέρω, ἤξερα — know
ξεχερσώνω, ξεχέρσωσα — cultivate
ξεχνῶ, ξέχασα — forget
ξημερώματα, τὰ — daybreak
ξημερώνει, ξημέρωσε — day breaks
ξοδεύω, ξόδεψα — spend; waste
ξύδι, τὸ — vinegar
ξύλο, τὸ — wood

ξύπνιος, α, ο — awake
ξυπνῶ, ξύπνησα — wake up

O

ὁ (*art.*) — the (*m.*)
ὀγδόντα or ὀγδοήκοντα — eighty
ὄγδοος, η, ο — eighth
ὁδηγὸς, ὁ, ἡ — guide; driver (*m. and f.*)
ὁδηγῶ, ὁδήγησα — guide, direct; drive
ὀδοντιατρὸς, ὁ, ἡ — dentist (*m. and f.*)
ὀδοντόκρεμα, ἡ — toothpaste
ὁδὸς, ἡ — street
οἰκογένεια, ἡ — family
οἰκογενειακὸς, ἡ, ὁ — family (*adj.*)
οἰκονομικὸς, ἡ, ὁ — reasonable, economic
Ὀκτώβριος, ὁ — October
ὁλόκληρος, η, ο — whole, entire
ὅλος, η, ο — all
ὁμιλία, ἡ — speech, converse
ὁμιλῶ, ὁμίλησα or μιλάω or ῶ — talk, speak
ὁμόνοια, ἡ — concord
ὀμορφιά, ἡ — beauty, good looks
ὄμορφος, η, ο — beautiful
ὀμπρέλλα or ὀμπρέλα, ἡ — umbrella
ὅμως (*adv.*) — but, nevertheless
ὄνειρο(ν) , τὸ — dream
ὄνομα, τὸ — name, noun
ὀξὺ, τὸ — acid
ὅπλο(ν), τὸ — weapon; rifle
ὅποιος, α, ο (*pron.*) — whoever, whichever
ὁποῖος, α, ο (*pron.*) — who, which
ὁποιοσδήποτε,
    ὁποιαδήποτε,
    ὁποιοδήποτε (*pron.*) — whosoever, whatever
ὅποτε (*adv.*) — whenever
ὁπότε (*adv.*) — when
ὅπου, ποὺ (*adv.*) — where, wherever
ὅπως (*adv.*) — as, like
ὀργανισμὸς, ὁ — organisation, organism
ὄρεξη or ὄρεξις, ἡ — appetite; desire

ὀρεχτικὰ *or* ὀρεκτικά, τὰ	hors-d'oeuvres
'Ορθόδοξος, η, ο	Orthodox
ὁρίζοντας *or* ὁρίζων, ὁ	horizon
ὁρισμένος, η, ο	fixed, certain
ὁρισμένως (*adv.*)	definitely
ὁρίστε	(invitation to accept some thing) here you are
῎Ορνιθες, οἱ	The Birds
ὄροφος, ὁ	floor, storey
῞Οσιος Λουκᾶς, ὁ	St Luke
ὄσος, η, ο (*pron.*)	as much as, as many as
ὁσοσδήποτε, ὁσηδήποτε, ὁσοδήποτε (*pron.*)	as much as
ὅταν (*conj.*)	when
ὅτι (*conj.*)	that
ὅτι (*adv.*)	as soon as
ὅ,τι (*pron.*)	whatever, what
ὅτιδήποτε (*pron.*)	whatsoever
οὖζο, τὸ	ouzo
οὐρὰ, ἡ	tail
οὐρανῆς, ιὰ, ὶ	sky-blue
οὐρανὸς, ὁ	sky
οὔτε.....οὔτε	neither...nor
οὔτε (*conj.*)	not even
ὀφελάω-ὀφελῶ-ὀφέλησα *or* ὠφελῶ	help
ὄχι (*adv. and part.*)	no; not
ὄχι δὰ	not really
ὀχτὼ	eight
Π	
πάγος, ὁ	ice; frost
παγωμένος, η, ο	frozen; iced
παγώνω, πάγωσα	make or get cold
παγωτὸ, τὸ	ice cream
παθαίνω, ἔπαθα	suffer
πάθος, τὸ	passion
παιδὶ, τὸ	child
παίζεται	it is performed
παίζω, ἔπαιξα	play; act; gamble

παίρνω, πῆρα   take, receive (*irregular*)
παιχνίδι, τὸ   game; toy
πακέτο, τὸ   packet
παλαιὸς, ἀ, ὸ *or* παλιὸς, α, ο   old, former
πάλι(ν) (*adv.*)   again, once more; back
παλιόπαιδο, τὸ   bad boy
παλτὸ, τὸ   overcoat
πᾶμε (*from* πάω, πῆγα)   let us go; shall we go?
πᾶν, τὸ   everything
πανεπιστήμιο(ν), τὸ   university
παννὶ *or* πανὶ, τὸ   cloth; sail
πανσέλινος, ἡ   full moon
πάντα *or* πάντοτε (*adv.*)   always
παντοῦ (*adv.*)   everywhere
παντρεμμένος, η, ο   married
παντρεύουμαι, παντρεύτηκα   get married
    or παντρέφτηκα
παντρεύω, πάντρεψα   marry
πάνω *or* ἀπάνω *or* ἐπάνω (*adv.*)   up, above, on top; upstairs
πάνω κάτω   approximately
παπούτσια, τὰ   shoes
παππούς, ὁ   grandfather
παρὰ (*conj.*)   but; than
παρὰ (*prep.*)   near, contrary to
πὰρα (*adv. of intensity*)   very; too
παραγγελία, ἡ   order, message
παραγγέλνω *or* παραγγέλλω,   order
    παράγγειλα
παραδόσεις οἱ   traditions
παράθυρο, τὸ   window
παρακαλῶ, παρακάλεσα   request; please; don't mention it
παραλία, ἡ   sea-shore
παραξενιὰ, ἡ   oddity; caprice
παράξενος, η, οˊ   strange; fussy
παράπονο, τὸ   complaint
Παρασκευὴ, ἡ   Friday
παράσταση *or* παράστασις, ἡ   performance
παρατῶ, παράτησα   give up; let go
παραφωνῶ, παραφώνησα   sing out of tune

παρέα, ἡ	company, party
Παρθενώνας, ὁ	Parthenon
Πάρνηθα, ἡ	Parness
παρόμοιος, α, ο	similar
παρόν, τό	the present
πάρτυ, τό	party
παρών, οὖσα, ὸν	present
πάστα, ἡ	a pastry; cake
Πάσχα, τό	Easter
πασχαλινὸς, ἡ, ὁ	(of) Easter
πατάτα, ἡ	potato
πατατάκια, τὰ	chipped potatoes
πατέρας, ὁ	father
πατρίδα, ἡ	native country
πάτωμα, τὸ	floor
παύω, ἔπαψα	cease
παχαίνω, πάχυνα	grow fat
πάω, πῆγα	go; take (irregular)
πεινῶ, πείνασα	be hungry
Πειραιάς, ὁ	Piraeus
πέλαγος, τὸ	(open) sea
πελάτης, ὁ and πελάτισσα, ἡ	client, customer (m. and f.)
Πελοπόννησος, ἡ	Peloponnese
Πέμπτη, ἡ	Thursday
πέμπτος, η, ο	fifth
πενήντα	fifty
πέννα, ἡ	pen
πεντακόσιοι, ες, α	five hundred
πέντε	five
πέρα-δῶθε	to and fro
περασμένος, η, ο	past
περαστικὰ	get better soon
περιβόλι, τὸ	garden
περιγιάλι, τὸ	sea-shore
περιγράφω, περιέγραψα	describe
περίεργος, η, ο	strange
περιζήτητος, η, ο	sought-after
περιμένω, περίμενα	wait; expect
περιοδεία, ἡ	visit; tour
περιοδεύω, περιόδεψα	tour

περιοδικὸ(ν), τὸ	magazine
περιορίζουμαι, περιορίστηκα	confine myself
περίπατος, ὁ	walk
περίπου (*adv.*)	about; roughly
περιπτεριοῦχος, ὁ	kiosk-owner
περίπτερο(ν), τὸ	kiosk; pavilion
περίπτωτη *or* περίπτωσις, ἡ	case, circumstance
περίσκεψη *or* περίσκεψις, ἡ	circumspection
περισσότερος, η, ο	more
περιστέρι, τὸ	pigeon, dove
περιτυλίσσω, περιτύλιξα	wind (round), wrap up
περιφρονητικὸς, ὴ, ὁ	contemptuous
περνῶ, πέρασα	pass, go past
περπάτημα, τὸ	walking
περπατῶ, περπάτησα	walk
περσινὸς, ὴ, ὁ *or* περυσινὸς	last year's
πέρυσι *or* πέρσι (*adv.*)	last year
πέτρα, ἡ	stone
πετρέλαιο, τὸ	oil, petroleum
πετσέτα, ἡ	towel, napkin
πετῶ, πέταξα	fly (off); spring
πετάγουμαι, πετάχτηκα	spring up
πέφτω, ἔπεσα	fall; drop (*irregular*)
πηδῶ, πήδηξα *or* πήδησα	jump, leap
πηγαίνω *or* πάω, πῆγα	go; take (*irregular*)
πηρούνι, τὸ	fork
πιὰ (*adv.*)	(not) any longer
πιάνουμαι, πιάστηκα	be caught
πιάνω, ἔπιασα	catch, take
πιατάκι, τὸ	small plate
πιατέλλα, ἡ	long dish
πιάτο, τὸ	plate
πιθανὸς, ὴ, ὁ	probable, likely
πικραμένος, η, ο	grieved
πικραπήγανος, ὁ	rue (*bot.*)
πικρὸς, ὴ, ὁ	bitter
πίνω, ἤπια	drink (*irregular*)
πιὸ (*adv.*)	more
πιπέρι, τὸ	pepper (spice)

πιπεριά, ή — pepper (vegetable)
πιστεύω, πίστεψα — believe
πίσω (*adv.*) — behind; back
πίσω ἀπὸ (*prep.*) — behind
πλὰζ, ή — (bathing) beach
πλάκα, ή — paving-stone; plaque
πλάσμα, τὸ — creature; creation
πλατεῖα *or* πλατεία, ή — square
πλατὺς, ιὰ, ὺ *or* ὶ — wide; broad
πλέκω, ἔπλεξα — plait; knit
πλένω, ἔπλυνα — wash (*irregular*)
πληρώνουμαι, πληρώθηκα — get paid
πληρώνω, πλήρωσα — pay
πλοῖο, τὸ — boat, ship
πλούσιος, α, ο — rich
πλοῦτος, ὁ — wealth, riches
πλύνουμαι *or* πλένουμαι, πλύθηκα — wash myself (*irregular*)

πλύνω *or* πλένω, ἔπλυνα — wash (*irregular*)
πλύση *or* πλύσις, ή — washing
π.μ. — a.m.
πνεῦμα, τὸ — breath of life, ghost
πνοὴ, ή — breathing, inspiration
πόδι, τὸ — foot, leg
ποδόσφαιρο, τὸ — football
πόθος, ὁ — desire, longing
ποίηση *or* ποίησις, ή — poetry
ποιητὴς, ὁ — poet
ποιήτρια, ή — poetess
ποιὸς, ἀ, ὸ (*pron.*) — which, who
πόλεμος, ὁ — war
πόλη *or* πόλις, ή — town, city
πολιτεία, ή — state; town; country
πολιτισμὸς, ὁ — civilisation
πολὺ (*adv.*) — much; very
πολυαγαπημένος, η, ο — very dear
πολὺς, πολλὴ, πολὺ — much, many
πολυτέλεια, ή — luxury
πολυτεχνεῖο(ν), τὸ — polytechnic
πολύωρος, η, ο — long, prolonged

πόνος, ὁ	ache, pain
πονόδοντος, ὁ	toothache
πονοκέφαλος, ὁ	headache
πονῶ, πόνεσα	feel pain, hurt
πόρτα, ἡ	door, gate
πορτοκαλάδα, ἡ	orangeade
πορτοκάλι, τὸ	orange
πορτοφόλι, τὸ	wallet
πόσο κάνει;	how much does it cost?
πόσος, η, ο	how much
ποτάμι, τὸ *or* ποταμός, ὁ	river
ποτὲ (*adv.*)	ever; (*after negative*) never
πότε (*adv.*)	when?
ποτήρι, τὸ	glass
ποτὸ, τὸ	drink
ποῦ (*adv.*)	where?
ποὺ (*pron.*)	who, whom, which
ποὺ (*conj.*)	that
πουθενὰ (*adv.*)	anywhere, nowhere
πουλὶ, τὸ	bird
πουλημένος, η, ο	sold
πουλιέμαι, πουλήθηκα	be sold
πουλῶ, πούλησα	sell
πρᾶγμα *or* πράμα, τὸ	thing
πράγματι	indeed, in fact
πραχτικὸς, ἡ, ὁ *or* πρακτικός, ἡ, ὁ	practical
πραχτορεῖο *or* πρακτορεῖον, τὸ	agency
πρέπει, ἔπρεπε	it is necessary
πρὶν (*adv.*)	before
πρὶν ἀπὸ (*prep.*)	before
προαισθάνουμαι, προαισθάνθηκα	have a presentiment
προβάλλω, πρόβαλα *or* προέβαλα	project; show (film)
πρόβλημα, τὸ	problem
πρόγονος, ὁ	ancestor
πρόγραμμα, τὸ	programme
προκοπὴ, ἡ	success, industriousness

Προμηθέας, ὁ	Prometheus
προοδεύω, προόδεψα *or* προόδευσα	progress, develop
προόδος, ἡ	progress
πρόποδες, οἱ	foot (of hill)
πρὸς (*prep.*)	towards
πρὸς Θεοῦ	for God's sake
προσέχω, πρόσεξα	mind; notice; be careful (of)
προσμένω, πρόσμεινα	wait or hope for
προσοχὴ, ἡ	attention, care, caution
προσπάθεια, ἡ	attempt
προσπαθῶ, προσπάθησα	try, attempt
πρόσωπο, τὸ	face; person
προτιμῶ, προτίμησα	prefer
προφτάνω *or* προφθάνω, πρόφτασα	catch (up), anticipate
προχτὲς *or* προχθὲς (*adv.*)	the other day, the day before yesterday
προχωρημένος, η, ο	advanced
πρωΐ, τὸ	morning
πρωΐ (*adv.*)	in the morning, early
πρωϊνὸ, τὸ	breakfast
πρωϊνὸς, ἡ, ὸ	morning (*adj.*)
πρώρα, ἡ	prow, bow
πρῶτα (*adv.*)	(at) first, before
πρωτεύουσα, ἡ	capital
πρῶτος, η, ο	first
πυρετὸς, ὁ	fever
π.χ. (παραδείγματος χάριν)	for instance
πῶς (*adv.*)	how, what
πὼς (*conj.*)	that

Ρ

ραδιόφωνο *or* ράδιο, τὸ	radio
ραντεβοῦ, τὸ	appointment
ρέστα, τὰ	change (money)
ρεστωρὰν, τὸ	restaurant
ρηχὸς, ἡ, ὸ	shallow
ρίζα, ἡ	root
ρίχνω, ἔρριξα	throw, cast

ροδάκινο, τό — peach
ρολόϊ or ρολόγι or ὡρολό-
γιον, τό — watch; clock
Ρωσσία, ἡ — Russia
Ρωσσίδα, ἡ — Russian (woman)
Ρωσσικὰ, τὰ — Russian (language)
Ρῶσσος, ὁ — Russian (man)
ρωσσικὸς, ἡ, ὁ — Russian
ρωτιέμαι, ρωτήθηκα — ask myself
ρωτῶ, ρώτησα — ask, question

Σ

σὰ(ν) — like; when; if
Σαββάτο or Σάββατο, τό — Saturday
Σαββατοκύριακο, τό — week-end
σαλάτα, ἡ — salad
σανίδι, τό — plank, board
σαπούνι, τό — soap
σας (pron.) — your (plur. and polite form)
σᾶς (pron.) — you; to, for you (pl. & polite)
σᾶς ἀρέσει; (ἄρεσε) — do you like it ?
σαστίζω, σάστισα — get confused
σαστισμένος, η, ο — confused
σβήνεται, σβήστηκε — it is erased
σβήνω or σβύνω, ἔσβυσα — extinguish
σὲ (pron.) — you (familiar form)
σὲ (prep.) — to, on to, at, in, on
σέβουμαι, σεβάστηκα — respect (irregular)
σειρὰ, ἡ — turn, row
σεῖς or ἐσεῖς (pron.) — you (plur. and polite form)
σελίδα, ἡ — page
σεντόνι, τό — sheet
Σεπτέμβριος or Σεπτέμ-
βρης, ὁ — September
σερβίρω, σέρβιρα — serve (at table)
σέρνουμαι, σύρθηκα or
σύρνουμαι — drag oneself along (irreg.)
σέρνω or σύρω, ἔσυρα — draw, pull (irregular)
σηκώνουμαι, σηκώθηκα — get up
σημάδι, τό — mark; sign

σημαδούρα, ἡ	buoy
σημαία, ἡ	flag
σήμερα (adv.)	today
σημερινός, ἡ, ὁ	today's
σιγὰ (adv.)	slowly, carefully, quietly
σίγουρα (adv.)	for certain
σίγουρος, η, ο	sure, certain
σιδηρόδρομος, ὁ	railway
σινεμὰ, τὸ	cinema
σκάλα, ἡ	staircase; steps
σκάρα, ἡ	grill
σκεπάζω, σκέπασα	cover
σκεπασμένος, η, ο	covered
σκέφτουμαι or σκέπτομαι, σκέφτηκα	think, think about
σκέψη or σκέψις, ἡ	thought
σκίρτημα, τὸ	leap; thrill
σκλαβιὰ, ἡ	slavery
σκλάβος, ὁ	slave
σκλαβώνω, σκλάβωσα	enslave
σκληρὰ (adv.)	hard
σκληρὸς, ἡ, ὁ	hard; severe
σκοτεινός, ἡ, ὁ	dark
σκοτίζω, σκότισα	darken; confuse
σκύβω, ἔσκυψα	bend, stoop
σκυλάκι, τὸ (diminutive)	small dog
σκυλὶ, τὸ or σκύλος, ὁ	dog
σοβαρὸς, ἡ, ὁ	serious
σου (pron.)	your (familiar form)
σοῦ (pron.)	to, for you (familiar form)
σοῦ ἀρέσει ;	do you like it ?
σούβλα, ἡ	spit
σουβλάκια, τὰ	skewers of grilled meat
Σουηδία, ἡ	Sweden
Σούνιο, τὸ	Sounion
Σοφοκλῆς, ὁ	Sophocles
σοφὸς, ἡ, ὁ	wise, clever
σπάζω, ἔσπασα	break, smash
σπάνια or σπανίως (adv.)	seldom
σπασμένος, η, ο	broken

σπέρνω or σπείρω, ἔσπειρα	sow (*irregular*)
σπίρτα, τά	matches
σπιτάκι, τὸ (*diminutive*)	house, home
σπίτι, τὸ	house
σπόρος, ὁ	seed
σπουδάζω, σπούδασα	study
σπουδαῖος, α, ο	important
σπουδαστὴς, ὁ *and* σπουδά-στρια, ἡ	student (*m. and f.*)
σπουδὴ, ἡ	study
Στάδιο, τὸ	Stadium
σταθμεύω, στάθμευσα	stop; park
σταθμὸς, ὁ	station
σταματῶ, σταμάτησα	stop; cease
στάση or στάσις, ἡ	bus-stop
σταυρόλεξο, τὸ	crossword puzzle
σταφύλι, τὸ	grapes
στάχυ or στάχι, τὸ	ear of corn
στέκουμαι, στάθηκα	stand up, stop (*irregular*)
στέκω, στάθηκα	stand up; stand still (*irreg.*)
στέλνω or στέλλω, ἔστειλα	send (*irregular*)
στενεύω, στένεψα	reduce width of
στενὸς, ἡ, ὁ	narrow
στενοχωρημένος, η, ο	upset
στενοχώρια, ἡ	worry
στενοχωριέμαι, στενοχω-ρήθηκα	be depressed, worried
στέρηση or στέρησις, ἡ	deprivation; lack
στεροῦμαι, στερήθηκα	lack; go short of
στεφανώνω, στεφάνωσα	crown, celebrate marriage of
στήνω, ἔστησα	set upright
στιγμὴ, ἡ	moment
στὸ ἐξῆς or εἰς τὸ ἐξῆς	from now on
στολισμένος, η, ο	adorned; dressed
στόμα, τὸ	mouth
στρατιώτης, ὁ	soldier
στρυμώνω or στρυμώχνω, στρύμωξα	squeeze
στύβω, ἔστυψα	squeeze; wring
συγγενεῖς, οἱ (*plur.*)	relations

συγγνώμη, ἡ	pardon
συγγραφέας, ὁ, ἡ	writer *(m. and f.)*
συγκεκριμένα *or* συγκεκρι- μένως *(adv.)*	actually
συγκίνηση *or* συγκίνησις, ἡ	emotion
συγχαρητήρια, τά	congratulations
συγχωρῶ, συγχώρεσα	forgive, pardon
συζήτηση *or* συζήτησις, ἡ	discussion
συζητῶ, συζήτησα	discuss
σῦκο, τό	fig
συλλογίζουμαι, συλλογί- στηκα	think, consider
συμβαίνει, σηνέβηκε	it happens
σύμφωνος, η, ο	in agreement *(adj.)*
συμφωνῶ, συμφώνησα	agree
συνάντηση *or* συνάντησις, ἡ	meeting
συναντιέμαι, συναντήθηκα	meet
συναντῶ, συνάντησα	meet
συνδέω, συνέδεσα	join, unite
συνδιαλέγουμαι, συνδια- λέχτηκα	converse
συνδιάλεξη *or* συνδιάλεξις, ἡ	conversation
συνήθεια, ἡ	habit, custom
συνηθίζω, συνήθισα	accustom, get used to
συνήθως *(adv.)*	usually
συννεφιάζει, συννέφιασε	it clouds over
συννεφιασμένος, η, ο	cloudy
σύννεφο, τό	cloud
συνοικία, ἡ	district
σύνταγμα, τό	constitution
σύντομα *(adv.)*	quickly, soon
συντροφεύω, συντρόφευσα *or* συντρόφεψα	accompany
συντροφιά, ἡ	companionship
σύσταση *or* σύστασις, ἡ	address
συστημένο· γράμμα, τό	registered letter
συστήνω *or* συσταίνω, σύ- στησα	introduce (persons)
συχνά *(adv.)*	often
συχνάζω, σύχνασα	frequent *(verb)*

σφάζω, ἔσφαξα — slaughter
σφιχτός, ἡ, ὁ — tight, firm
σφραγίζω, σφράγισα — seal; fill (tooth)
σφράγισμα, τό — filling
σφύγξ, ἡ — sphinx
σφυρίζω, σφύριξα — hoot, whistle
σχέδια, τά (plur.) — plans
σχεδόν (adv.) — almost, nearly
σχέση or σχέσις, ἡ — relation; connexion
σχετικός, ἡ, ὁ — relative
σχίζω, ἔσχισα — tear
σχολεῖο, τό — school
σχολή, ἡ — school, faculty (university)
σώνω, ἔσωσα — save
σωπαίνω, σώπασα — I am silent (irregular)
σωστά (adv.) — exactly, rightly
σωστός, ἡ, ὁ — correct

T

τά (art. and pron.) — the; them
ταβάνι, τό — ceiling
ταβέρνα, ἡ — tavern
ταινία, ἡ — band; film
ταμεῖο(ν), τό — treasury, cash-desk, booking-office
ταμίας, ὁ, ἡ — cashier (m. and f.)
τάξη or τάξις, ἡ — order; class
ταξιδεύω, ταξίδεψα — travel
ταξίδι, τό — journey
ταξιδιώτης, ὁ, -ώτισσα, ἡ — traveller (m. and f.)
ταραμοσαλάτα, ἡ — roe salad
τάση or τάσις, ἡ — tendency, inclination
τάχα (adv.) — (I wonder) if; as if
ταχυδρομεῖο(ν), τό — post, post-office
ταχυδρομῶ, ταχυδρόμησα — post (letters)
τεῖχος, τό — wall (of city)
τελειώνω, τελείωσα — finish
τελείως (adv.) — completely
τελευταῖος, α, ο — last
τέλος, τό — end

τελωνεῖο, τὸ	customs (house)
τελωνιακὸς ὑπάλληλος, ὁ	customs officer
τέσσερες, τέσσαρες, τέσσερα	four
Τετάρτη, ἡ	Wednesday
τέταρτο, τὸ	quarter
τέταρτος, η, ο	fourth
τέτοιος, α, ο (pron.)	such
τέχνη, ἡ	art; skill
τζίτζικας, ὁ	cicada
τηγανητὸς, ὴ, ὁ	fried
τηλεγραφεῖο(ν), τὸ	telegraph office
τηλεγράφημα, τὸ	telegram
τηλεγραφῶ, τηλεγράφησα	send a telegram
τηλεόραση or τηλεόρασις, ἡ	television
τηλεφώνημα, τὸ	telephone call
τηλεφωνικὸς θάλαμος, ὁ	telephone box
τηλέφωνο, τὸ	telephone
τηλεφωνῶ, τηλεφώνησα	telephone (verb)
τὴν Δευτέρα τὸ πρωΐ	on Monday morning
τῆς ὥρας	fresh (of food, etc.)
τί;	what?
τὶ κάνεις;	how are you?
τὶ κρίμα! or κρῖμα	what a pity!
τιμὲς, οἱ	charges
τιμὴ, ἡ	price; honour
τιμόνι, τὸ	rudder; wheel
τίνος; (pron.)	whose?
τίποτα or τίποτε (pron.)	anything; nothing
τιποτένιος, α, ο	insignificant
τὸ (art. and pron.)	the; it
τοῖχος, ὁ	wall
τοπεῖο, or τοπίο, τὸ	site, spot, landscape
τοπικὸς, ὴ, ὁ	local
τόσο....ὅσο (adv.)	as (much) ...as
τόσος, η, ο (pron.)	so big, so much, so many
τότε (adv.)	then
τοῦ χρόνου	next year
τούμπανο, τὸ	drum
τουρισμὸς, ὁ	tourism
τουρίστας, or τουριστὴς, ὁ	tourist

τουριστικὸ γραφεῖο, τὸ	tourist office
τούρτα, ἡ	gateau
τοῦτος,η,ο *or* ἐτοῦτος (*pron.*)	this (one)
τραβῶ, τράβηξα	pull, go one's way
τραγούδι, τὸ	song
τραγουδῶ, τραγούδησα	sing
τραῖνο, τὸ	train
τράπεζα, ἡ	bank
τραπεζαρία, ἡ	dining-room
τραπέζι, τὸ	table
τραπεζομάντηλο, τὸ	tablecloth
τρεῖς, τρεῖς, τρία	three
τρελλὸς, ἡ, ὁ	mad, crazy
τρέχω, ἔτρεξα	run, hurry (*irregular*)
τριάντα	thirty
τριαντάφυλλο, τὸ	rose
Τρίτη, ἡ	Tuesday
τρίτος, η, ο	third
τρόπος, ὁ	way, manner
τροχαία, ἡ	traffic police
τρώγω *or* τρώω, ἔφαγα	eat (*irregular*)
τσάϊ, τὸ	tea
τσακάλι, τὸ	jackal
τσάντα, ἡ	handbag; brief-case
τσατσάρα, ἡ	comb
τσὲκ, τὸ	cheque
τσεκάρω, τσέκαρα	check
τσιγάρο, τὸ	cigarette
τσοπάνης, ὁ	shepherd
τσουγκρίζω, τσούγκρισα	knock; clink (glasses)
τυπικὸς, ἡ, ὁ	formal; typical
τυραννῶ, τυράννησα	torment
τυρὶ, τὸ	cheese
τύχη, ἡ	chance; fate
τώρα (*adv.*)	now, at present

Υ

ὑπαίθριος, α, ο	open air (*adj.*)
ὑπάλληλος, ὁ, ἡ	clerk (*m. and f.*)
ὑπάρχει, ὑπῆρχε, ὑπῆρξε	there is (*irregular*)

ὑπερηφανεύουμαι, ὑπερηφανέφτηκα	be proud (of)
ὑπερήφανος, η, ο	proud
ὑπηρεσία, ἡ	service, duty
ὕπνος, ὁ	sleep
ὑπόγειος, α, ο	underground
ὑπογράφω, ὑπέγραψα or ὑπόγραψα	sign
ὑποδηματοποιεῖο(ν), τὸ	shoemaker's
ὑπόθεση or ὑπόθεσις, ἡ	affair
ὑπόκοσμος, ὁ	underworld (social)
ὑπόλοιπος, η, ο	rest (of)
ὑπόσχομαι, ὑποσχέθηκα	promise (*irregular*)
ὕστερα (*adv.*)	after; later on
ὕστερα ἀπὸ (*prep.*)	after
ὕψος, τὸ	height
ὑψηλὸς, ἡ, ὁ or ψηλὸς	high, tall

Φ

φαγητὸ, τὸ	meal; dish
φαγώσιμος, η, ο	eatable
φαίνουμαι, φάνηκα	appear; seem (*irregular*)
φανερώνω, φανέρωσα	reveal, show
φαντάζουμαι, φαντάστηκα	imagine
φαντασία, ἡ	imagination
φαρμακεῖο(ν), τὸ	chemist's
φάρμακο, τὸ	medicine
Φεβρουάριος or Φλεβάρης, ὁ	February
φεγγάρι, τὸ	moon
φέρνουμαι, φέρθηκα	behave
φέρνω or φέρω, ἔφερα	bring; carry
φέρσιμο, τὸ	behaviour
φέτα, ἡ	slice; sort of white cheese
φετινὸς, ἡ, ὁ	this year's
φεύγω, ἔφυγα	leave, depart (*irregular*)
φήμη, ἡ	rumour, reputation
φιλὶ, τὸ	kiss
φιλία, ἡ	friendship
φιλιέμαι, φιλήθηκα	kiss each other

φίλμ, τό — film
φίλος, ὁ *and* φίλη, ἡ — friend (*m. and f.*)
φιλόσοφος, ὁ, ἡ — philosopher (*m. and f.*)
φιλῶ, φίλησα — kiss
φλόκος, ὁ — jib (*naut.*)
φλόμος, ὁ — mullein (*bot.*)
φλούδα, ἡ — peel, shell
φλυτζάνι, τό — cup
φοβᾶμαι *or* φοβοῦμαι, φο-βήθηκα — fear, be afraid
φόβος, ὁ — fear
φοιτητὴς, ὁ *and* φοιτήτρια, ἡ — student (*m. and f.*)
φορά, ἡ — time
φορτωμένος, η, ο — loaded
φορῶ, φόρεσα — wear, put on
φούρναρης, ὁ — baker
φουρτουνιάζει, φουρτού-νιασε — the weather is becoming stormy
φουρτουνιασμένος, η, ο — rough (sea)
φούχτα, ἡ — handful; palm of hand
φράση *or* φράσις, ἡ — phrase
φρένο, τό — brake (of wheels)
φρέσκος, ια, ο — fresh
φροῦτο, τό — fruit
φρυγανιά, ἡ — toast
φταίω, ἔφταιξα — be to blame (*irregular*)
φτάνω, ἔφτασα *or* φθάνω — arrive, reach
φτειάνω, ἔφτειασα — make, arrange
φτειάχνουμαι, φτειάχτηκα — put on make-up
φτειάχνω or φτιάχνω, ἔφτειαξα — make, arrange
φτηνός, ή, ὁ *or* φθηνός — cheap
φτινόπωρο *or* φθινόπωρο, τό — autumn
φτωχός, ιά, ὁ *or* πτωχός — poor
φυλάω, φύλαξα — guard (*irregular*)
φυσᾶ, φύσηξε — it is windy
φυτεύω, φύτεψα — plant
φυτό, τό — plant
φυτρώνει, φύτρωσε — grow, come up (of plants)
φωνάζω, φώναξα — call; shout

φωνή, ἡ	voice
φωνῆεν, τό	vowel
φῶς, τό	light
φωτεινός, ἡ, ὁ	bright
φωτίζω, φώτισα	shine; give light
φωτογραφία, ἡ	photograph
φωτογραφίζω, φωτογρά- φισα	photograph (*verb*)
φωτογραφικὴ μηχανή, ἡ	camera
φωτογράφος, ὁ, ἡ	photographer *(m. and f.)*

X

χαζεύω, χάζεψα	idle away one's time
χαϊδεύω, χάϊδεψα	caress; spoil
χάϊδι, τό	caress
χαίρετε	*greeting on arrival or departure*
χαιρετίσματα, τά	greetings
χαιρετισμός, ὁ	greeting
χαιρετῶ, χαιρέτησα	greet
χαίρω *or* χαίρουμαι, χάρηκα	be glad (*irregular*)
χαίρω πολύ	be pleased (to meet you)
χαλῶ, χάλασα	spoil; break off
χαμένος, η, ο	lost
χαμηλός, ἡ, ὁ	low
χαμόγελο, τό	smile
χαμογελῶ, χαμογέλασα	smile
χάνουμαι, χάθηκα *or* ἐχάθη	get lost; lose one's way
χάνω, ἔχασα	lose, miss
χαρά, ἡ	joy, pleasure
χαραμάδα, ἡ	crack, chink
χαραχτήρας *or* χαρακτήρας, ὁ	character
χάρη, ἡ	charm; favour
χάρη σὲ σένα	thanks to you
χαρίζω, χάρισα	give or make a present
χάρις, ἡ	grace; pardon
χαρούμενος, η, ο	merry, happy
χάρτης, ὁ	map
χαρτί, τό	paper
χαρτοπωλεῖο(ν), τό	stationer's

χεῖλος, τό — lip; rim
χειμώνας *or* χειμῶνας, ὁ — winter
χειρόγραφο(ν), τό — manuscript
χειροκροτῶ, χειροκρότησα — applaud, clap
χειρονομία, ἡ — gesture
χέρι, τό — hand
χημεία, ἡ — chemistry
χιλιάρικο, τό — a thousand drachma note
χίλιοι, ες, α — a thousand
χιλιόμετρο, τό — kilometre
χιόνι, τό — snow
χιονίζει, χιόνισε — it is snowing
χιοῦμορ, τό — humour
χλωρός, ἡ, ὁ — green, freshly cut
χοῖρος, ὁ — pig
χοντρός, ἡ, ὁ *or* χονδρός — thick, fat
χορεύω, χόρεψα — dance, dance with
χορός, ὁ — dance
χορταίνω, χόρτασα (*irreg.*) — have one's fill (of), satisfy
χορτάρι, τό — grass
χούφτα *or* χοῦφτα, ἡ — handful
χρειάζουμαι, χρειάστηκα — need, require
χρέος, τό — debt
χρήματα, τά — money
χρησιμεύω, χρησίμεψα *or* χρησίμευσα — be of use
Χριστιανικός, ἡ, ὁ — Christian
Χριστὸς ἀνέστη — Christ is risen
Χριστούγεννα, τά — Christmas
χριστουγεννιάτικος, η, ο — Christmas (*adj.*)
χρόνια πολλά — many happy returns
χρονιά, ἡ — year
χρόνια, τά — years
χρόνος, ὁ — time; year
χρῶμα, τό — colour
χτένα *or* κτένα, ἡ — comb (*noun*)
χτενίζουμαι *or* κτενίζουμαι, χτενίστηκα — comb
χτὲς *or* χθὲς (*adv.*) — yesterday
χτὲς τὸ πρωῒ — yesterday morning

χτὲς τὸ ἀπόγευμα	yesterday afternoon
χτεσινός, ἡ, ὀ or χθεσινὸς	yesterday's
χτῆμα or κτῆμα, τὸ	(landed) property
χτίζω or κτίζω, ἔχτισα	build
χτίριο or κτίριο, τὸ	building
χτίστης or κτίστης, ὀ	builder
χτυπιέμαι or κτυπιέμαι, χτυπήθηκα	beat one's breast
χτυπῶ or κτυπῶ, χτύπησα	ring, knock; beat; strike
χυμός, ὀ	juice
χυνω, ἔχυσα	pour out, spill
χῶμα, τὸ	soil, earth
χώνω, ἔχωσα	stick (into), bury
χώρα, ἡ	country, land
χωράφι, τὸ	field
χωριάτης, ὀ, χωριάτισσα, ἡ	villager (*m. and f.*)
χωριάτικος, η, ο	peasant (*adj.*)
χωριό, τὸ	village
χωρὶς (*adv. and prep.*)	without
χωρὶς ἄλλο	without fail
χῶρος, ὀ	space, room
χωρῶ, χώρεσα	fit or go (into)

Ψ

ψαρεύω, ψάρεψα	fish
ψάρι, τὸ	fish
ψαρόβαρκα, ἡ	fishing-boat
ψάχνουμαι, ψάχτηκα	search one's pockets
ψάχνω, ἔψαξα	search
ψέλνω or ψάλλω, ἔψαλα	sing (hymns) (*irregular*)
ψέμα, τὸ or ψευτιά, ἡ	lie
ψηλός, ἡ, ὀ	tall, high
ψημένος, η, ο	cooked, roasted
ψήνω, ἔψησα	roast, bake
ψησταριά, ἡ	apparatus for barbecue
ψητός, ἡ, ὀ	roast, grilled
ψιλά, τὰ	(small) change
ψιχάλα, ἡ	drizzle; rain-drop
ψιχαλίζει, ψιχάλισε	it is drizzling
ψίχουλο or ψίχαλο, τὸ	crumb

ψωμί, τὸ	bread
ψωνίζω, ψώνισα	shop (*verb*)
ψώνια, τὰ	shopping

Ω

ὥρα, ἡ	hour, time
ὡραῖα	beautifully
ὡραῖος, α, ο	beautiful
ὡς (*adv.*)	as, like, such as
ὡς (*conj.*)	while, as soon as
ὥς (*prep.*)	until, as far as
ὥς (*adv.*)	about (*with numbers*)
ὡσότου νὰ (*conj.*)	until
ὥσπου (*conj.*)	until, by the time
ὥστε (*conj.*)	so that (*as a result*)
ὡστόσο (*adv.*)	yet, however, meanwhile
ὠφελῶ, ὠφέλησα	help